Und täglich grüßt das Abenteuer

Der Autor

Timo Vogel, wurde 1974 in Pforzheim geboren. Im Alter von 21 Jahren bereiste er den Süden Afrikas. In Hamburg nahm er Schauspielunterricht und spielte an verschiedenen deutschsprachigen Theatern. Er arbeitete auch als Synchronsprecher, Lichttechniker, Reiseleiter und auf einem Kreuzfahrtschiff. Weitere Stationen in seinem Leben waren Barcelona, München und Kassel. Wie aus dem Weltenbummler ein Lehrer wurde, kann er sich selbst nicht erklären. Nach seiner Reise führte ihn sein Weg in den staatlichen Schuldienst in Baden-Württemberg. Doch nach dem Abenteuer ist vor dem Abenteuer.

www.timovogel.de

TIMO VOGEL

Und täglich grüßt das Abenteuer

– Zwei Jahre durch Asien und Australien –

Bibliografische Information der Deutschen Nationalbibliothek:
Die Deutsche Nationalbibliothek verzeichnet diese Publikation in der Deutschen Nationalbibliografie; detaillierte bibliografische Daten sind im Internet über http://dnb.dnb.de abrufbar.

TWENTYSIX – Der Self-Publishing-Verlag
Eine Kooperation zwischen der Verlagsgruppe Random House und BoD – Books on Demand

© 2018 Timo Vogel

Satz, Herstellung und Verlag:
BoD – Books on Demand, Norderstedt

ISBN: 978-3-7407-4966-8

Illustration: Timo Vogel

Inhalt

Und täglich grüßt das Abenteuer	1
Im Rückspiegel	11
Im Spiegel der Gegenwart	13
Aller Anfang ist Bangkok	14
Hauselefanten in Surin	16
Ayuttaya	17
Die ersten Wochen sind vergangen	19
Weiter nach Norden	19
Billard, Bier und Wechselgeld	22
Eierkocher an der Landstraße	24
Ein echter Höllenritt	25
Auf dem Mekong	27
Big Fish	29
Luang Prabang	32
Seth Sun Ya	33
Vang Vieng	36
Alles bleibt im Ungefähren	37
Eine Maus als großer Bruder	38
Boun Awk Phansa	41
Kuang-Si-Wasserfall	42
Gibt es Bang Dou wirklich?	45
In Bang Dou	56
Bo Ben Yang!	61
An der Grenze zu Vietnam	70

Dinh Bin Phu	73
Über Vietnam	74
Schlaglöcher und Taifune	76
Gleicher Schaden verbindet	81
Auf dem Ho Chi Minh Trail	82
Die hilfsbereite Frau auf der Terrasse	83
Über den Berg nach Dalat und zu den Lavatunneln	86
Ein Klotz am Bein	90
Ein Besuch bei Dr. No!	91
Kambodscha – Ein Traum oder Trauma	93
Die Delfine vom Mekong	95
Bestechung will gelernt sein	96
Autofahrt nach Sihanoukville	98
Koh Rong	99
Angkor	103
Malaysia	105
Thaipusam	106
Gong Xi Fa Cai	110
Myanmar	111
Mit dem Fahrrad zur Totenfeier	113
Der Schlangentempel	117
Kyaiktiyo	119
In Mawlamyine	124
Mandalay	126
Schweigen ist Gold	128
Eine Busreise in Myanmar	132
Die Kinder von Thinggangou	135

Home sweet home, Malakka	144
Already finished	146
Einmal wirst auch du bestohlen	148
Gunung Leuser Nationalpark	150
Banda Aceh – alles ganz neu kaputt –	152
Eine lohnende Pause vor dem Ziel	154
Es lebe das Matriarchat	156
Batu Ankek Ankek	158
Gempa Bumi	161
Bitte anschnallen	162
Schildkröten können dir mehr über den Weg erzählen als Hasen. (Aus China)	164
Die Visa–Extension in Yokjakarta	165
Kunde werden bei Telcomsell	169
Australien	172
The Rules of Cricket	173
Stuart Highway	178
Outback & Outlaws	179
Ein gastfreundliches Volk	185
Weißer Mann im Loch	191
Der Jäger der nicht gefundenen Opale	192
Good bye Kitty	193
The Dipper	194
Port Maquarie und der Australia Day	198
Ausflug nach Rom	200
Allein reisende Teddybären	206
Ogoh Ogoh	207

Nepal	209
Welcome to incredible India	215
Zug fahren in Indien	217
Varanasi sehen und sterben	221
Nicht mit den Schuhen in die Küche!	224
Ein riesen Aufruhr	226
Zur Hochzeit in Allahabad	227
Lucknow	230
Indian queue	232
Leid ist des Menschen liebster Lehrer	233
Zug nach Agra	240
Das Passwort und der Professor	243
Air Astana	245
Back to Reality	247
Was ist inzwischen mit mir geschehen?	249
Dank	254

Der Grund zum Reisen ist nicht selten ein Bruch im Leben. Manche haben sich gerade von ihrem Partner getrennt und suchen das Weite und Unbekannte. Andere haben ihre Arbeitsstelle verloren und brauchen eine Pause, um das Geschehene zu verarbeiten. Was auch immer es ist, es ist vergleichbar mit einem Loch, das sich vor einem auftut.

Ein Bruch im Leben gibt auch mir die Gelegenheit zu reisen.

Im Rückspiegel

Geräuschlos öffne ich die Tür zum Besprechungszimmer. Ahnend, was jetzt auf mich zukommt. Ich sehe ihn hinter dem Tisch sitzen, die Beine überschlagen, das Gesicht hinter einer Tageszeitung vergraben. Erst als ich die Tür ebenso geräuschlos hinter mir schließe, schaut er auf und sieht mich an. Er bittet mich Platz zunehmen und faltet mit Sorgfalt seine Zeitung zusammen.

»Ich hätte Sie gar nicht zulassen müssen!«, beginnt er seine letzte Tirade tadelnder Worte. Es folgt der übliche Lobgesang, mit dem er sich selbst und seiner guten Absichten huldigt, mir keine Steine in den Weg legen zu wollen. Von Steinen kann auch wirklich nicht die Rede sein. Aber der Fels in dieser Brandung bin ich!

Um es kurz zu machen, ich stehe im Juni 2013 vor der letzten Prüfung einer Lehramtsausbildung. Ich glaube, es ist das erste Mal in meinem Leben, dass ich aus dem sprichwörtlichen »letzten Loch pfeife«. Die Ringe unter den Augen habe ich aufgehört zu zählen. In den Spiegel sehe ich seit Wochen nicht mehr. Sicherheitshalber. Die mir noch bevorstehende Lehrprobe ist alles entscheidend. Die Lehrproben haben ein solches Gewicht, dass sie im schlimmsten Fall, trotz meiner sonst guten Examensleistungen, alles kaputt machen und sogar dazu führen können, dass ich durchfalle. Die Note, mit der P mich zur Prüfung zulässt, deutet bereits an, wo er mich gerne haben will. Doch diesen faden Triumph will ich ihm auf keinen Fall gönnen.

Es ist noch einmal gut gegangen. Ich habe alles überstanden und mit Erfolg abgeschlossen. Aber das Beste ist, ich lebe noch. Ich spüre mich wieder. Und ich verspüre ein großes Bedürfnis danach, mich endlich wieder ins Leben zu werfen und es mit jeder Faser meines Körpers in mich einzusaugen. Mich zur Abwechslung echten statt konstruierten Problemen zu stellen.

Eine von mir als unsäglich einschränkend empfundene Zeit liegt hinter mir. Es kommt mir vor, als habe ich an einem Wettbewerb um größtmögliche Anpassungsfähigkeit teilgenommen. Dabei wollte ich nur Lehrer werden. Bereits am ersten Tag wurde deutlich, wie es funktioniert. In der Vorstellungsrunde berichten alle aus meinem Kurs den exakt gleichen Mist über sich und ihre Motivation, Lehrer zu werden. Wenn der Druck nicht mit jedem, der vor mir an die Reihe kommt, größer würde auch etwas Braves über mich und meine Absichten öffentlich zu machen, hätte ich diese Minuten wirklich genießen können. Am meisten nervt mich die Eröffnung:

»Ich will ein guter Lehrer werden und …«, die ausnahmslos alle von sich geben. Eigentlich habe ich partout nicht vor, diese extrem einfallslose, bedingungslose Bereitschaft zur Arschkriecherei kundgebende Floskel vom Stapel zu lassen. Alles, was mir in diesem Moment einfällt, ist:

»Ich bin authentisch. Von mir wollen Schüler lernen!«, aber das kann ich unmöglich sagen, wo es schon so losgeht. Als ich dran bin, kommt mir in ambivalentem Tonfall:

»Ich will ein guter Lehrer werden und …«, über die Lippen. So ähnlich vergeht das gesamte Studium. Je näher ich meinem Ziel komme, umso mehr stelle ich das ganze Vorhaben infrage.

Meine pädagogisch orthodoxen Lehrbeauftragten kommen mir zuweilen wie aus der Zeit gefallene Pauker vergangener Tage vor, die unter dem Deckmantel der viel beschworenen Methodenvielfalt der neuen Bildungspolitik unbemerkt versteinerte Überzeugungen vom Lehren und Lernen zutage fördern. Was hat mich damals nur geritten, mich auf dieses absurde Vorhaben einzulassen, das mich im Regelfall sogar zu einem Beamten macht? Selten im Leben habe ich mich freiwillig mit Leuten umgeben, mit denen ich augenscheinlich rein gar nichts gemeinsam habe. Weder die Weltanschauung, Überzeugungen, Einstellungen noch Interessen und schon gar nicht den guten Humor. Egal! Es ist vorüber.

Vorüber ist auch mein Wunsch, Lehrer zu werden.

Im Spiegel der Gegenwart

Einmal mehr aus dem Halbschlaf erwacht, rutsche ich auf der Sitzfläche hin und her und versuche vergebens, eine einigermaßen gemütliche Sitzposition zu finden. Es sind knapp sieben Stunden Flugzeit vergangen. Hinter mir liegen zwei Filme von je 90 Minuten Dauer, ein in Aluminium serviertes Gericht aus irgendeiner Großküche und jede Menge Grübeleien darüber, was ich eigentlich genau vorhabe. Mein Flug geht über Hanoi nach Bangkok. Dort soll meine Reise beginnen. Einen festen Plan habe ich nicht. Mindestens Südostasien will ich bereisen. Zeit habe ich unbegrenzt, es sei denn, ich entscheide mich doch noch, Lehrer zu werden, was ich mir nicht vorstellen kann. Mein Geld sollte, bei meinem Reisestil, für mindestens ein Jahr reichen. Wenn ich zwischendurch arbeite, reicht es noch viel länger. Ich könnte eine Weltreise machen. Blöd nur, dass ich in diesem Flugzeug sitze und nicht vor der Haustür damit angefangen habe. Aber was will ich mit dieser Reise eigentlich bezwecken?

Grundsätzlich bin ich ein reisefreudiger Mensch. Ich war mein ganzes Leben lang unterwegs. Aber ist das hier womöglich nur eine Flucht? Sollte ich mich dem Problem nicht besser dort stellen, wo es entstanden ist? Unsinn! Es gibt ja kein Problem. Ich will eben nur kein Lehrer mehr sein. Das ist alles. Wünsche ändern sich eben manchmal auch dann, wenn man die Eintrittskarte bereits in den Händen hält.

Doch was ist meine mir selbst aufgegebene Mission? Kann diese Reise Mittel sein für den, der seinen Weg verloren hat? Ich will mir keine allzu großen Versprechungen von der mir bevorstehenden Reise machen. Ich werde als derselbe zurückkehren, als der ich aufgebrochen bin. Lediglich mit einigen neuen Erfahrungen im Gepäck. Oder vielleicht doch viel mehr?

Aller Anfang ist Bangkok

In Thailand gibt es ein gut funktionierendes Eisenbahnnetz. Wenn man von den Verspätungen zwischen drei und zweiundzwanzig Stunden absieht. Knotenpunkt der vier Bahnlinien ist Bangkok. Mein erstes Ziel nach viertägigem Aufenthalt in Bangkok sind die im Süden liegenden Golfinseln Koh Samui, Koh Pangan und Koh Tao. In einem Nachtzug geht es zunächst nach Surat Thani und von dort mit einer Fähre auf die erste Insel. Auf Koh Samui treffe ich meinen ersten zufälligen Gefährten beim Mopedverleih. Jasper ist auf Tauchurlaub. Wir erkunden für ein paar Tage gemeinsam die Insel, dann geht er nach Koh Tao zum Tauchen. Wir verabreden auf Koh Pangan ein Wiedersehen. Die Tage, die ich noch bleibe, verbringe ich unter anderem mit einem Ausflug zum wunderschönen Ang Thong National Marine Park.

Auf Koh Pangan treffe ich Jasper wieder, und wir gehen gemeinsam auf einen Tauchausflug. Auf halber Strecke zwischen Koh Pangan und Koh

Tao liegt ein einsamer Felsen im Meer namens Sail Rock. Der Teil des Felsens, der aus dem Meer herausragt, ist etwa fünfzehn Meter hoch und fünfzig Meter breit. Unter Wasser ist er atemberaubend. Unzählige Korallen aller Farben schmiegen sich überall an den Fels, wo sie einem, vom Wasser bewegt, zuzuwinken scheinen. Dazwischen schwimmen unendlich viele Fische. Einer schöner als der andere.

Nach diesem Erlebnis reise ich sofort weiter nach Koh Tao, um einen Tauchschein zu machen. Eine knappe Woche verbringe ich auf der winzigen Insel, auf der man außer Tauchen nicht viel unternehmen kann.

Für den Rückweg zum Festland will ich den schnelleren Katamaran nehmen. Bisher bin ich nur mit langsamen hölzernen Schiffen von Insel zu Insel gefahren. Die Überfahrt zum Festland ist weit und der Aufpreis für den Katamaran gering. Zudem ist er ein solides Schiff.

Auf halber Strecke bleiben wir mit Motorschaden liegen und werden zum Spielball der Dünung. Die meisten ausländischen Passagiere werden unruhig, ich vertraue den Improvisationskünstlern vom Personal. Nach einer guten Stunde läuft der Motor wieder, und wir kommen fast zeitgleich mit dem langsameren Schiff am Festland an.

Die Nacht verbringe ich im Nachtzug, und schon bin ich wieder in Bangkok. Ich finde mich hier schon ganz gut zurecht. Aus Bequemlichkeit will ich für 60 Bath vom Bahnhof zu meiner Absteige mit dem Taxi fahren, aber die Fahrer wollen 200 Bath für die Strecke, was zu viel ist und lehnen die Fahrt nach Taxameter ab. Dann halt nicht. Zehn Minuten zu Fuß von hier fährt die Expressfähre auf dem Chao Phraya für 15 Bath, welche mich auch dahin bringt, wohin ich muss. 15 Bath sind genau 35 Cent. Auf der Fähre drängen sich Dutzende Thai auf dem Passagierdeck. Ich bleibe ganz hinten stehen, wo ich zugestiegen bin. Nachdem der letzte Fahrgast an Bord gekommen ist, schließt der Bedienstete die Tür in der Reling und verlässt das Achterdeck ebenfalls in Richtung Gedränge. Prima! Ich kann mich frei bewegen. Der Motor beginnt laut zu dröhnen, alles vibriert. Ich sehe eine pechschwarze Rußwolke aus dem im Durchmesser rund 20 Zentimeter großen Loch unter mir an der Außenbordwand herausschießen. Der Wind dreht. Wie durch eine Walze gedreht stellt sie sich vor mir auf, dann verschwinde ich für einen Moment darin. Die Rußpartikel schlagen spürbar auf meinem Gesicht auf. Als die schwarze Wolke über dem Dach der Fähre vom Wind endgültig in alle Richtungen verteilt wird, sehe ich an mir herab. Ich lasse mich zwar nicht von Taxifahrern übers Ohr hauen, muss aber mit rußgeschwärztem Gesicht ins Hotel.

Einen Tag später bin ich wieder am Bahnhof. Diesmal führt mich mein Zug nach Osten.

Hauselefanten in Surin

Surin liegt im Osten Thailands inmitten der Provinz Isan. Hier besuche ich verschiedene Dörfer, in denen traditionell Arbeitselefanten gezüchtet wurden. Heute werden die Elefanten nicht mehr für schwere Arbeiten eingesetzt, sondern zur Belustigung der Touristen, die diese Region besuchen. Ich habe mir einen Roller gemietet und fahre nach meiner Landkarte, auf der mir mein Gastwirt zuvor ein Kreuzchen eingezeichnet hat. Je näher ich meinem Ziel komme, desto öfter muss ich über warnende Straßenschilder lachen, auf denen ein Elefant beim Überqueren der Straße abgebildet ist und der englischen Aufschrift »Elephants Crossing« darunter. Belustigt von den sich wiederholenden Straßenschildern, fahre ich inzwischen an überdimensional großen Garagen vorbei, die neben den Wohnhäusern stehen. Irgendwann steht dann auch tatsächlich ein Elefant in einer dieser Garagen. Mir scheint, als habe hier noch so ziemlich jede Familie einen Hauselefanten auf dem Grundstück stehen. Dann kommen mir mehrere Lastwagen entgegen mit massiven Stahlkäfigen auf der Pritsche. Darin je zwei Elefanten. Ich muss auf dem richtigen Weg sein.

Schon bald erreiche ich das besagte Dorf, dessen Namen ich wegen des Kugelschreiberkreuzchens nicht mehr lesen kann. Der entsprechende Name in thailändischer Schrift ist aber weiterhin erkennbar. So wissen die Leute, denen ich auf meinem Weg die Karte unter die Nase halte, wohin ich will. Das dürfte allerdings auch nicht schwer zu erraten sein, denn es gibt in der Gegend weit und breit nichts anderes, wo Touristen hinfahren würden. Ich hatte zwar nicht vor, mir eine Elefantenshow anzusehen, aber hier gibt es nichts anderes zu tun und nach rund 40 Kilometern Fahrt auf dem Roller wünsche ich mir irgendeine Art von Belohnung für mein Kommen. Die Show stellt sich, wie erwartet, als schrecklich doof heraus. Ich sehe Elefanten, die Männchen machen und winken können. Einer malt sogar ein Bild. Also gut. Das ist eben Thailand. Ein Land, in dem der Tourismus mittlerweile seltsame Blüten hervorbringt. Die Fahrt dorthin hat mir eindeutig besser gefallen. Nach der Show sehe ich noch bei einer Art Glücksspiel zu. Da unterqueren Thais einen Elefanten unter seinem Bauch, gehen hinter ihm wieder zur anderen Seite und unterqueren ihn erneut. Sie müssen drei Runden schaffen, um in nächster Zeit Glück im Leben zu haben. Man kann sich denken, was der Elefant seinerseits tun könnte, um die Glücksuchenden nicht zu ihrem Glück kommen zu lassen.

Auf dem Rückweg erfreue ich mich wieder an den Schildern und mittlerweile, es ist später Nachmittag, sind viele Elefanten, die ich zuvor bei der Show gesehen habe, von der Arbeit zurück und »parken« in ihren riesigen Garagen. Ich male mir aus, wie ein Tierarztbesuch aussehen könnte, bei dem soeben ein altes, schwaches Tier von seinem Leiden erlöst wurde.

»Wollen Sie ihn gleich hier lassen, oder haben Sie einen Garten, wo Sie ihn selbst beisetzen können? Im Haustierkrematorium eingeäschert, würden wir die Urne mit dem Kranwagen direkt vor ihre Haustür bringen.«

Ayuttaya

Mit dem Fahrrad fahre ich den ganzen Tag im rund 80 Kilometer nördlich von Bangkok gelegenen Ayuttaya kreuz und quer durch den historischen Park der einstigen Hauptstadt Siams und kann nur noch erahnen, wie prächtig Ayuttaya einmal gewesen sein muss. Kaum vorstellbar ist, dass die Stadt einmal über eine Million Einwohner gehabt haben soll. Aktuell sind es nur noch 53.000. Viele Touristen lassen sich auf den Rücken von geschmückten Elefanten durch die Gegend tragen. Mit Sicherheit ist mein Ritt auf dem Drahtesel komfortabler. Denn da oben schaukeln die Touristen auch auf einwandfreien Wegen bei jedem Schritt hin und her.

Ein kleiner Höhepunkt ist der Buddhakopf des Wat Mahathat, der im Laufe der Jahrhunderte fast vollständig von den mächtigen Wurzeln eines uralten Banyan-Baumes umschlungen worden ist. Wer sich neben ihm ablichten lassen möchte, muss dabei in die Hocke gehen. Denn es gehört sich nicht, größer als der Buddha zu sein. Dass dieses Gebot von allen Touristen eingehalten wird, gewährleistet ein eigens dafür abbestellter öffentlicher Ordnungshüter, der jeden, der das kaum übersehbare Schild mit dem entsprechenden Ordnungsgebot nicht gelesen oder absichtlich übersehen hat, zurechtweist.

Wer schon immer einmal auf einem echten Floating Market unterwegs sein wollte und den mit Reisbauernhüten bedeckten Marktfrauen Obst von einem nur wenige Zentimeter über der Wasseroberfläche schwimmenden Kahn abkaufen wollte, ist in Ayuttaya ganz bestimmt nicht richtig, wenn auch ein großes Schild auf den Floating Market hinweist. Hier gibt es einen nachgebauten Markt auf dem Wasser, der im Europapark in Deutschland besser aufgehoben wäre. Das Einzige, was hier auf dem Wasser stattfindet, sind die Spazierfahrten in kleinen Booten für Touristen, in denen sich zumindest an diesem Tag kein Tourist verschaukeln lässt.

In Ayuttaya leben auch überdurchschnittlich viele streunende Hunde. Tagsüber halten sie sich meist einzeln bei den Restaurants, Garküchen, Mülleimern und an schattigen Plätzen auf, aber nachts sind sie in Rudeln auf abgelegenen Straßen unterwegs und können gefährlich werden. Als ich mit meinem Fahrrad bei Sonnenuntergang noch in den Ruinen zum Fotografieren unterwegs bin, biege ich, um meinen Weg abzukürzen, versehentlich in ein von Hunden beherrschtes Territorium ein. Zum Glück bemerke ich es rechtzeitig und entkomme, ehe es ungemütlich wird. In solchen Fällen ist es am besten, gleich umzudrehen, solange die Hunde einen noch nicht gesehen haben, und möglichst unbeeindruckt weiterzugehen und vor allem auf viel Glück zu hoffen. In den zwei Tagen in Ayuttaya kommt es noch zu mehreren unheimlichen Begegnungen mit Vierbeinern.

Die ersten Wochen sind vergangen

Noch ist meine Reise jung. Ich treffe Reisende, die schon viele Monate, manche sogar Jahre unterwegs sind. Ich stehe noch ganz am Anfang. Was habe ich bisher gemacht? Urlaub! Anders lässt es sich kaum beschreiben. Ich ziehe umher, besichtige Tempel, Museen, gehe scharf essen, probiere Maden, Skorpione und lokale Biere. Ich mache die ein oder andere Exkursion in den Dschungel und den Tauchschein auf Koh Tao. Richtig gefallen will mir das alles nicht. Ich will mehr aus dieser Reise herausholen. Aber mehr braucht Gelegenheit und die kommt nicht in der ersten oder zweiten Woche. Auch nicht in der vierten. Es muss sich alles entwickeln. Zum Glück geschieht genau das mit jedem Tag, den ich weiterreise.

Weiter nach Norden

Inzwischen bin ich in Lop Buri angekommen, einem kleinen Städtchen, das mein Reisebuch wegen der dort lebenden Makaken erwähnt. Nachdem ich den Zug verlassen habe, bin ich mit dem Abwimmeln von Tuk-Tuks und Rikschafahrern beschäftigt. Ich habe mal wieder die ganze Zugfahrt über aus dem Fenster geschaut und mich in bruchstückhafte Unterhaltungen mit Einheimischen verzettelt. Kein Blick in mein Reisebuch, wo ich hier übernachten werde. Das muss ich jetzt schnell nachholen, aber nicht am Bahnhof, sonst lassen sie mir keine Ruhe, bis ich einknicke und mich einfach irgendwohin fahren lasse. Ich gehe entschlossen los, um den Anschein zu erwecken, ich wüsste, wohin ich unterwegs bin. Im Gehen werfe ich noch einen flüchtigen Blick ins Buch und entdecke eine Pension, die ganz in der Nähe des Bahnhofs ist. Da es sonst nur noch eine zweite Pension in der fußläufigen Umgebung gibt, fällt mir die Entscheidung leicht. Dort angekommen, werde ich mit Informationen zur Pension und einem Zimmerschlüssel versorgt. Als ich mein Zimmer bezogen habe, mache ich mich auf den Weg, das Städtchen zu erkunden. Ich schaffe es genau acht Meter weit auf die andere Straßenseite, bis mich ein Wolkenbruch zur Umkehr zwingt. Es ist Regenzeit in Thailand. Also zurück, um unter dem Vordach Schutz zu suchen. Es sitzen noch andere Gäste da, ich bestelle Kaffee und ziehe mich schnell um, bevor er serviert ist. Dann verbringe ich die nächsten zwei Stunden damit, meine neuen Mitbewohner kennenzulernen und dem Regen zuzuschauen.

Wie gut, dass ich mir neulich einen kleinen Regenschirm andrehen lassen habe. Als der Starkregen deutlich nachlässt und in einen leichten Schauer übergeht, spanne ich den Schirm auf und gehe los. Ich durchstreife die Straßen und finde auch schon bald den sogenannten Affentempel, eine eingezäunte Ruinenanlage am Rande der Innenstadt, die sich parallel zur Bahnlinie erstreckt. Innerhalb des Geländes erwartet mich bereits ein kleiner, mit einer Steinschleuder bewehrter Junge mit lustig akzentuiertem Englisch, der sich umgehend daran macht, mir seine Affen mit Namen vorzustellen. Kommt mir einer zu nahe, schnalzt auch schon ein Stein von der Schleuder des Jungen, und der Affe galoppiert, sich lautstark über die Maßregelung beschwerend, davon. Dann bekomme ich jeden Stein der Anlage und sämtliche Affen gezeigt. Der Knirps weist mich sogar an, wo ich zu stehen habe, um die besten Fotos zu machen. Da ich gut unterhalten werde, spiele ich alles mit. Nach 15 Minuten ist meine Führung zu Ende, ich gebe dem Jungen ein Trinkgeld und er sucht sich neue Touristen, denen er die Namen der rund 400 Affen erzählt. Kurz bevor ich die Anlage verlasse, entdecke ich noch ein Motiv für ein Foto. Ich lege meinen Regenschirm beiseite und suche die beste Einstellung. Das Foto von der Ruine wird zur Nebensache, dafür mache ich mehrere Fotos von neugierigen Affen, die sich über meinen unbewachten Schirm hermachen und ihn in weniger als einer Minute fachmännisch zerlegen. Dann fliegen wieder Steine. Der Junge taucht erneut zwischen den Steinquadern auf. Er verrät mir, wo ich einen neuen Schirm bekomme und die Vokabel des Tages:»Loom«. In einem Laden gleich um die Ecke kaufe ich mir für umgerechnet weniger als zwei Euro einen Loom und setze meine Stadtbesichtigung fort.

Am anderen Morgen sitze ich erneut unter dem Vordach und schaue während des Frühstücks den Affen zu. Pünktlich um zehn Uhr kommen sie über die Dächer und Stromleitungen in die Stadt balanciert, um sich über alles herzumachen, was nicht niet- und nagelfest ist. Unachtsame Passanten mögen sich über leichter werdende Einkaufstüten wundern, die unbemerkt ein Loch bekommen, aus dem sich die Affen bedienen.

Es regnet wieder. Da ich inzwischen alles Sehenswerte angeschaut habe, reise ich nach dem Regen weiter nach Sukhothai, eine von den Khmer gegründete Stadt, die vom 13. bis ins 15. Jahrhundert Residenz des Königreiches Sukhothai war. Vor dem Ruinenfeld finde ich mehrere Stände, an denen es Fahrräder zum Verleih gibt. Ich gehe zum nächstbesten und sehe mir die Auswahl an. Eine ältere freundliche Dame begrüßt mich und fragt nach, was ich suche. Da ich überall dieselben klapprigen Damenräder stehen sehe, frage ich sie:

»Do you have mountainbikes?«

Sie freut sich, mir weiterhelfen zu können, und zeigt mit einer schwunghaften Armbewegung auf die bereits gesehenen Damenräder.

»Oh, thank you. I am looking for a mountainbike.«

Nach einem kurzen Moment der Verwirrung zeigt sie erneut auf eines ihrer Klapperräder und sagt bestätigend:

»Mountainbike.«

Sie scheint nicht zu wissen, was ein Mountainbike ist. Ich versuche es mal mit Gangschaltung. Deute auf das Ritzel des Fahrrads, das mir am nächsten steht, und sage:

»A bike with gears.«

Jetzt verändert sich ihr Gesichtsausdruck. Sie winkt mir, ihr zu folgen. In einer anderen Reihe von Fahrrädern zeigt sie mir erwartungsvoll ein weiteres klappriges Damenrad, an dem, im Unterschied zu den anderen, ein Kettenschutz befestigt ist. Ich gebe vor, zu überlegen und entscheide mich, um ihre Bemühungen nicht zu enttäuschen, für ein »Mountainbike«.

Unter ständigem Gequietsche und dem stumpfen Knarzen des kaputten Tretlagers holpere ich auf dem Klapperrad ins Ruinenfeld von Sukhothai.

Billard, Bier und Wechselgeld

Die Altstadt von Chang Mai ist der gemütlichste Ort, den ich auf meiner bisherigen Reise besucht habe. Es geht durch verwinkelte Gassen, überall gibt es Lokale, Pensionen, Kochschulen, Massagestudios, Märkte, Galerien, Tempel und Klöster. Allerdings ist die Gemütlichkeit im Inneren der Altstadt durch den alten Stadtgraben und die noch vorhandenen Überreste der einstigen Stadtmauer unübersehbar abgegrenzt. Wo einst die Stadt zu Ende war, befindet sich heute eine vierspurige Straße, die die rechteckig angelegte Altstadt umgibt. Zwei Spuren innerhalb des Stadtgrabens und in entgegengesetzter Richtung zwei außerhalb.

Beim Billardspiel lerne ich zwei junge Deutsche kennen. Wir trinken ein Bier nach dem anderen und spielen gleichsam von Bier zu Bier schlechter. Wir unterbieten uns im Spiel, bis wir kaum noch die Kugel treffen. Das Restaurant ist noch immer voll und andere Gäste drängen auf ein Ende unseres beschämend schlechten Spiels. Zeit hinaufzugehen und dort weiterzutrinken. Die beiden haben hier ein Zimmer im vierten Stock angemietet. Auf jedem Stockwerk gibt es einen Balkon, der die gesamte Etage umgibt. Er ist von den Zimmern und vom Flur aus zugänglich.

Dort sitzend trinken wir weiter und genießen die Aussicht über die Dächer der nördlichen Altstadt von Chiang May. Die beiden rauchen einen Joint nach dem anderen. Wir unterhalten uns über Reisepläne, Erfahrungen und über das lockere Leben, das wir in Thailand führen. Irgendwann erscheint ein junger Kellner in der offen stehenden Tür zum Balkon. Er traut sich kaum, unsere Unterhaltung zu unterbrechen. Schüchtern erinnert er mich daran, dass ich meine Rechnung noch nicht bezahlt habe. Das Restaurant würde jetzt schließen. Die beiden Bekifften brechen unisono in Gelächter aus.

Es ist mir wirklich peinlich, nicht bezahlt zu haben. Ich habe nicht gedacht, dass es schon so spät ist und dass wir nicht noch einmal hinunterkommen würden. Ich stehe auf, verbeuge mich entschuldigend und frage, wie hoch meine Rechnung ist. Verschämt zeigt er mir die Rechnung. Er scheint sich nicht wohlzufühlen in seiner Rolle als Geldeintreiber. Ich

gebe ihm nochmals zu verstehen, dass es mir sehr unangenehm ist, meine Rechnung vergessen zu haben.
»Da fehlt ja mein Thai Curry.«
»I had the red Thai Curry with chicken. It's not on the bill«, sage ich dem Jungen. Der sieht mich entgeistert an. Was mich das Thai Curry zusätzlich koste, will ich wissen.
»I don't know«, schüttelt er verlegen den Kopf. Ich suche in meinem Beutel nach Geldscheinen, um sie ihm einfach mitzugeben, gleich, was es kostet. Als ich meine zwei 500-Bath-Scheine in der Hand habe, ist er bereits verschwunden.
Die beiden Bekifften machen ohne Unterbrechung Witze und wollen mit mir anstoßen. Wir trinken weiter.
Kurz darauf ist der junge Kellner wieder da und überreicht mir zufrieden die korrigierte Rechnung.
Mein Essen und die Zeche kosten mich 640 Bath. Der heutige Abend war teuer. Ich überreiche ihm die 500-Bath-Scheine und bedanke mich. Er zuckt zusammen. Nimmt die Scheine mit beiden Händen und einer Verbeugung entgegen und gibt entschuldigend zu verstehen:
»No have change. I solly!«
Schon eilt er davon. Ich will ihn noch aufhalten, aber er hört meinen Ruf nicht mehr. Noch bevor ich zum Entschluss komme, dass es mein Anstand von mir erwartet, ihm hinterherzugehen und das Wechselgeld unten selbst abzuholen, kichert mir einer der beiden Bekifften entgegen:
»Wenn er mit den 360 Bath wieder hochkommt, sagst du, es stimmt so!«
Lachend sinke ich auf meinen Stuhl zurück. Dann schiebt er nach:
»Wäre halt schon ein echt fettes Trinkgeld.«
Und wieder kichern sich die beiden weg.
»Immerhin umgerechnet neun Euro«, antworte ich.
»Der Witz wärs ja, aber wie dekadent!«
Das kann ich unmöglich machen. Als auf der Treppe erneut seine Schritte zu hören sind, stehe ich auf, um ihn wenigstens zu erwarten. Der junge Thai erscheint, überreicht mir das Wechselgeld und ich gebe ihm ein für seine Mühen angemessenes Trinkgeld.
»Gerade noch mal die Kurve gekriegt«, denke ich mir.

Der Junge bedankt sich überschwänglich und geht. Zum Glück hat er nicht mitbekommen, was hier gerade los war. Nachdem wir ausgetrunken haben, wünsche ich den beiden eine gute Nacht und gehe zurück in mein Gästehaus. Auf dem Weg denke ich, wie ehrlich und naiv viele Thai sind und wie beschämenswert unser so oft auf Kosten anderer gehender Humor doch ist.

Eierkocher an der Landstraße

Zehn Tage hat es gedauert, bis ich mich von Chiang May losreißen konnte. In Pai angekommen, suche ich mir eine Unterkunft und finde schon bald etwas Gemütliches. Es lohnt sich, erst einmal einen Rundgang durch den kleinen Ort zu machen und sich dann für eine schöne und gemütliche Unterkunft zu entscheiden. Außerdem hat man dann bereits einen ersten Überblick über Pai. Obwohl der Ort wundervoll ist, werde ich nur für zwei Tage bleiben, da in meinem Reisepass bereits das Visum für Vietnam mit festgelegtem Einreisetag klebt. Außerdem liegt Laos noch vor mir und ich will auch dort möglichst lange bleiben. Die Leute, die mit mir in diesem gemütlichen Gästehaus wohnen, sind schon über einen Monat hier, ohne sich zu langweilen. Obwohl sie es kaum aus ihren Hängematten heraus schaffen, scheint es ihnen an nichts zu fehlen. Nichts tun ist eben auch mal gut.

Die Umgebung von Pai ist der eigentliche Reiz, die Landschaft ist unglaublich schön. Zwischen saftig, grünen Hügeln schmiegt sich der kleine verschlafene Ort ein und das gesamte Tal ist umgeben von einer höheren Bergkette. Es gibt schöne Tempel in den Bergen, einen Canyon, tolle Aussichten zu genießen und heiße Quellen zum Baden.

Am anderen Morgen miete ich mir einen Motorroller und erkunde die Gegend. Irgendwann fahre ich links ran, lese das Straßenschild vor mir und stelle fest, dass ich mich ganz schön verfranzt habe. Ich habe keinen Schimmer, wo ich bin. Der Tank ist noch halb voll. Also fahre ich einfach weiter. Auf abfallender Strecke in einer lang gezogenen Kurve kann ich die Landschaft eines engen Tals, das jetzt vor mir liegt, gut einsehen. Weit und breit kein Haus. Die Straße schlängelt sich vor mir um leuchtend grüne Reisfelder und in einiger Entfernung steigt direkt neben der Straße Dampf auf. Als ich näher komme, sehe ich mit Palmblättern gedeckte Dächer von Unterständen aus Bambus, eine Bambushütte und Menschen. Der Dampf zieht jetzt auch über die Straße vor mir.

»Das muss auch eine heiße Quelle sein«, denke ich und halte bei der Bambushütte an. Der Inhaber erzählt mir, diese Quelle sei erst vor zwei Tagen aufgegangen. Da ihm das Reisfeld dahinter gehört, ist das nun seine heiße Quelle. Zum Baden ist sie zwar zu klein und viel zu heiß, aber Eier kann man hier kaufen und in der Quelle kochen. Ich kaufe zwei Eier. Die Frau des Eigentümers legt sie mir in ein geflochtenes Körbchen, das an einem zwei Meter langen Bambusstecken befestigt ist. Sie bedeutet mir mit Gesten, wie ich die Eier kochen soll. Nämlich nicht direkt in die sprudelnde Quelle hineinhalten, sondern einen Meter daneben. Dort habe das Wasser nur noch ungefähr 80 °C und die Eier kochen gut, ohne zu platzen. Fünf Minuten später sitze ich auf einer Bank und genieße die hart gekochten Eier direkt am Straßenrand der Landstraße.

Ein echter Höllenritt

Die Abfahrt war um 18:20 Uhr angesetzt. Von Pai mit dem Minivan nach Chiang Khong und weiter zur Grenze nach Laos. Normalerweise geht hier immer alles mit Verspätung los, aber diesmal war ich sogar zehn Minuten vor der geplanten Abfahrt auf der Strecke.

Wie sich später herausstellen sollte, hätte auch nicht viel gefehlt, um auf der Strecke zu bleiben. Aber, wie schon gesagt, man gewöhnt sich dran. Diesmal war es allerdings ein echter Höllenritt!

Wir sind nur sechs Passagiere und unser Fahrer. Er, offensichtlich ein Abgesandter der Hölle, neben ihm eine allein reisende Brasilianerin, auf der ersten Rückbank zwei von irgendetwas betäubte Franzosen – sie werden später die Einzigen sein, die über die Fahrt nichts Außergewöhnliches zu berichten haben – auf der dahinterliegenden Rückbank ein Amerikaner und ich und hinter uns noch ein Australier, der auf seiner Sitzbank alleine sitzt, aber durchgehend mit seinem Notebook beschäftigt ist. Ich bin die ganze Fahrt über angeschnallt. Unser »Undertaker« heizt aus dem verschlafenen Örtchen hinaus in Richtung Passstraße. Vorbei am ersten Checkpoint, der unbesetzt ist. Die Checkpoints sind Kontrollpunkte, an denen die Polizei schwer bewaffnet nach Opiumtransporten sucht. Im Goldenen Dreieck, wie diese Gegend im Grenzgebiet von Thailand, Myanmar und Laos heißt, kommt der Begriff »Opium« oft vor. Dann geht es in die Berge von Pai. Die Straße windet sich in genauso engen Kurven wie der alte Pass, der über den Gotthard führt, nur mit Regenwald links und rechts. Unser Minivan gibt alles! Dann geht es eine ganze Weile auf dem Grat des Berges entlang, natürlich auch in Serpentinen, aber nicht mehr so eng gewunden. Dann ein anderer Checkpoint. Hier müssen wir anhalten. Zum ersten Mal betrachte ich unseren Fahrer für eine Weile genauer und stelle fest, dass er aussieht wie ein Meuchelmörder aus einem dieser schlechten Kung-Fu-Filme. Ein feistes, fieses Gesicht mit einem dünnen langen Schnurrbart und Glatze.

»Der schmuggelt doch bestimmt was!«, flüstere ich.

Das Schlimmste kommt noch. Es ist wider Erwarten nicht die Abfahrt auf der anderen Seite der Berge, sondern die gut ausgebaute Schnellstraße nach Chiang Rai. Hier geht so richtig die Post ab!

Inzwischen ist es dunkel und die Straße erlaubt eine Reise mit Tempo 160 unter ständigem Hupen. Hier bremst man nicht bei Hindernissen, hier hupt man sie weg. Und die Kurven heißen hier alle »sharp«, das heißt, man muss sie schneiden! Bei Dunkelheit sieht man ja das Licht der entgegenkommenden Autos oder Motorräder, das macht die Fahrt so sicher. Solange es noch nicht ganz dunkel ist, sieht man allerdings auch, wie viele hier generell ohne Licht fahren.

Die Fliehkraft drückt mich von einer Seite zur anderen. Gegen die Wand und kurz darauf gegen den Gurt. So geht es für weitere Stunden.

Dyllan, so heißt der Amerikaner neben mir, kämpft wie ich gegen Übelkeit und Angst um das eigene Leben. Sollten wir die Fahrt überleben, so beschließen wir, werden wir Freunde und wollen in Laos einige Zeit gemeinsam reisen.

Dann eine längere Pause an einer Tankstelle mit einem »7 eleven«. Hier essen wir Fertigessen aus der Mikrowelle. Auf dem folgenden Fahrtabschnitt werde ich endlich müde und passe nicht mehr so genau auf, was mit uns im Minivan passiert. Etwa nach weiteren sieben Stunden rasanter Fahrt durch die Nacht erreichen wir unser Ziel, Chiang Khong am Mekong. Von hier aus soll es morgen früh mit dem Slowboat nach Luang Prabang in Laos gehen.

Auf dem Mekong

Am westlichen Flussufer werden Dyllan und ich aus Thailand ausgestempelt, dann geht es zu Fuß über eine hölzerne Treppe hinunter zum Wasser auf ein kippeliges Longtailboat. Als das Boot annähernd voll ist, setzen wir über zum östlichen Flussufer nach Huay Xai. Noch sind wir im Niemandsland, obwohl wir hier drüben bereits den Boden von Laos betreten. Hier geht es nicht so schnell voran wie auf thailändischer Seite. Es sind schon viele andere Touristen da. Die Zollbeamten leisten Akkordarbeit. Etwa 40 Visa schaffen sie, pro Stunde auszustellen. Hat man seine Papiere und seinen Pass abgegeben, wartet man mit einer Nummer, bis der eigene Name ausgerufen wird oder etwas ähnlich Klingendes. Die Karten werden neu gemischt. Man lernt hier leicht neue Leute kennen, weil sich jeder in der Situation befindet, nichts machen zu können und nicht wegzukönnen. Zur selben Zeit warten außer uns noch etwa dreißig andere Leute in dem kleinen Transitbereich auf ihre Pässe. Immer, wenn eines der Longtailboote ankommt, werden es auf einen Schlag etliche mehr, während am Ausgang immer nur eine Handvoll Leute den Bereich verlässt. Wir freunden uns mit weiteren Reisenden an.

Als wir unsere Pässe zurückhaben, bekommen wir so eine Art »Guide«: einer mit einem nicht übersehbaren roten T-Shirt. Er bringt uns zu einem Tuk-Tuk, das uns zum Anlegeplatz des Slowboats bringen soll. Ich glaube, das ist meine erste Tuk-Tuk-Fahrt, für die ich kein Geld bezahlen muss. Wir machen Halt an einem Spirituosenladen. Keiner von uns im Tuk-Tuk hatte darum gebeten. Da uns allerdings zwei ganze Tage auf einem langsamen Kahn, mit dem wir den Mekong hinunterschippern werden, erwarten, kaufen wir ein.
»Diese Fahrt kann man bestimmt gut feiern«, denken sich alle. Vorsorglich decken wir uns mit Bier, laotischem Whisky und anderem Gesöff ein.

Auf dem Slowboat angekommen, sucht sich jeder seinen Platz nach Wunsch, trotz Sitzplatzvergabe und Sitzplatznummern, die per Zettel mit Edding beschrieben auf den Sitzflächen liegen. Die meisten Platznummern sind ohnehin schon durcheinandergebracht. Das waren diejenigen, die vor uns an Bord kamen, auseinanderliegende Sitze hatten, aber beisammensitzen wollten. Alle weiteren Passagiere gehen ebenso vor. Nach einiger Zeit sitzen alle 70 Passagiere auf einem anderen Sitzplatz als dem zugewiesenen.

Der erste Tag auf dem Fluss wird feuchtfröhlich, was sich wohl auf jeder Fahrt dieser Boote in unterschiedlicher Ausprägung wiederholt. Die Fahrt mit den neuen Leuten zu feiern, bietet sich schließlich an. Das Einzige, was man auf dieser Bootsfahrt zu tun hat, ist nicht aus dem Boot zu fallen. Sonst braucht man den ganzen Tag nichts mehr zu tun. Das hintere Drittel des Slowboats wird zum Festzelt. Ganz hinten, hinter dem Motorraum und Bordklo, werden allerlei Waren transportiert. Dort sitzt auch noch eine kleinere Runde beisammen. Das müssen Indianer sein, sie kommunizieren stundenlang nur mit süßlich riechenden Rauchzeichen, bleiben sonst aber still.
Von Huay Xai kommt man immer noch am besten auf dem Mekong nach Luang Prabang. Die wenigen Straßen, die es gibt, führen so umständlich durchs Land und sind ausnahmslos in einem erbärmlichen Zustand, sodass man auf dem Mekong sogar mit dem tuckernden Slowboat schneller ist. Daher sind auch längst nicht nur irgendwelche Backpacker,

die sich einbilden, ihre Reise ganz selbstbestimmt zu begehen, sondern auch normale Koffertouristen mit an Bord. Nach stundenlanger Fahrt und überwältigenden Eindrücken, völlig unberührter Natur und vorbei an zahlreichen Stellen, an denen Kinder im Fluss baden, erreichen wir Pak Beng. Ich habe vorher in meinem Reisebuch vergeblich nach Unterkünften in Pak Beng gesucht und auch im Internet auf den üblichen Internetseiten keinen einzigen Eintrag gefunden. In Pak Beng sind wir komplett in den Händen der Einwohner. Es wird sich noch zeigen, dass Laos ganz groß darin ist, Reisende systematisch in Sackgassen zu führen, aus denen man nur wieder herauskommt, wenn man den Preis bezahlt, den sie für uns Touristen vereinbart haben. Wir haben aber Glück und können, da wir geschlossen als zehnköpfige Gruppe auftreten, den Prokopfpreis zu unseren Gunsten bestimmen. Und zwar unabhängig von der Zimmergröße. Das Fest geht noch für einige Zeit in Pak Beng weiter, aber irgendwann wird es still im Dschungeldorf am Mekong.

Am anderen Tag ist die Stimmung deutlich vom Vortag und der Nacht geprägt. Für viele geht die lange Fahrt verkatert weiter. Jetzt komme ich dazu, die vielen verschiedenen Sitze zu erkennen, die einfach so im Bootsraum stehen, ohne festmontiert zu sein. Es gibt Schulbänke, einfache Holzbänke mit Lehne, Sitze aus Minivans und sogar ein Paar Flugzeugsitze.

Gemächlich fährt das Boot in Richtung Luang Prabang und hält etwa jede Stunde im vermeintlichen Niemandsland an, um einheimische Passagiere aufzunehmen oder von Bord gehen zu lassen.

Big Fish

Die langweilig gewordene Fahrt gewinnt am zweiten Tag durch ein besonderes Ereignis an Abwechslung. An einem der Stopps im Niemandsland steigt ein Junge zu. Der Zustieg zieht sich allerdings ziemlich hin. Die neuen Passagiere kommen immer über den Bug an Bord. Das schmale

Boot mit seinen etwa 50 Metern Länge dreht sich langsam gegen den Strom und läuft mit dem Bug im spitzen Winkel zum Ufer auf Grund, sodass das Boot, nach dem Ein- und Aussteigen, mit einer Bambusstange im Rückwärtsgang wieder vom Ufer abgestoßen werden kann. Diesmal dauert die Prozedur besonders lang. Vorne herrscht Unruhe. Dann sieht man, was los ist. Männer hieven etwas aufs Dach.

Ich höre Schritte über mir. Die Fracht wird übers Dach ins Heck des Schiffs gebracht, um uns Passagiere nicht zu stören. Dann wird es wieder ruhig und die Fahrt geht weiter. Nach etwa einer halben Stunde kommt jemand vom Bordklo zurück und erzählt, da sei ein Fisch auf dem Klo. Ein Fisch auf dem Klo? Zum Glück muss ich gerade ohnehin zur Toilette. Ich nehme den Fotoapparat mit, glaube aber noch nicht wirklich, was ich eben gehört habe. Dann stehe ich vor der Toilette und öffne erwartungsvoll die Tür. Tatsächlich, da liegt ein Wels von etwa einem Meter Länge auf dem gefliesten Boden der Toilette. Ein Junge steht neben mir mit stolz geschwellter Brust und verkündet in gebrochenem Englisch:

»That's my fish! That's my fish! You can go in.«

Währenddessen begießt er den Wels immer wieder mit Frischwasser. Im Bordklo steht das Wasser schon etwa zehn Zentimeter hoch. Darin liegt der Fisch und atmet beschwerlich durch seine kaum von Wasser bedeckten Kiemen. Er bewegt sich auch hin und wieder trotz der Fesseln. Ich steige also über ihn hinweg und auf das eigentliche Klo. Also das Loch im Boden. Nachdem ich mich erleichtert habe, nutze ich meine Zweisamkeit mit dem sterbenden Wels, um ihn zu fotografieren. Beim Verlassen des Klos gibt er mir noch einen Schlag mit seiner Schwanzflosse mit. Zurück auf meinem Platz erzähle ich es ebenfalls weiter. Zehn Minuten später hat es sich auf dem Boot herumgesprochen und es herrscht reger Toilettentourismus. Hin und wieder beobachtet man Leute, die noch nichts vom nassen »Klogast« mitbekommen haben. Vom Wels überraschte Frauen teilen sich dem hinteren Drittel des Bootes durch lautes Kreischen mit. Der zweite Tag hat doch noch echten Unterhaltungswert bekommen. Nach einiger Zeit gehen selbst die Frauen unerschrocken hinein, ob sie müssen oder nicht, nur um den Fisch zu sehen.

Nach neun Stunden Fahrt erreichen wir endlich Luang Prabang. Der Wels ist irgendwo zwischen hirntot und seinen letzten zuckenden Bewegungen. Er wurde inzwischen neben der Bordwand im Fluss festgemacht. Dann rollt er langsam auf die Seite. Das wars.

Wir verlassen das Schiff und ich denke mir, dass das niemals Luang Prabang sein kann. Kurz darauf stellen wir fest, dass dieser Anlegeplatz zehn Kilometer außerhalb liegt, um uns zum Kauf eines Tuk-Tuk-Tickets zu nötigen. Später erfahre ich, dass die Verlegung der Anlegestelle ein Jahr zuvor stattgefunden hat. Es ist also nicht mehr wirklich das Slowboat nach Luang Prabang, sondern das Slowboat zum Tickethäuschen zehn Kilometer vor Luang Prabang. Meinetwegen sollen die Tuk-Tuk-Fahrer ihren Teil von der Torte abbekommen. Ich hätte das Boot auch genommen, wenn die Fahrt ein paar Euro teurer gewesen wäre. Leider hat es so wieder den faden Anstrich der Abzocke. Aber gut gelöst, muss ich zugeben. Man kommt nicht darum herum, ein Tuk-Tuk zu nehmen.

Luang Prabang

In Luang Prabang sollte ich noch einige Zeit hängen bleiben. Langsam, aber sicher werde ich ein wenig reisefaul. Ich will immer öfter bleiben und in aller Ruhe meine Zeit genießen. Luang Prabang ist auch wirklich zu schön, als dass man hier nur drei Tage bleiben könnte. Hier fließt der Namkan River in den Mekong. Beides sind gewaltige Flüsse. Hier ist alles etwas französisch angehaucht, was noch aus der Kolonialzeit herrührt. Die Altstadt gehört zum Unesco-Weltkulturerbe. Sogar richtige Baguettes gibt es und Kaffee, wie man ihn von zu Hause kennt. Der sogenannte »Lao Coffee« hat aber auch etwas für sich. Leider ist Luang Prabang nicht ganz billig. Die Stadt kommt einem zuweilen wie ein großer Ein-Euro-Shop vor. Sehr viel, was es so zu kaufen gibt, kostet umgerechnet einen Euro. Da kann sich schon einiges zusammenläppern. Aber es ist dennoch möglich, für zehn Euro am Tag gut zu leben, wenn man keinen Unsinn macht, wie zum Beispiel überall mit dem Tuk-Tuk hinzufahren oder sich eine unnötige Bootsfahrt aufschwatzen zu lassen. Wer auf die andere Seite des Mekong möchte, sollte aber mit einer Fähre fahren. Einfach hinüberschwimmen sollte man bleiben lassen. Das andere Ufer ist weiter entfernt, als es aussieht, und die Strömung mitunter stark. In Luang Prabang wimmelt es von geschäftigen Mönchen. Es gibt unzählige Klöster in der Altstadt. Viele sind sehr heruntergekommen, verlieren aber dennoch nicht ihren anmutenden Charme. Es vergehen einige Tage in erholsamer Entspannung.

Seth Sun Ya

Es ist unser letzter Abend in Luang Prabang. Am nächsten Morgen wollen wir gemeinsam nach Vang Vieng weiterreisen. Dyllan und ich sitzen auf der Terrasse der Utopia Bar, von der aus wir hinunter auf den Namkan River sehen und Bier trinken. Irgendwann kommen wir erneut auf den Fisch auf dem Klo zu sprechen. Wir versuchen abzuschätzen, welchen Verkaufswert er auf dem Markt gehabt haben dürfte. Zu diesem Zeitpunkt sitzen drei junge Kellner auf der Bambustreppe, die zur Terrasse, auf der wir sitzen, hinunterführt. Wir fragen die Jungs nach dem ungefähren Verkaufswert. Leider haben sie auch keine Ahnung, aber zwischen den Einheimischen und uns Fremden scheint das Eis in dem Moment gebrochen. Ich habe noch gut ein Drittel meines Bieres vor mir, als Dyllan sich verabschiedet. Er will zurück ins Hostel, um noch auf Skype mit einer Freundin zu telefonieren.

Als Dyllan weg ist, sitze ich mit meinem Bier allein da. Die Terrasse ist ganz aus Bambus gebaut und hat keine Brüstung. Ich rutsche ganz nach vorne und lasse meine Füße hinunterbaumeln. Während ich gedankenversunken hinunter in die dunkle Nacht schaue, kommt einer der Kellner, die wir zuvor gefragt haben, die Treppe hinunter und setzt sich neben mich. Er stellt sich als Seth Sun Ya vor und beginnt ein Gespräch. Ich erwarte das Übliche und bin dann doch einigermaßen überrascht über seine Fragen.

Ob mir Luang Prabang gefällt und wie ich heiße. Dann geht es weiter mit ulkigen Fragen, die mir bis dahin noch neu waren. Wie meine Eltern heißen. Wer will denn so etwas wissen? Ob ich Traveller bin und ob das mein Beruf sei. In diesem Moment komme ich ins Staunen. Es gibt zwar ein paar Hundert Menschen, die das tatsächlich beruflich machen, aber ich glaube nicht, dass er das weiß. Ich verneine also und erkläre ihm vorsichtig, dass ich lange Zeit Geld gespart habe, um diese Reise machen zu können. Und dass ich wie alle anderen Touristen nur zu meinem Vergnügen hier bin. Ein Gefühl von Scham über das, was ich Seth gerade erzählt habe, steigt in mir auf. Wir reisen tatsächlich zu unserem Vergnügen um die Welt und sehen uns an, wie die Menschen in armen Ländern schuften müssen, um über die Runden zu kommen.

Als Nächstes will er noch wissen, was meine Eltern von Beruf sind, ob ich Geschwister habe und alles Mögliche über mein Leben. Das Verrückte ist, dass er sich augenscheinlich dafür interessiert, wie meine Eltern heißen. Jedenfalls erzählt er mir auch seine Geschichte. Eine traurige Geschichte. Seth erzählt mir von seiner Familie. Die Eltern seien Bauern und leben in großer Armut. Auch, dass er einen Bruder hatte, der aus unbekannten Gründen gestorben sei. Seine Familie gehört zur ethnischen Minderheit der Khmu und lebt in einem Dorf namens Bang Dou. In Laos gehören fast alle Menschen einer der sechs ethnischen Gruppen an. Diese sind: Mon-Khmer, Palaung, Khmu, Tibeto-Burmanen, Hmong-Mien sowie Thai und Rau. Darüber hinaus gibt es zu jeder der ethnischen Gruppen zahlreiche Untergruppen. Bei gerade mal 6,7 Millionen Einwohnern, so schlussfolgere ich, ist eigentlich jede ethnische Untergruppe eine Minderheit. Wie mir scheint, ist die Zugehörigkeit zu einer Minderheit also nichts, weswegen man besondere Nachteile in diesem Land hat. Der besondere Nachteil, den man in diesem Land hat, ist die Zugehörigkeit zu diesem Land an sich. Und dieser Nachteil ist gewaltig. Seth studiert seit einem Jahr Englisch am Teacher Training College in Luang Prabang. Wer in Laos Englisch beherrscht, genießt einen hohen Status. Das Englisch eines Mannes bestimmt hier unter anderem, welche Frau er bekommt. Seth möchte wissen, welche Länder ich schon bereist habe. Nachdem ich ihm geantwortet habe, erzählt er mir, dass er auch gerne reisen möchte. Ich frage ihn, wo er denn gerne hin will. Da erklärt er mir allen Ernstes, dass er noch nie bei »den Wasserfällen« war. Ich frage vorsichtshalber, welche Wasserfälle er meint. Die Wasserfälle, die er meint, sind die »Kuang-Si-Waterfalls«. Sie sind wirklich schön und unbedingt einen Besuch wert, aber auch nur etwa 30 Kilometer von Luang Prabang entfernt und unter Touristen eines der beliebtesten Ausflugsziele in der Gegend. Als ich ihn das sagen höre, beschließe ich, ihn dorthin einzuladen. Ich war dort zwar bereits an meinem ersten Tag, nachdem ich mit dem Boot in Luang Prabang angekommen bin, aber ich denke mir:

»Er muss da jetzt mal hin.«

Ich habe auch die ganze Zeit das Gefühl, dass er keinen Schimmer davon hat, wo mein Land liegt und in welcher Entfernung es sich von der Bambusterrasse, auf der wir sitzen, befindet. Ich kann mir gut vorstellen, dass Seth eine recht kindliche Vorstellung von Entfernungen hat. Da er aus einem Bergdorf in der Nähe von Udom Xai kommt, was etwa 150 Kilometer von Luang Prabang entfernt im Norden des Landes liegt, und er mir auch erzählt, dass er, seit er hier studiert, noch nie zu Hause zu Besuch war, muss das nicht nur eine sehr kostspielige Reise für ihn sein, sondern bei dem Tempo, mit dem man hier üblicherweise über Land fährt, auch eine unglaublich weite Strecke. Ich weiß allerdings nicht, wann wir das machen sollen. Ich sage ihm, dass ich ihn gerne dazu einladen möchte, aber leider morgen abreise. Ich lasse es also erst einmal offen, sage ihm aber auch, dass ich vorhabe, noch mal in den Norden zu kommen. Ich frage ihn, ob ich seine Familie besuchen könnte und für einige Tage bei ihnen bleiben könne. Er meint ja.

Sollte ich besser gleich im Norden von Laos bleiben? Immerhin wäre von hier aus Nordvietnam gut zu erreichen und ich habe einen echten Homestay in Aussicht.

Der Unterschied zwischen einem echten und einem unechten Homestay ist, so viel weiß ich inzwischen, Folgendes: Einen unechten Homestay kann man buchen und meckert anschließend darüber, weil man wie ein Tourist behandelt wird und sich das tägliche Leben der Einheimischen aus sicherem Abstand ansehen darf, anstatt wirklich daran teilzuhaben. Über den echten Homestay, den man nicht buchen kann, ist man froh, dass man anschließend wieder in genau diese Touristenblase zurückkehren kann. Kurz gesagt, die meisten wissen gar nicht, wie ihnen bei ihrem Homestay eigentlich entgegengekommen wird. Der einzige Verzicht ist vielleicht, mal kein Wi-Fi zu haben und kalt duschen zu müssen.

Irgendwann habe ich mein Bier ausgetrunken und verabschiede mich von Seth, mit dem Versprechen, ihn auf einen Ausflug zu den Wasserfällen mitzunehmen.

Vang Vieng

Die sieben Stunden Fahrt täuschen, es sind nur 168 Kilometer von Luang Prabang nach Vang Vieng, aber der »Highway 13« ist in besorgniserregendem Zustand. Allerdings ist er auch nie über das Ausbaustadium einer gewöhnlichen Landstraße hinausgekommen. Also zweispurig. Eine schöne Strecke, wenn man nicht daran denkt, dass es keine Leitplanken gibt, aber stets etliche 100 Meter den Abhang hinuntergeht. Wir stellen einmal mehr fest, dass Leben keinen großen Wert hat in diesen Ländern. Der Reisebus bremst weder wegen Hühnern auf der Fahrbahn noch für spielende Kinder. Fehler werden schon mal mit dem Leben bezahlt. Und trotzdem passiert erstaunlich wenig.

Die Stadt Vang Vieng ist recht trostlos, das Karstgebirge ringsum hingegen überwältigend. Auf Fahrrädern fahren wir zu der Tham-Jang-Höhle und der blauen Lagune. Ein Tümpel, wie sich zeigt, aber nett. Danach steuern wir noch eine andere Höhle an, diese ist menschenleer. Wir sind die einzigen Besucher. Es ist eine klaustrophobisch enge Höhle und stockdunkel. Man braucht hier unbedingt Taschenlampen, da die Höhlen nie beleuchtet sind. Wir gehen bis zum Ende hinein, etwa 100 Meter tief. Auf dem Rückweg wird es noch spannend, da wir uns verlaufen und in einer Sackgasse landen. Wir müssen etwa 20 Meter zurück durch 60 Zentimeter hohe Öffnungen. Schließlich finden wir den Weg nach draußen und kommen wieder ans Tageslicht. In solchen Höhlen ist man sich bewusst, dass nichts passieren darf. Man wird schlicht nicht als fehlend bemerkt und von niemandem entdeckt. Sonst steht in Vang Vieng »Tubing« auf dem Programm, aber nicht für mich. Wenn die Hauptattraktion ist, besoffen in einem aufgepumpten Lkw-Schlauch den Nam-Song-Fluss hinunterzutreiben und dabei an verschiedenen Bars zum Trinken haltzumachen, dann klammere ich mich da mit Vergnügen aus. In den vergangenen Jahren hat Australien jede Menge junge Menschen an diesen Fluss verloren, bis sich die Regierung von Australien erfolgreich eingeschaltet und dem sogenannten »drowning phaenomen«, wie man darüber in australischen Zeitungen lesen konnte, ein Ende bereitet hat. Ausis feiern irgendwie intensiver. Danach gingen die Besucherzahlen in dem Städtchen deutlich zurück und das Aufstocken der Gebäude hatte ein Ende. Heute stehen überall in Vang Vieng Betonskelette auf bestehenden Häusern herum, was Vang Vieng nicht schöner macht.

Alles bleibt im Ungefähren

Nachdem ich mich von Dyllan verabschiedet habe und die lange Fahrt zurück nach Luang Prabang überstanden ist, checke ich wieder in das Gästehaus meines Vertrauens ein, mit dessen Manager ich befreundet bin.

Ich frage mich, ob ich den Süden von Laos überhaupt sehen werde. Wäre da nicht dieses terminierte Vietnam-Visum in meinem Pass! Leider war es, um unnötige Umwege zu sparen, nur in Bangkok zu bekommen und jetzt stellt sich meine weise Vorausplanung also auch als Unfug heraus. Da lob ich mir eben die »On Arrival«-Visa, die es glücklicherweise für viele Länder gibt. Erneut rechne ich mir aus, wie viel Zeit es mich kosten würde, Laos von Norden bis Süden ganz zu durchqueren. Es geht hinten und vorne nicht auf! Wie auch immer, jetzt bin ich hier, um mein Versprechen einzulösen und Seth zu den Kuang-Si-Wasserfällen mitzunehmen.

Seit ich wieder hier bin, schmücken die Einheimischen die Stadt. Von Tag zu Tag hängen in den Innenhöfen der zahlreichen Klöster mehr Laternen aus buntem Papier, dazu wunderschön beleuchtete Drachen aus

Pappmaschee. In den Hinterhöfen sämtlicher Stadtteile werden Drachenbootmodelle aus Bambus und Pappe gebaut. Natürlich auch wunderschön verziert und beleuchtet. Ich beschließe, das große Fest Boun Awk Phansa zum Ende der buddhistischen Fastenzeit abzuwarten und meiner Reisemüdigkeit nachzugeben. Doch meine Zeitplanung gerät noch weiter aus dem Ruder, denn das Fest findet nach dem buddhistischen Mondkalender statt. Es hilft auch nicht, sich in den vielen Reisebüros Luang Prabangs nach dem genauen Datum zu erkundigen. Von den Einheimischen erfährt man nur ungefähre Angaben zum großen Fest. Ich zweifle wieder mal an meinen Kommunikationsfähigkeiten. Es kann doch nicht so schwer sein, zu erfahren, wann dieses Fest gefeiert wird. Aber scheinbar doch. Andere Touristen sind ebenfalls ratlos und man hört ständig:

»Also, uns hat man gesagt, es findet ungefähr zum Wochenende statt.«

Ich bleibe, bis es dann endlich losgeht, im Ungewissen darüber. Zum Glück ist Luang Prabang klein genug, um nichts zu verpassen. Außerdem soll das Fest hier am schönsten sein. Ich warte ab.

Eine Maus als großer Bruder

Die Zeit bis zum Fest kann man sich auf verschiedenste Weise vertreiben. Zum Beispiel als Englischlehrer. Die Laoten danken es einem. Die Geschichte um »Big Brother Mouse« ist so rührend wie erfolgreich.

Alles begann 1983 mit der Erkenntnis »Lao people don't read« eines zwölfjährigen Jungen namens Khamla aus dem Dorf Khone Kham, der als Erster seiner Familie in der Schule lesen gelernt hatte. Wie es in Laos üblich ist, sollen Jungen für ein Jahr als Novizen in ein Kloster gehen. So sparten Khamlas Eltern Geld, um ihm die weite Reise ins 50 Kilometer entfernte Luang Prabang und den Besuch einer Klosterschule zu ermöglichen. Da es damals noch keine Straße nach Luang Prabang gab, dauerte Khamlas Reise auf einem Boot sechs Stunden. Für die nächsten neun Monate sah er seine Familie nicht. In Luang Prabang beobachtete Khamla immer wieder Touristen, die in ihrer Freizeit Bücher lasen. Er konnte nicht verstehen, warum sie das taten. In Laos gab es zu diesem Zeitpunkt kein einziges Sachbuch, geschweige denn Romane zu lesen, sondern lediglich Text- und Aufgabenbücher, um das komplizierte laotische Alphabet zu erlernen. Es sollten noch einige Jahre vergehen, bis Khamla herausgefunden hatte, warum Touristen lesen. Als Khamla wusste, dass es Bücher gibt, die »nur« zur Unterhaltung oder dem Aneignen von Wissen geschrieben wurden, hatte er seine Lebensaufgabe gefunden. Es dauerte weitere Jahre, bis Khamla und seine Freunde eine Verlagslizenz erhielten. Bis heute blieb sie die einzige Verlagslizenz im ganzen Land außerhalb der Hauptstadt Vientiane. Von diesem Zeitpunkt an konnten Lesebücher für Kinder und Jugendliche offiziell gedruckt werden. Da es immer noch nur wenige laotische Bücher gab, organisierten die Freunde Tauschbörsen, um möglichst vielen Kindern und Jugendlichen das Lesen der Bücher zu ermöglichen. Am vorläufigen Ende der Geschichte steht Big Brother Mouse.

Als Nichtasiate braucht man nur vor dem kleinen Haus nahe des Wat-Nong-Tempel aufkreuzen und mit etwas Glück wird man auch schon von seinen künftigen Schülern eingeladen hineinzukommen und in ein erstes Gespräch verwickelt. Hier darf jeder Englisch unterrichten, der das möchte. Es gibt für so ziemlich jedes Niveau Schüler. Die Schüler sind Laoten allen Alters. Wenn sie einen »Farang« sehen, wie wir hier heißen, bitten sie sofort Platz zu nehmen. Und schon beginnt die Konversation. Die Bezeichnung Farang ist aus der Kolonialzeit übriggeblieben und hat sich überall in Indochina als Spitzname für »Langnasen«, die wir wirklich sind, verbreitet. Der unkonventionelle Englischunterricht entwickelt sich von ganz alleine. Big Brother Mouse verfügt heute über eine für laotische Verhältnisse enorme Auswahl an Lese- und Sachbüchern, die allesamt bilingual auf Laotisch und Englisch verfasst sind. Meist sind es Bilderbücher mit kürzeren Texten zu den Bildern. In diesen Tagen unterrichte ich zum ersten Mal seit meiner Lehramtsprüfung und es macht zur Abwechslung Spaß. Mit einer Gruppe nehme ich sogar unser Sonnensystem durch. Selbst dafür finden sich Schulbücher. Die Schüler kommen alle freiwillig, trotzdem sind immer ziemlich viele da. Die Bücher gibt es auch für wenig

Geld zu kaufen. Also einfach hingehen, und ein paar Bücher kaufen und an Kinder in Laos verschenken. Am besten an diejenigen, die in entlegenen Gegenden leben und somit kaum Zugang zu Big Brother Mouse haben.

Boun Awk Phansa

Am Wochenende vom 19. bis 20. Oktober feiert Luang Prabang und ganz Laos das »Boun Awk Phansa«. Am Vorabend des Festes lässt sich die ganze Lichterpracht in den unzähligen Wats, so heißen die Klöster, besichtigen. Leuchtende Drachenmodelle, Boote, Laternen, wohin man auch sieht. Überall werden von den Mönchen und Novizen letzte Veränderungen durchgeführt und die Abfälle weggefegt. Dann das Fest. Denkste! Am Samstag passiert erst mal gar nichts. Beim Drachenbootrennen kann man zusehen. Das ist aber nicht für Touristen gedacht und findet am gegenüberliegenden Ufer des Mekong statt. Man fährt also entweder hinüber oder sieht es sich aus der Ferne an. Dafür findet am Sonntag alles statt. Die Boote werden mit Getrommel und Geleit aus den Stadtteilen in die Stadt gebracht. Am Abend findet dann die Prozession statt, wo die Boote zum ältesten Tempel der Stadt, dem »Wat Xieng Tong«, zur Segnung gebracht werden. Währenddessen steigen, wie bei anderen Lichterfesten, unzählige Laternen in den Himmel und am Schluss werden alle Boote auf dem Mekong ausgesetzt und treiben leuchtend an der Stadt vorüber.

Kuang-Si-Wasserfall

Ich löse mein Versprechen ein, Seth zu einem Ausflug zu den Wasserfällen mitzunehmen. Da wir erst am Wochenende loskönnen, werde ich zunächst zum Lunch bei Seth und seinem besten Freund Sulya eingeladen. Eine gute Gelegenheit, das Leben der Einheimischen besser kennenzulernen. Ich bekomme ein Zettelchen geschrieben für den Fall, dass ich Sulya am verabredeten Ort nicht finden sollte. Als ich ihn tatsächlich nicht finde, halte ich den Zettel einem beliebigen Studenten unter die Nase und der weiß tatsächlich, wo Sulya ist. Das klappt ja! Ich bin am »Teacher Training College« und finde ihn ohne langes Suchen. Wir gehen über den Campus zu den Studentenwohnheimen. Sulya erklärt mir alles. Erst geht es an mehrstöckigen Steinhäusern vorbei. Überall hängt die Wäsche draußen. Dann vorbei an Bambushütten, wo im Freien gekocht wird. Auf einer Anhöhe befinden sich kleinere Steinhäuser und bessere Holzbungalows. Es scheint mir, Sulya führt mich absichtlich umständlich übers Gelände, damit möglichst viele den ungewöhnlichen Besuch der beiden sehen. Der Weg wird allmählich holpriger und endet vorläufig in einem trockenen Flussbett. Es scheint mir, als durchqueren wir den Campus auf einer Strecke von reich nach arm. Nach etwa zehn Metern im Flussbett ist der Pfad auf der anderen Seite wieder zu erkennen. Jetzt kommen Holzhäuser und Bretterbuden. Ich staune! Seth hatte mir erzählt, dass beide jeweils 200.000 Kip im Monat, das sind 20 Euro, für die »Studentenwohnung« bezahlen. Der Preis, sollte er stimmen, ist hoch für das, was ich sehe. Wenn die Studiengebühr in den 200.000 Kip enthalten ist, kann ich den Preis nachvollziehen. Wir stehen vor einer Holzbaracke mit Wellblechdach.

»This is it!«

Mir fällt nichts Besseres zu antworten ein als:

»Oh, really?«

Wir gehen hinein. Die Behausung ist vom Einfachsten. Es gibt nur zwei Betten. Eigentlich sind es nur Pritschen aus Holz und Bastmatten anstelle von Matratzen darauf. Die Wände sind mit Lao-Bierkartons und allerlei anderen Kartons verkleidet. Es gibt ein Fenster, das eigentlich ein Holzverschlag ist. Es steht offen. Ich erinnere mich an meine Kindheit, als wir im Wald solidere Hüttchen gebaut haben und dort oft für längere Zeit, als unseren Müttern lieb war, bis in die Dunkelheit hinein gehaust haben. Die Küche ist auch interessant. Immerhin führt eine dünne Wasserleitung hinein. Unter einem umgedrehten geflochtenen Korb entdecke ich zwei Wachteln. Daneben in einer Schale, die ihnen gestohlenen Eier. Es gibt: »Or Lam Mark Keua«. Eine Suppe mit Auberginen, viel Zwiebel und sagenhaft guten Gewürzen darin. Dazu essen wir Reis. Eine einfach gezimmerte Brettertür öffnet sich ächzend und zwei weitere Bewohner erscheinen im Schlaf- und Wohnraum meiner beiden Freunde. Ich frage nach, ob die beiden keinen eigenen Ausgang haben. Also auch noch ein Durchgangszimmer. Dafür bezahlen sie einen wirklich stolzen Preis. Auf dem Rückweg stelle ich fest, dass es tatsächlich keinen direkteren Weg zur Behausung der beiden gibt. Ich habe mich glatt bei dem Versuch, die Abkürzung zu nehmen, die ich mir vorgestellt habe, verlaufen.

Das Wochenende kommt. Es ist Samstag und wir sind sehr früh morgens verabredet, um unseren Ausflug zu machen. Um 16 Uhr müssen die beiden wieder arbeiten. Sie studieren von Montag bis Freitag, aber sie arbeiten von Montag bis Sonntag. Ich habe uns drei nagelneue Mountainbikes geliehen, die wir am Verleih abholen. Dann geht es los. Erstaunt stelle ich fest, wie unsicher Seth und Sulya Rad fahren. Abgesehen von diesen chinesischen Allerwelts-Fahrrädern, die wie schlecht kopierte Bonanzaräder aussehen, keine Gangschaltung, aber einen viel zu breiten Sitz über dem Hinterrad haben, sind sie noch keinerlei Fahrräder gefahren. Geschweige denn ein 18-Gang-Mountainbike mit 26-Zoll-Reifen. Wir eiern ganz vorsichtig zu einem alten Sportplatz, wo wir die Grundlagen des Fahrradfahrens erlernen wollen. Die zwei nehmen meinen Vorschlag ohne Protest an. Auf dem Sportplatz angekommen, die ehemalige Aschenbahn ist noch zu erkennen, sonst hätte ich es eine Wiese genannt, beginnen wir mit unseren Übungen. Ich zeige ihnen, wie man schaltet, ohne Rücktritt bremst und was sie noch alles können müssen. Mit gehöriger, aber notwendiger Verspätung geht es endlich los. Wir radeln zu den Kuang-Si-Wasserfällen. Die Fahrt ist so schön wie beschwerlich für die beiden. Kondition haben sie jedenfalls auf dem Fahrrad keine. Als wir dort sind, bezahle ich unseren Eintritt und muss für die Jungs nur den Local-Preis, der die Hälfte meines Eintritts kostet, bezahlen. Drinnen gibt es ein Gehege mit Schwarzbären. Die beiden wissen tatsächlich nicht, was das für Tiere sind! Das wundert mich, denn Schwarzbären sind hier heimisch. Oder waren es. Wir studieren die am Gehege angeschlagenen Tafeln.

Rund zwei Stunden verbringen wir bei den Wasserfällen mit Schwimmen und Klettern. Dass Seth ein ausgesprochen guter Koch ist, beweist er mit »Ob Kai«, einem Gericht mit Hühnchen, das er gut verpackt mitgebracht hat. Es muss sich um ein Armeleuteessen handeln, denn an den Knochen ist kaum Fleisch dran. Dazu klein geschnippeltes Gemüse in der Suppe und natürlich wieder unglaublich gut gewürzt.

Es ist dermaßen scharf, dass ich ständig weiteressen muss, weil es sich nach dem Hinunterschlucken noch ungefähr zweimal so scharf anfühlt, als es sowieso schon ist. Während dem Essen tropfen mir die Schweißperlen von den Brauen in die Augen. Abwischen kann ich sie nicht, da meine Finger von der scharfen Würze getränkt sind.

Beide Gerichte, die ich mit den Jungs gegessen habe, waren keine laotischen Gerichte, sondern echte »Khmu«-Gerichte. Als wir auf dem Rückweg sind, denke ich nach und stelle fest, dass Seth und Sulya heute zum ersten Mal im Leben Mountainbike gefahren sind, Bären gesehen haben und – zumindest Seth – zum ersten Mal bei den immerhin nur 30 Kilometer entfernten Kuang-Si-Wasserfällen war. Seth ist überwältigt von diesem Tag. Man sieht es ihm an. Umgerechnet hat mich das ganze Vergnügen für beide nur acht Euro meines Geldes gekostet. Und ich habe damit Träume wahr werden lassen. Außerdem hängt an der Geschichte noch mein Besuch in »Bang Dou«, dem Heimatdorf von Seth.

Gibt es Bang Dou wirklich?

Nach dem ereignisreichen Wochenende, des Kuang-Si Ausfluges und dem Boun awk Phansa reise ich mit einem Bus nach Udom Xai, um das Khmu-Dorf Bang Dou zu finden. Ausgerüstet mit einer Wegbeschreibung in laotischer Schrift, sehr ungefähren Kilometerangaben zu den einzelnen Entfernungen und einem Einladungsbrief an die Eltern, in dem steht, dass ich ein »bester« Freund von Seth bin – in Laos geht so was schnell – und natürlich jeder Menge Abenteuerlust.

In Udom Xai geht es schon an der Busstation los, dass niemand Bang Dou kennt oder wer es kennt, zu wissen meint, dass es »hinter den sieben Bergen bei den sieben Zwergen« liegen müsse. Ich bin ganz schön irritiert. Ich kriege so ziemlich alle Himmelsrichtungen gezeigt, die es gibt, und die Tuk-Tuks wollen mich nur bis zur Dirtroad bringen und dann auch noch zu märchenhaften Preisen. Ich beschließe, zum Hauptmarkt zu gehen, um dort ein billigeres Tuk-Tuk zu bekommen. Die riechen den Braten und sind noch teurer. Dann finde ich zufällig einen Fahrradverleih. Der Besitzer ist ein freundlicher Mann mittleren Alters. Wann er sein letztes Rad verliehen hat, bleibt sein Geheimnis. Er sagt mir, er habe noch nie von diesem Dorf gehört. Es gebe aber tatsächlich eine Touristeninformation. Er erklärt mir, wo die sein soll, weiß aber nicht, ob sie auch manchmal geöffnet ist. Ich denke nicht weiter darüber nach, da ich in Udom Xai bin, was in Reisebüchern kaum erwähnt wird. Touristen fahren hier nur durch oder steigen um. Wenn hier mal einer über Nacht bleibt, hat das einen handfesten Grund. Ich fange an zu zweifeln! Er will aber für mich Seth anrufen, um nachzufragen. Er meint, es könnte schon sein, dass es Bang Dou gibt, es gäbe hier viele Dörfer, die keiner kennt, da sie mit keinerlei Infrastruktur mit den Provinzstädten verbunden sind. Doch alle Versuche, Seth anzurufen, schlagen fehl.

Ich bin wieder an der Busstation, da gibt es eine Frau, die Englisch spricht. Sie empfiehlt mir schließlich, eine Nacht in Udom Xai zu verbringen, da es mittlerweile zu spät sei, um noch vor der Dunkelheit nach Bang Dou zu gelangen. Egal, wo genau es nun liegen mag. Etwas enttäuscht mache ich mich noch mal auf den Weg zum Fahrradverleih. Auf dem Weg dorthin treffe ich einen Australier, den ich aus der Utopia Bar in Luang Prabang kenne. Er hat ein Motorrad. Ich bin gerettet! Ich erzähle ihm, was ich vorhabe, und er bietet mir spontan an, mich hinzufahren. Ich bin immer noch mit vollem Gepäck in diesem Provinzstädtchen unterwegs. Wir holen sein Motorrad und los geht's. Allerdings haben wir nicht viel Erfolg. Mal soll es westlich liegen, mal östlich, und die meisten kennen es natürlich überhaupt nicht. Er bietet mir an, sein Zimmer zu teilen. Ich schlage ein.

Die Absteige ist so ziemlich die lausigste Bleibe, in der ich je übernachtet habe. Die Fenster sind zerbrochen, man muss unter dem eigenen Moskitonetz schlafen und vor dem Fenster ist eine Art Balkon mit Müll aller Art. Die Ratten kann man nur hören. Die Wände sind mal aus Pappe, mal aus dünnen Spanplatten. Das Licht geht. Die Tür muss mit eigens mitgebrachtem Vorhängeschloss verschlossen werden. Nicht, dass deswegen keiner rein kann. Nur dass die Tür nicht von alleine aufgeht. Das Bad ist grauenhaft. Die Spülung geht natürlich nicht, dafür steht der berühmte Eimer mit der Kelle darin daneben. Gefüllt wird er mit dem Duschkopf, der darin herumliegt. Duschen kann man aber nicht wirklich, da das Wasser vom Anschluss an über den gesamten Schlauch bis zum Brausekopf an sämtlichen Stellen gleichmäßig austritt. Am besten, man wickelt sich den Schlauch um den Hals, um ein Maximum an Wasser auf den Körper zu bekommen. Der Schlauch sieht allerdings nicht so aus, als wolle man ihn mit irgendwelchen eigenen Körperteilen berühren. Aus Hygienegründen beschließe ich, auf jegliche Hygiene zu verzichten. Außer uns übernachten hier nur chinesische Trucker und ebenfalls chinesische Prostituierte. In einem der Zimmer auf unserem Stockwerk sind nur Chinesinnen. Die sind furchtbar laut. Sie spucken auch im Zimmer und auf dem Flur. Das gehört sich hier eben. Natürlich ziehen sie vorher richtig laut hoch, sodass grün kommt. Die Spucke kann man deshalb auf dem Boden im Flur problemlos sehen und ein Hineintreten vermeiden. Ich bin zum ersten Mal auf meiner Reise ernsthaft in Sorge, Bettflöhe zu bekommen. Zum Glück gibt es Inlays. Es regnet die ganze Nacht hindurch. Am anderen Morgen springt der Australier ab. Ich hatte ihm ja angeboten, beim Homestay einfach mitzumachen, um ein Transportmittel zu haben. Bei dem Wetter verstehe ich seine Entscheidung allerdings. Vor dem Auschecken muss ich noch auf Toilette.

»Scheiße!«
Heute Morgen weicht eine der Chinesinnen ihre Wäsche in dem Eimer, der zum Abspülen gedacht ist, ein. Ich hab's nicht einfach drübergeleert, obwohl ich zugeben muss, dass es mich gereizt hat. An dieser Stelle breche ich die Ausführungen über meinen Klogang lieber ab.

Frisch ausgecheckt stehe ich knöcheltief im Matsch. Die Straßen sind völlig aufgeweicht und es regnet immer noch. Schließlich sehe ich mich gezwungen, Bang Dou zumindest für den Moment zu verschieben. Ich kaufe eine Fahrkarte nach Luang Namtha, das noch weiter nördlich liegt. Weil der Bus erst um 11 Uhr fährt, gehe ich spaßeshalber die angebliche Touristeninformation suchen. Erstaunlicherweise gibt es sie wirklich und sie ist sogar geöffnet. Ich sehe mich in dem Büro um, alles steht offen, aber niemand scheint da zu sein. Ich entdecke ein Telefon und einen Zettel, auf dem eine Nummer steht, die man anrufen soll. Ich rufe an. Zehn Minuten später erscheint ein gut gelaunter Mann und eine Frau. Sie freuen sich, dass ich da bin und Hilfe brauche. Ich erkläre ihnen mein Anliegen und kann es kaum glauben. Sie kennen Bang Dou und den Weg dorthin. Also fast. Es stimmt alles so in etwa mit meiner Wegbeschreibung überein. Es liegt in der Richtung, an die ich dachte, und die Entfernungen stimmen auch. Sie zeichnen mir eine Art Landkarte, mit der ich das Dorf finden sollte. Allerdings gibt es eine entscheidende Schwäche an der Zeichnung. Auf halber Strecke gibt es eine Kreuzung auf der Dirtroad, von wo aus es in drei verschiedene Richtungen geht. Geht man nach rechts, kommt man nach Nalae, geht man nach links, kommt man in das Dorf, von dem sie meinen, dass es so oder so ähnlich heißt wie Bang Dou. Falls es das nicht sei, müsste ich den mittleren Weg nehmen und dann könnte es doch viel weiter sein.

Mit handgezeichneter Landkarte kehre ich zur Busstation zurück und warte im Bus auf die Abfahrt. Jetzt kommt die Sonne raus und die Straßen trocknen. Mittlerweile ist es fünf vor elf. Es durchfährt mich auf einmal. Ich muss Bang Dou finden, und ich kann es! Ich bin von einem Moment zum anderen voll entschlossen und mir ganz sicher, dass ich es finden werde.

Ich steige wieder aus und bitte den Fahrer, mir meinen Rucksack vom Dach herunterzuholen. Dann storniere ich meine Fahrkarte und kriege von allen Seiten verwunderte Blicke zugeworfen. Ich ziehe mir meine Trekkingschuhe an, setze den Rucksack auf und mache mich auf den Weg.

Ich folge der gezeichneten Karte, die ich von der Touristeninformation bekommen habe. Die ersten eineinhalb Kilometer waren zwar mindestens zweieinhalb, aber egal. Es stimmt alles. Dann das Schild? Ja, auch da, zwar völlig verbogen, so weit von der Straße weggedreht, dass man es nicht lesen kann, sofern man sich auf der Fahrbahn befindet, aber es ist da. Hier rechts ab und dann müsste eine Brücke kommen. Auch da! Ich durchquere Nasao, das erste Dorf auf meiner Karte. Ich bin begeistert, es klappt alles. Dann geht es etwa drei Kilometer geradeaus auf einer Dirtroad, wo mir etliche Schulkinder auf Fahrrädern entgegenkommen. Also muss es auch die Schule geben, die auf meiner Karte bei der Kreuzung eingezeichnet ist.

Kurz darauf halten vier kleine Mädchen in Schuluniformen an. Ich werde von einem der Mädchen angesprochen, das, seine Freundinnen hinter sich lassend, zu meiner Seite auf der nicht befestigten Straße herüberkommt. Die anderen Mädchen warten gespannt auf ihren Fahrrädern, was jetzt gleich geschehen wird. Das Mädchen:
»Hello, can I have an English conversation?«
Ich muss schmunzeln.
»Yes, you can!«
Das Mädchen fasst sich, richtet sich auf und fragt mich:
»What's your name?«
»My name is Timo.«
Das Mädchen sieht einen Moment zu Boden, formuliert seine nächste Frage in Gedanken vor.

»Where are you from?«
»I'm from Germany.«
»Are you coming from Udom Xai?«
»Yes, I do.«
»Thank you very much.«
 Das Mädchen dreht sich, von sichtbarem Stolz erfüllt, zu seinen Freundinnen um und läuft zu seinem Fahrrad zurück. Mit Sicherheit ist sie noch für Wochen das Schulmädchen der Stunde.

Bald darauf erreiche ich auch die beschriebene Kreuzung. Da steht ein Haus mit einem kleinen Laden. Als mich die Leute sehen, winken sie mich gleich herüber und bieten mir einen Stuhl und zu essen an. Sie sagen mir, dass das Dorf, das links nur einen Kilometer entfernt liegt, ähnlich heiße, aber eben nicht Bang Dou und ich geradeaus weitergehen solle, aber das sei weit. Vorausgesetzt, das Dorf, das ich suche, liegt dort wirklich, denn man habe gehört, dass es wo ganz anders liege. Ich denke mir, vielleicht haben die mir gerade auch etwas ganz anderes gesagt als das, was ich verstanden habe. Ich lasse mich nicht einschüchtern und entscheide mich, zunächst einmal in das naheliegende Dorf zu gehen und dort nach der Familie zu fragen. Das wäre ja auch meiner, leider zu ungenauen Wegbeschreibung von Seth nach, das am ehesten entsprechende Dorf. Nach dem besagten Kilometer nähere ich mich den ersten Hütten. Etwas stimmt nicht, denn es gibt hier Stromleitungen, die zum Dorf hinführen. Bang Dou soll jedoch keinen Anschluss an das Stromnetz haben. Als mich die ersten Kinder kommen sehen, geht es auch schon los.

Kreischend laufen sie auf mich zu und rennen dann doch wieder weg, um sich zu verstecken. Hier spielen sie nicht »Wer hat Angst vorm schwarzen Mann«, sondern »Wer hat Angst vor dem Farang«. Ich bin begeistert! Mit jedem Meter, den ich zurücklege, werden es mehr Kinder, die völlig ausflippen und meinetwegen herumtollen. Nur die Erwachsenen sehen mich mit Skepsis kommen. Ich frage beim ersten Haus, vor dem ich Erwachsene sehe, nach der Familie Xee Xa Ket, aber die bedeuten mir, dass ich falsch bin. Ich versuche es noch an einem anderen Haus, wo der Hausherr davorsteht. Allerdings mit demselben Ergebnis. Er gibt mir zu verstehen, dass dies nicht das von mir gesuchte Dorf sei und dass ich jetzt umkehren solle. Ich kehre um und denke mir, dass die Bewohner von Sackgassendörfern überall gleich gegenüber Fremden eingestellt sind. Sogar wenn sie erst seit Kurzem Strom haben. Als ich wieder bei der Kreuzung angekommen bin, sehe ich ein Tuk-Tuk vorbeikommen und nach rechts in Richtung des anderen Dorfes vorbeifahren. Der Fahrer grinst mich mit Dollarzeichen in den Augen an.

»Vergiss es! Dein Tank ist schneller leer als meine Kondition aufgebraucht.«

Ich fühle mich wirklich bereit für ein Abenteuer an diesem Tag. Ich versuche, noch eine Weile brauchbare Informationen zu bekommen, gehe dann aber den mittleren Weg. Als ich nach etwa zwei Kilometern zu einer Einmündung komme, stehen da auch wieder ein paar Häuser. Hier ist die Straße geteert. Naja, geteert. Ich kenne in meiner Sprache eben keinen treffenderen Begriff dafür. Ich frage bei einem Haus nach. Die schicken mich zum Haus gegenüber. Dort kann zwar auch keiner Englisch, aber man scheint mich besser zu verstehen als beim ersten. Vielleicht schieben sie sich auch einfach nur gegenseitig den »Weißen Peter« zu. Nach längerem Hin und Her habe ich die Bewohner vielleicht so weit gebracht, zu verstehen, dass ich erst wieder abhaue, wenn Bang Dou in der von mir gewünschten Richtung liegt. Die Richtung stimmt also plötzlich und ich gehe weiter. Jetzt beginnt ein langer Marsch über geschlungene Straßen und Wege. Ständig geht es steil bergauf und wieder steil bergab. Ich versuche mich als Anhalter, jedoch mit überschaubarem Erfolg. Ich strecke halt den Daumen nach oben, so wie man das im Westen macht. Hier verstehen sie diese Geste eher als große Zustimmung zum Auto oder Moto. Viele winken mir noch zurück und geben dann richtig Gas, während sie an mir vorbeirauschen. In Asien hält man Autos an, indem man den Arm nach vorne ausstreckt und die Handfläche nach unten zeigend auf- und abwedelt – etwa so, als ob man bei uns jemandem, der in der 30-Zone zu schnell unterwegs ist, bedeutet, er soll langsam machen. Nur weiß ich das zu dem Zeitpunkt noch nicht. Ich gewinne durch meine Anhalterei unbemerkt jede Menge Freunde, die alle meinen, ich finde ihren rostigen Motorroller toll. Irgendwann klappt es aber doch und ich bin auf der Pritsche eines

Kleinlastwagens. Ich lege rund drei Kilometer zwischen bunten Lutschern und Cola-Dosen zurück, dann ist Schluss! Gleich im ersten Dorf nach der Einmündung ist die Fahrt zu Ende. Ab hier gehe ich wieder zu Fuß. Ich komme an einem See vorbei, über eine Bergkuppe und von einem Dorf zum anderen. Hier enden irgendwann auch die Stromleitungen. Ab hier haben sie keine Elektrizität mehr in ihren Dörfern. Ich frage mich bei den Bewohnern durch und immer wieder erlebe ich tolle Situationen mit Kindern, die sich einen Spaß aus meiner Anwesenheit machen. Die Erwachsenen deuten mir den Weg richtig oder falsch oder tun so, als ob sie nichts wüssten. Irgendwann gibt es da noch einen, der mich auf seinem Moto mitnimmt, aber da es wieder bergauf geht und zwei Personen für sein leicht motorisiertes Gefährt zu viel sind, muss ich auch gleich wieder absteigen.

Es ist inzwischen etwa 13 Uhr und die Sonne brennt auf mich nieder. Ich trage einen Reisbauernhut und marschiere schweißgebadet mit meinen zehn Kilo Gepäck auf dem Rücken den Berg hinauf. Oben macht die inzwischen zu einem etwa zwei Meter breiten Weg aus roter Erde verkommene Dirtroad eine Kurve nach links und ich bekomme endlich etwas Schatten. Auf einem Haufen abgeernteter Maiskolben mache ich Pause. Nach einer Weile kommt eine Frau in traditioneller Kleidung daher. Als sie mich sieht, ich sehe ihr die Verunsicherung im Gesicht an, grüße ich sie:

»Sabaideee!«, rufe ich und winke ihr freundlich zu, doch sie macht schnell kehrt und verschwindet wieder zwischen den Bananenpalmen und Sträuchern, wo sie auch herausgekommen ist. Ich gehe daraufhin auch lieber weiter. Man weiß ja nie, was die hier machen, wenn sie ein Gespenst sehen. Es geht wieder etliche Kilometer bergauf und bergab. Ich bemerke, dass ich einen sehr weiten Halbkreis vollziehe. Zwischendurch sehe ich den See wieder. Jetzt in größerer Entfernung und an anderer Stelle, sodass der Halbkreis, den ich gehe, augenfällig wird. Ich erreiche eine Bergkuppe am Ende eines Dorfes, wo nur noch vereinzelt Häuser stehen. Ich werde angezogen von seltsamen Klängen und Gesang. Vor der Hütte des Geschehens stehen einige Leute. Ich frage die Leute, wie ich es in jedem Dorf mache, ob dies ein Hmong-Dorf sei. Sie nicken bestätigend. Ich befinde mich mitten in Hmong-Land und suche nach einem Khmu-Dorf. Ob das was wird?

Als Nächstes frage ich die Männer zur Abwechslung mal nicht nach dem Weg, sondern was da im Inneren der Hütte vor sich geht. Ich habe den Verdacht, dass ein Schamane einen Kranken heilt. Kaum habe ich mit dem Finger zur Hütte gedeutet und fragend mit den Achseln gezuckt, sitze ich auch schon in der Hütte auf einem für mich herbeigeschafften, viel zu kleinen Plastikstuhl und mein Rucksack nimmt neben mir auf einem ebensolchen Stühlchen Platz. Wie ein altes Ehepaar sitzen wir, mein Rucksack und ich, in einem echten »Hmong-Reality-Kino.« Hinter uns stehen die Leute bis nach draußen. Vor uns steht der Schamane in traditioneller Tracht. Er steht vor der Wand mit dem Rücken zu uns, auf einer Holzbank. Er trägt eine Art Visier aus Stoff vor dem Gesicht, sodass er nichts sehen kann. Um die Fußgelenke hat er Schellen gebunden und ebesolche hält er in seinen Händen. Er tritt in Trance von einem Bein auf das andere und schellt seine Schellen im Takt zu dem Gong, der hinter ihm im Raum von einem weiteren Mann geschlagen wird. Die Gesänge des Schamanen gleichen einem Sprechgesang. Manchmal wird sein Getanze auf der Bank heftiger, dann tritt ein dritter Mann, der direkt hinter ihm auf dem Boden steht, näher ran, um ihn mit den Armen umfassend vor dem Herunterfallen zu bewahren. Vor dem Schamanen befindet sich eine Art Altar mit Kerzen, Räucherstäbchen und irgendwelchen Kräutern. Als ich da so etwa zehn Minuten sitze, genieße ich zwar die angenehme Kühle, aber mir wird langweilig, da es immer so weitergeht. Die übrigen Leute stehen noch hinter mir. Ich gebe still Bescheid, dass ich nun weiter muss.

Wieder draußen, treffe ich einen jungen Mann, der auf einem Moto daherkommt. Er gehört da wohl auch dazu. Mit ihm kann ich ein wenig sprechen. Ich frage ihn nach dem Inhalt der eben gesehenen Vorstellung, aber ich bekomme nicht allzu viel darüber heraus. Nur dass sich der Kerl auf der Bank wohl von irgendetwas reinige. Ich frage nach Bang Dou. Er gibt mir zu verstehen, dass ich da ganz falsch gelaufen bin. Ich hätte einen Halbkreis um Udom Xai zurückgelegt – da war er wieder, mein Halbkreis – und hätte eigentlich über die Straße nach Luang Namtha nordwestwärts gehen müssen. Ich hingegen sei südwestwärts gegangen und dann in einem 30 Kilometer weiten Halbkreis um Udom Xai herum in Richtung Norden. Von hier aus seien es noch gut 30 weitere Kilometer, um dorthin zu gelangen. Zwischendurch ist aber auch von einer Gesamtentfernung von über 70 Kilometern die Rede. Ich bezweifle stark, ob ich dieses Dorf finden werde. Es ist inzwischen nachmittags gegen halb vier. Ich bin durstig und habe kein Wasser mehr. Die Bewohner des Hauses geben mir neues Wasser, ob es abgekocht ist, weiß ich nicht. Es wird mir auch langsam egal. Ich resigniere. Der ganze weite Weg umsonst? Nicht ganz. Ich finde mich damit ab, Bang Dou wohl nicht zu finden. Es treten auch Zweifel auf, ob Seth nicht einfach ein guter Schauspieler war, der sich einen Ausflug zu den Wasserfällen spendieren lassen wollte. Wenn ich jetzt nicht umkehre, schaffe ich es nicht vor Einbruch der Dunkelheit zurück. Und ob ich im Dunkeln den Weg zurückfinden werde und wie die Bewohner der Dörfer dann auf mich reagieren werden, will ich mir nicht vorstellen.

Ich bin schon dabei, meine Wanderung nach Bang Dou zur Wanderung ins Hmong-Dorf mit dem Schamanen umzubenennen und mich damit zufriedenzugeben. Ist ja auch etwas, was der Durchschnittsbackpacker nicht erlebt. Da fällt dem Moto-Typ noch ein, dass da unten ja noch eine Schule ist, wo es einen Englischlehrer geben soll. Der könne mir vielleicht helfen. Endlich wieder ein Funken Hoffnung. Die Schule liegt rund einen Kilometer von hier oben in einer Talsohle. Der Moto-Typ nimmt mich einige Meter mit hinter die Hütte, von wo aus man das grüne einstöckige Schulgebäude samt Vorhof sehen kann. Wenn ich den Weg einfach weitergehe, müsste ich direkt dorthin kommen. Von hier oben kann ich den Verlauf des Weges bis zur Schule fast vollständig sehen. Der schmiegt sich noch etwa dreihundert Meter in Kurven am Berg entlang, dann geht es steil hinunter ins Tal, direkt an der Schule vorbei. Ich will gleich aufbrechen und verabschiede mich von den freundlichen Hmong und dem Moto-Typ.

Als ich unten ankomme, bricht der Unterricht in allen Klassenräumen gleichzeitig zusammen. Die Schulen hier in der Gegend sind immer längliche, einstöckige Bauten, bei denen die Klassenzimmer an einem überdachten Flur nebeneinanderliegen. Vor dem Schulgebäude befindet sich der Pausenhof. Alle sehen mich kommen. Es dauert nicht lange, dann

steht der Englischlehrer vor mir. Er spricht erstaunlich gut Englisch. Wer jetzt denkt:
»Muss er ja als Englischlehrer«, dem sei gesagt:
»Muss er nicht.«
Er bittet mich gleich ins Lehrerzimmer, um die Unterrichtsdisziplin in den Räumen wenigstens einigermaßen wiederherzustellen. Doch die Schüler lassen sich nicht abwimmeln und drücken sich jetzt alle vor der Tür zum Lehrerzimmer herum. Er kennt Bang Dou und meint, es seien keine weiteren 30 Kilometer dorthin, sondern lediglich neun. Er zeichnet mir eine neue Karte, weil der Weg dorthin von nun an nicht mehr so einfach sei. Es gebe jede Menge kleine Wege, die ins Nichts führen, und es sei nicht immer leicht auf dem richtigen zu bleiben. Die neue Karte sieht aus wie eine Piratenschatzkarte aus Monkey Island, einem Computerspiel meiner Jugendzeit. Kleine Wege mit vielen Abzweigungen und immer wieder geht es über Bambusbrücken und durch Bäche und Flüsse hindurch. Als Nächstes lerne ich seine Frau kennen und bekomme das neugeborene Söhnchen präsentiert. Die Lehrer wohnen hier gleich neben der Schule. Hier kriege ich neues Wasser aus einer verpackten Flasche. Er gibt mir zu verstehen, dass er noch zu unterrichten habe, aber mich gerne dorthin bringen würde. Ich sage ihm, dass ich es schon alleine schaffen werde, überlasse ihm ein paar meiner Big Brother Mouse-Hefte, verabschiede mich und mache mich auf den Weg. Nach einiger Zeit höre ich ein Brummen hinter mir – es ist der Englischlehrer auf einem Moped. Die Luftpumpe im Korb vor dem Lenker kommt sogleich zum Einsatz. Kurz aufpumpen, dann weiter. Das wiederholt sich von nun an jeden Kilometer. Für die übrige Strecke nach Bang Dou habe ich nun einen Guide. Es geht über die halsbrecherischen Bambusbrücken, über die er sein Moped bei Halbgas schieben muss, sodass die Reifen in den Zwischenräumen der Bambusstangen wie auf Schienen laufen. Mal geht es durch einen kleinen Fluss hindurch und dann wieder durch knöcheltiefen Matsch. Einmal fallen wir hin und sehen dementsprechend aus. Ich muss auch andauernd absteigen und selber gehen, da es das Moped nicht mit zwei Personen den Berg hinaufschafft oder die einfach gebauten Brückchen zu wackelig sind, um zwei Personen auf einem Moped gleichzeitig zu

tragen. Von den verbliebenen neun Kilometern nach Bang Dou bin ich, immerhin in Begleitung, noch etwa fünf selber gegangen. Dann erreichen wir ein Dorf. Dort findet eine Hochzeit statt. Die Feiernden reißen mich fast vom Moped herunter. Wir sollten jetzt einfach mitfeiern. Aber nach den heutigen Strapazen reicht mir ein Schluck von diesem Lao-Whiskey, den die Giftmischer hier überall selber machen, um das Bewusstsein zu verlieren. Im Vorbeifahren sagt der Englischlehrer:
»This is Bang Dou!«
Und schon stehen wir bei seinem Cousin oder Schwager vor dem Haus. Die Frau ist zu Hause und kennt die Familie Xee Xa Ket nicht. Das darf doch nicht wahr sein. Nach all dem, was heute war – Dorf gefunden, Familie unbekannt.

Wir versuchen es mit Seths Vornamen und dass er in Luang Prabang studiert. Eilig werden noch andere Frauen aus der Nachbarschaft herbeigerufen. Eine von ihnen weiß Bescheid. Wir werden ans andere Ende des Dorfes geschickt.

In Bang Dou leben etwa 80 Familien, das Dorf zieht sich leicht ansteigend über einen Kilometer in die Länge. Schließlich kommen wir gegen 17 Uhr vor dem Haus der Familie Xee Xa Ket an.

In Bang Dou

Vor dem Haus der Familie Xee Xa Ket angekommen, schiebt man mir einen kleinen Holzschemel hin, auf dem ich dann etwa 15 Zentimeter über dem Lehmboden sitze. Es dauert keine fünf Minuten, bis sich mindestens zwei Dutzend der Bewohner des Dorfes um mich versammelt haben, und es werden ständig mehr. In den ersten Minuten weiß ich noch nicht, woran ich bin. Bin ich hier willkommen oder schicken sie mich wieder weg? Ich erfahre, dass der Hausherr, der Vater von Seth, noch auf dem Feld sei. Nach einer Weile bekomme ich mit, wer von den anwesenden Personen zur Familie gehört und wer sich aus der Nachbarschaft aus Neugierde dazugesellt hat. Mein Dolmetscher, der Englischlehrer, unterhält sich mit sämtlichen anwesenden Leuten. Ich kriege nicht mit, worum es geht. Naja doch. Um mich! Aber nicht nur. Ich vergewissere mich und frage ihn, ob eine Frau, die von Anfang an da ist, die Mutter von Seth sei. Er bestätigt meine Vermutung. Sie zeigt sich jedoch nicht im Geringsten gastfreundlich. Ich erkläre mir das Verhalten mit dem Patriarchat, das in dieser Gesellschaft uneingeschränkt verbreitet ist. Die Mutter von Seth hat in der Angelegenheit keine Entscheidungen zu treffen. Dann scheinen die Leute auch allesamt nicht so recht zu wissen, wie man mit so einem exotischen Besuch umgehen soll. Ich habe leider auch keine Ahnung!

Vielleicht ist jetzt der richtige Zeitpunkt, die mitgebrachten Trauben Frau Xee Xa Ket zu überreichen, das würde doch als freundschaftliche Geste verstanden werden und die Situation etwas auflockern. Und wenn die Geste von vielen Einwohnern gesehen wird, umso besser. Ich greife in den Beutel, den ich im Rucksack verstaut hatte.

»Mist!«

Die knackigen roten Beeren an den Weintrauben vom Markt in Udom Xai sind gar nicht mehr so zahlreich. Auf dem Weg zum Dorf bin ich so hungrig geworden, dass ich angefangen habe, davon zu essen. Jetzt sind da jede Menge kahle Stellen, wo Beeren von den Trauben abgepflückt sind. Wie peinlich! Das sieht jetzt echt doof aus, aber was soll ich machen? Feierlich überreiche ich mit verlegenem Blick die Trauben. Frau Xee Xa Ket reißt sie mir buchstäblich aus der Hand und verschwindet damit in Sekunden in der kleineren, mit Stroh bedeckten Flechtwerkhütte. Das war das letzte Mal, dass ich die Trauben gesehen habe. Hoffentlich waren sie eine gute Idee, denn Trauben pflanzen sie hier wahrscheinlich nirgendwo an. Dann zücke ich noch die übrigen Big Brother Mouse-Hefte.

»Die sind für die Kinder im Dorf.«

Der Englischlehrer erzählt mir, dass die alte Frau neben Seths Mutter 110 Jahre alt sei und auch zur Familie gehört. Erstaunt sage ich:

»Aber die hat doch zwei 10-Liter-Eimer Wasser dabei!«

Darauf antwortet er:

»Ja, die!«

Außerdem gehört noch ein etwa achtjähriger Junge mit Down-Syndrom zur Familie Xee Xa Ket. Seth hatte mir von einem verstorbenen älteren Bruder und von einer jüngeren Schwester erzählt. Ich kombiniere: Die vermeintlich jüngere Schwester muss der Junge mit Down-Syndrom sein. In der Gesellschaft dieser Stämme ist eine Tochter nur von geringem

Wert für die Familie. Was, außer einer enormen Belastung für die Familie, mag ein Junge mit Down-Syndrom sein? Mein Dolmetscher erwähnt den Jungen mit den Worten:

»He is crazy.«

Ich, westlich erzogen, entgegne ihm prompt, der Junge habe doch nur das Down-Syndrom.

»In meinem Land gibt es spezielle Schulen für sie und die Ersten verlassen sie schon mit Abitur. Sie können alleine zur Bushaltestelle gehen. Sie sind zwar nicht in der Lage, ein Ei zu kochen, aber das Telefonbuch können sie auswendig.«

Dieses Blabla hätte ich mir besser verkniffen, wie sich später noch zeigen wird. Zu vorgerücktem Zeitpunkt bietet man mir nämlich an, ich könne ihn gleich mitnehmen. Und man versucht, ihn mir regelrecht anzudrehen.

Ich frage den Englischlehrer, weil ich die ganze Zeit schon so ein Gefühl habe, als ob sich das Dorfbewohner-Gespräch darum drehe, ob es sein kann, dass ich der erste Farang in Bang Dou bin. Die Antwort auch hierauf lautet klar:

»Ja!«

Der Englischlehrer fügt hinzu:

»Du bist der erste Farang, der dieses Dorf je besucht hat.«

Und das im Jahr 2013! Ich bin beeindruckt! Für manch einen der ältesten Dorfbewohner bin ich der erste Weiße, den sie je gesehen haben, was man eindeutig spürt, wenn man sich inmitten dieser Leute befindet. Obwohl die Provinzstadt Udom Xai, laut Englischlehrer, nur 34 Kilometer entfernt liegt und über diesen teils verwilderten Weg in einigen Stunden Fußmarsch erreichbar ist. Aber wer kommt schon hierher? Und wozu? Hier gibt es keinen Strom und nur höchst unzureichende Wasserversorgung. Die Bewohner bestätigen mir auch, dass ich ganz umständlich nach Bang Dou gekommen bin. Ich hätte, statt in südlicher Richtung, über Nasao, den riesigen Halbkreis um den See und durch die kleinen Dörfer auch einfach für sechs Kilometer die Landstraße nach Luang Namtha nehmen und mich dann durchfragen können, wo die Flussquere ist. Dort über den Fluss und dann nochmal neun Kilometer auf solchen Wegen, wie ich sie benutzte, bis Bang Dou. Somit stimmt Seths Wegbeschreibung dann wieder. Ich bin trotzdem froh, über den weiteren und schwereren Weg gekommen zu sein. Wäre meine Wanderung nach Bang Dou doch wesentlich weniger abenteuerlich verlaufen. Und ich hätte nie einen Hmong-Schamanen getroffen.

Irgendwann ist dann auch der Vater von Seth anwesend. Ich zeige auch ihm mein Briefchen und im Laufe der Zeit lockert sich die Situation auf. Ich fragte den Englischlehrer, ob ich denn überhaupt bleiben dürfte, und er antwortet:

»Ja.«

Ich fühle mich erleichtert! Als Nächstes überreiche ich den Reisbauernhut an Herrn Xee Xa Ket, und es wiederholt sich, was ich schon bei seiner Frau erlebt habe. Wie ein futterneidisches Tier macht er sich über den Hut her und verschwindet. Ich bin mir jetzt zumindest sicher, dass das Mitbringsel, wenn auch nicht das originellste Geschenk, doch gut zu gebrauchen ist. Die, wie ich annehme, wichtigsten Männer aus der Nachbarschaft, Seths Vater, mein Dolmetscher und ich sitzen uns auf diesen mickrigen Schemeln vor dem Hause Xee Xa Ket gegenüber und ich erzähle von mir und bekomme von meinem Dolmetscher von den Dorfbewohnern erzählt. Als der Abend hereinbricht, entschuldigt sich mein Dolmetscher und beichtet mir, dass er jetzt nach Hause zu Frau und Kind müsse. Ich kann in seinem Gesicht lesen, dass er sich schwer damit tut, mich mit den Dorfbewohnern allein zu lassen. Ich versichere ihm, dass das schon in Ordnung ist, dass ich auch ohne ihn irgendwann hergefunden hätte und auf mich gestellt unter Indigenen wäre. Er solle sich nicht sorgen. Bevor er geht, schreibt er sich noch meine E-Mail-Adresse auf. Nicht, dass es hier irgendwo Internet gäbe, aber in ein paar Jahren, so erzählt er, wolle er sich eine eigene E-Mail-Adresse anschaffen und mir dann schreiben. Kurz nachdem er das Dorf verlassen hat, führen mich meine Gastgeber in ihr Haus und zeigen mir mein Nachtlager. Herr Xee Xa Ket trägt mir meinen Rucksack hinein und daran, wie er den Rucksack trägt, lässt sich ablesen, dass er solch ein »Gerät« zum ersten Mal im Leben bedient. Ich steige die von den nackten Füßen über Jahre blank polierten, abgetretenen Holzstufen der eineinhalb Meter hohen Treppe hinauf zum Haus, das, wie alle Häuser hier, auf Stelzen steht. Darunter hausen die Tiere und wärmen das Haus an kalten Tagen durch ihre Körpertemperatur von unten. Dadurch, dass man auf Stelzen wohnt, ist man in diesen Häusern auch weitgehend vor giftigen Tieren sicher. Das Haus besteht lediglich aus einem großen Raum, in dem das gesamte Leben stattfindet. Davon abgehend befinden sich zwei kleine Schlafräume mit niedriger Decke, sodass man darin nicht mehr stehen kann. In dem einen Raum schlafen das Ehepaar mit dem behinderten Kind und im anderen die 110-Jährige. Im großen Raum gibt es ein Lager ganz links in der Ecke mit einem großzügig durchlöcherten Moskitonetz, unter dem ich schlafen werde. Ich messe das größte Loch mit meiner Faust aus. Sie passt, ohne das Netz zu berühren, gerade so durch. Ich hab noch nie einen so großen Moskito gesehen, also unbedenklich. Die Alternative zu dem vorhandenen Moskitonetz wäre mein eigenes, zwar ohne Löcher, jedoch als Ein-Mann-Moskitonetz als solches ebenfalls völlig unbrauchbar, da so klein, dass man mit den Armen ständig am Netz anliegt, egal wie und wo man es aufspannt. Klassische Fehlkonstruktion. Die gibt es auch »Made in Germany«. Ich hab ja ein Spray und so viele Moskitos fliegen derzeit nicht in Bang Dou. Abgesehen von faustgroßen, vielleicht.

Am Abend, nachdem ich mit der Familie gegessen habe, wird es dann noch mal richtig voll im Hause Xee Xa Ket. Jetzt kommen die Männer zu Besuch, die noch nicht genug haben vom Farang oder die dringend eine Pause von ihrer Frau brauchen. Sie bringen »Alkohol«, wie sie es nennen. Dem Geruch nach ist das Spiritus. Auch zwei Flaschen Bier finden ihren Weg ins Haus. Ich kenne den Lao-Whisky bereits. Ein Fusel! Extrem hochprozentig und stark, übel im Geschmack und in hohem Maße ungesund. Aber dieses Zeug schmeckt noch viel schlimmer. Ich mache die Feuerprobe:
»Brennt!«

Mein erster Abend bei den Menschen von Bang Dou verkommt zu einem feuchtfröhlichen Besäufnis. Ich drücke mich nach Kräften davor, »Alkohol« zu trinken, und versuche nur vom Bier zu trinken. Aber die Gastfreundschaft in Bang Dou lässt um diese Zeit keinen Platz für Ausreißer. Ich komme nicht darum herum und mache eben mit. Immerhin trinken die das Zeug ja ständig und ich habe noch keinen erblindeten Bangdouaner getroffen. Die Sitten hier sind heftig und erinnern mich an die nahe gelegene Grenze zu China. Obwohl mich exotische Körpergerüche – wir sitzen dicht an dicht, die drei Gläser aus denen wir zu zwanzigst trinken und das ständige Gespucke im Haus – abstoßen, halte ich durch. Ich bin erstaunt, mit welcher Präzision die Bangdouaner durch die meist nur ein bis drei Zentimeter breiten Spalten in den Holzbohlen hindurchspucken. Ich komme mir an diesem ersten Abend in Bang Dou vor wie C3PO bei den Ewoks auf Endor. Aus Mangel an gemeinsamen Wörtern ist mein ganzer Körper im Einsatz, von meiner Reise und von meiner Wanderung nach Bang Dou zu erzählen. Über meine Erzählungen hinsichtlich der seltsamen Riten der Hmong amüsieren sich die Männer am meisten. Irgendwann werden auch die Standfesten müde, und ich krieche endlich unter mein löchriges Moskitonetz.

Bo Ben Yang!

Ich wache kurz nach Sonnenaufgang auf. So ist das hier! Wecker braucht man nur, wo der natürliche Biorhythmus durch Fortschritt soweit beeinträchtigt ist, dass es nicht mehr anders geht.
Es regnet! Der Regen prasselt auf das Wellblechdach. Durch die kleinen Löcher im Dach dringt erstaunlicherweise nur das Morgenlicht, jedoch nicht der Regen. Ich stehe auf und stelle fest, dass alle außer mir längst bei der Arbeit sind. Die 110-Jährige ist am Brunnen und holt Wasser, der Junge spielt unter dem Haus mit Hühnerkot. Frau Xee Xa Ket muss bereits in der Flechtwerkhütte Feuer machen, da es oben hinausraucht. Vom Hausherrn zunächst keine Spur. Schließlich kommt er mit vier Rattenfallen in einem Sack von seinen Reisfeldern zurück. Er zeigt mir die Beute. In zwei der Fallen befindet sich je eine tote Ratte von gutem Wuchs. Aber warum bringt er die toten Ratten mit ins Dorf? Die können den Reis ja

nicht mehr anfressen. Ich habe eine erste Vorahnung, was es gleich zum Frühstück geben wird. Mjamjam! Ich wollte bei Bauern einen authentischen Homestay, auf dem Feld und bei anderen Arbeiten mithelfen, mit ihnen essen und trinken. Man sollte aufpassen, was man sich wünscht! Die Bewohner sind wirklich indigen, man verrichtet sein Geschäft einfach irgendwo hinterm Haus. Alles ist total anders. Ich überdenke mein Vorhaben. Geröstete Maden und Grashüpfer essen ist eine Sache, in Skorpione oder Vogelspinnen beißen kann eine Mutprobe sein. Aber was zum Teufel mache ich hier eigentlich? Warum kann ich nicht einfach mal hübsch in der Reihe stehen und das »Complete-All-Adventure-Paket« mit »See-Hill-Tribe-Long-Neck« Touristenverarschung als bare Münze nehmen und mich dafür begeistern, dass ich einem tierquälenden Mahout nach einem ungemütlichen Ritt auf seinem Tier für verhältnismäßig viel Geld die Arbeit abnehmen darf und seinen Elefanten im Fluss schrubbe? Aber noch ehe ich zu Ende gedacht habe, knacken die Knochen und zwischen dem Fell klafft das Gedärm hervor. Jetzt bin ich mir sicher, was ich gleich essen werde. Ich bin wieder zu neugierig, um meinem Ekel freien Lauf zu lassen. Außerdem habe ich hier draußen auch früh morgens schon richtig Hunger. Ich lasse es mir also schmecken und ignoriere einfach, dass am Ende meines Rattenschlegels kleine Rattenpfoten zu sehen sind. Rattenfleisch, mal davon abgesehen, dass nicht sonderlich viel dran ist an solch einem Tierchen, schmeckt gewöhnungsbedürftig. Auf das kulinarische Erlebnis zu verzichten, sollte nicht weiter schwer sein. All denjenigen, die jetzt meinen, Ratten haben doch so viele Bakterien in sich und übertragen Krankheiten, sei gesagt, dass es sich bei solchen Ratten um diejenigen in Städten handelt. Auf dem Land leben die Ratten sehr viel gesünder. Außerdem werden sie ja gekocht.

Der Tag verläuft weitgehend ereignislos, da es immer wieder regnet. Mit meinem extra für das Helfen bei der Arbeit aufgeschriebenen Laotisch komme ich nicht weit, da die Fragen fast alle nur bei gutem Wetter anwendbar sind. Herr Xee Xa Ket kommt irgendwann mit Dutzenden verschiedener Fische zur kleinen Hütte. Die werden gemeinschaftlich in dem See, welcher sich auf dem Weg nach Bang Dou befindet, gefischt und dann unter den Familien des Dorfes verteilt. Jetzt kann ich mich nützlich machen und frage, ob ich ihm die Arbeit abnehmen kann. Herr Xee Xa Ket öffnet die Fische und nimmt sie mit der Machete aus. Mit diesem Schwert in 15 Zentimeter kleinen Fischen herumzuhantieren, fällt mir etwas schwer, da die Machete recht stumpf ist. Er gibt mir ein Metzgermesser in die Hand. Damit geht es schon viel besser. Hier werden die Fische nicht nur ausgeweidet, sondern auch komplett in zwei Hälften getrennt, sodass die beiden Hälften nur noch am Fischkopf zusammenhängen. Bei der Arbeit kommen mir immer wieder die drei hungrigen Haushunde dazwischen und versuchen, sich über die Innereien, die ich heraushole, herzumachen. Danach werden die Fische in Holzklemmen gesteckt. Diese werden über der Feuerstelle in der Hütte in eine Bambusvorrichtung zum Räuchern geschoben. Als es für längere Zeit nicht regnet, zeigt mir Herr Xee Xa Ket seine Felder. Sie liegen etwas außerhalb vom Dorf und sind in den für Südostasien typischen Terrassen angelegt. Um die Felder führen kleine Pfade, die auch als Begrenzung dienen, damit das Wasser innerhalb der einzelnen Felder bleibt. Die Wasserver- und -entsorgung ist geschickt gelöst. Herr Xee Xa Ket erzählt mir jede Menge über die Arbeit, den Reis und davon, dass er auch oben am Hang Felder bewirtschaftet hat, als sein Sohn Seth noch bei der Familie war. Ich bin erstaunt, wie gut ich ihn verstehen kann, obwohl ich mir, abgesehen von »Sabaidee«, »Lra Kon«, »Kob jai Lai Lai«, » yu sai?«, »Dai« und »bor Dai« nichts auf Laotisch merken kann. Da wäre noch der für mich wichtigste Satz »Bo ben yang!«, der so viel heißt wie »Hakuna Matata!«, also »Kein Problem!«

Das Wort des Tages ist »Botok«. Das habe ich oft gehört, seitdem ich im Dorf bin, es muss »Regen« heißen.
Auf dem Weg um die Felder gehen mir meine Flip-Flops kaputt. Ich nehme sie mit zurück ins Dorf. Aber wo ist die gelbe Tonne? Einmal mehr stelle ich fest, wie deutsch ich eigentlich bin. Ich stelle die Flip-Flops unter die Treppe der Küchenhütte und vergesse sie dort. Es beginnt wieder zu regnen. Ich verbringe die Zeit unter dem Vordach des Hauses und schreibe mein Reisetagebuch. Neben mir sitzt die Alte und pflegt ihr aschgraues Haar. Ich wusste nicht, was für eine Mähne eine Frau mit 110 haben kann. Ich staune! Sie hat in einem Beutel etwa 20 verschiedene Döschen aus

Blech und Holz, in denen sich verschiedenste Khmu-Schönheitscremes und Haut- und Haar- und Nagelpflegesälbchen verbergen. Alles echt bio! Sie brezelt sich regelrecht auf! Als sie bemerkt, dass ich ihr dabei zusehe, wie sie ihr langes Haar kämmt, lächelt sie mich zum ersten Mal, seit ich da bin, zahnlos an. Ich freue mich darüber wie ein Kind. Es ist tatsächlich ein besonderes Gefühl, wenn man spürt, dass das Eis bricht bei einem Menschen diesen Alters, der vermutlich im ganzen Leben noch nicht einmal bis ins 34 Kilometer entfernte Udom Xai – de facto 16 Kilometer – verreist ist und von der Welt jenseits des Dorfes, des Sees, der Hügel ringsum und der vielen Hmong-Dörfern, zwischen denen Bang Dou als einziges Khmu-Dorf eingeklemmt liegt, keinerlei Vorstellung hat.

Am Nachmittag kommt die Sonne raus, ich beschließe spazieren zu gehen. Barfuß kommt man im Matsch besser voran als mit Flip-Flops, die auch wegen des Matsches kaputt sind. Ich nehme meinen Fotoapparat mit. Zuerst gehe ich am oberen Ende des Dorfes, also unmittelbar hinter dem Nachbarhaus, aus dem Dorf hinaus und die Dirtroad hinauf.

Oben angekommen habe ich eine herrliche Aussicht auf das Dorf. Ich mache ein Foto. Da unten liegen Betonröhren von einem Meter Durchmesser. Ob das Vorhaben, Bang Dou an ein Kanalisationsnetz anzuschließen, je was wird, ist ungewiss. Ich gehe wieder herunter und durchquere das ganze Dorf. Es ist etwa einen Kilometer lang, aber nirgends breiter als 100 Meter. Unterwegs komme ich an einer Hütte vorbei, wo eine sehr alte Frau unter dem Vordach sitzt. Sie zischt mir zwischen ihren verbliebenen Zähnen hindurch ein »Seth!« zu. Ich grüße entsprechend meiner Fähigkeiten zurück und gehe weiter. Ich gehe bis zur Schule weiter, etwa 100 Meter bis zum anderen Ende des Dorfes. Da ist gerade der Unterricht zu Ende. Die Schüler sind gar nicht so verrückt nach mir, als sie mich sehen. Sonst waren die immer so neugierig. Vielleicht hat sich herumgesprochen, dass ich Lehrer bin?

Auf dem Rückweg begegnet mir ein junger Mann, der auch am Vorabend im Haus der Xee Xa Ket dabei war. Da er mich in ein Gespräch verwickelt, nutze ich die Gelegenheit und versuche, meine Frage nach den Röhren zu platzieren. Sie liegen da wohl schon seit vier Jahren herum. Bang Dou und die anderen Dörfer sollten eine Kanalisation und Strom bekommen. Nachdem die Provinzregierung das Vorhaben vollmundig angekündigt hatte und einige Meter Rohre herbeigeschafft hatte, geschah nichts mehr. Genau, wie ich es mir gedacht habe. Am Abend bleibt es ruhig. Der Trubel um mich ist abgeebbt. Auch in Bang Dou dreht sich die Welt weiter. »Was interessiert uns dieser Farang? War der nicht schon immer hier?« Nur ein Schneider ist plötzlich mit einer riesigen Nähnadel vor dem Haus und macht sich an meinen Flip-Flops zu schaffen. Ich bin zutiefst gerührt. Ich frage, was ich ihm dafür geben kann, doch er winkt nur lächelnd ab und geht. Meine Flip-Flops sind wieder einsatzbereit.

Als es dunkel wird, wird es auch auf meinem Handydisplay dunkel. Nicht, dass ich irgendetwas oder jemanden empfangen hätte, aber man kann ja auch so damit hantieren, um sich für kurze Momente aus dem Dorfleben auszuklinken. Der Gedanke, das Handy nicht mehr benutzen zu können, beruhigt mich. Ich wollte schließlich Bang Dou erleben. Aber es bleibt nicht lange dunkel auf meinem Display. Nach dem Abendessen fordert mich Frau Xee Xa Ket auf, ihr zu folgen.

»Bo ben yang!"

Ich hab ja wieder Schuhe! Ich muss mein Handy mitnehmen. Sie gibt mir zu verstehen, dass ich es aufladen kann. Aber wo soll ich es aufladen? An einem der Kautschukbäume, die mir Herr Xee Xa Ket gezeigt hatte? Ich folge ihr ins Dorf hinunter. Dann sehe ich das einzig elektrisch beleuchtete Haus des Dorfes. Es ist mir schon zuvor aufgefallen, da es etwas größer ist als die anderen, es hat auch als einziges im Dorf ein Giebeldach, welches von einem Zimmermann gebaut worden sein muss. Hier stand am Tag zuvor der blaue Pritschenlastwagen davor. Diese blauen Laster sehen wie richtige Lastwagen aus, sind aber kaum größer als ein PKW. Mit diesen Kleinlastern versorgen sie die abgelegenen Dörfer mit Coca Cola, Schildmützen und anderem Kram, der eigentlich nicht dorthin gehört. Musik dringt aus dem Haus. Läuft da etwa Fernsehen? Unter dem Haus poltert ein Dieselmotor und erzeugt Strom. Ich folge Frau Xee Xa Ket die steile Treppe hinauf, nachdem ich meine Flip-Flops abgeschüttelt habe, wo etwa zehn andere Paare stehen. Unter dem Vordach blinken nachts Lichterketten in allen Farben. Wie kitschig! Ich trete nach meiner Gastgeberin ein, sie bezahlt zweimal Eintritt. Jetzt sehe ich zum ersten Mal die kleinen Kip-Scheine. Es gibt also auch 100 und 500 Kip als Schein. Sie sind kaum größer als die Handfläche eines Kindes. Wie niedlich Geld aussehen kann. Der Eintritt kostet umgerechnet fünf Cent. Im Haus begrüßen mich die Leute, als hätte ich hier immer gewohnt. Alle sitzen und liegen zum »Altar«, dem einzigen Fernsehgerät im Dorf, hin ausgerichtet im großen Raum. Unter dem Fernsehgerät, thront eine riesige Karaokeanlage. Das war klar! Dort lädt mein Smartphone neben dem Satellitentelefon der Xee Xa Kets. Ich sehe laotisches Fernsehen. Es ist unsagbar schlecht, muss ich trotz allem Respekt über die fremde Kultur sagen. Ich bin überrascht, worüber die hier lachen und wie schlecht die Schauspieler spielen. Ausgerechnet in Bang Dou sehe ich zum ersten Mal fern auf meiner Reise. Abgesehen von der Glotze, die beim Thai Streetfood-Laden oft über dem Wok hängt, wo man zwangsläufig irgendwann mal hinschaut. Ich langweile mich beim Konsum der völlig vorhersehbaren Serie. Ständig habe ich das Gepolter des Stromaggregates in den Ohren, das meine Aufmerksamkeit auf Dauer mehr erregt als das Programm, da es sich immer gerade so anhört, als würde der Motor genau jetzt absaufen. Nachdem viel Zeit vergangen ist, gibt mir meine Gastgeberin zu verstehen, dass wir wieder gehen. Toll! Endlich wieder dahin, wo es keinen Strom gibt. Auf dem Rückweg funzle ich überall mit meiner Stirnlampe herum. Zu Hause angekommen, versuchen wir mit dem Satellitentelefon Seth zu erreichen. Der Empfang ist schlecht, aber es gelingt für einige Minuten mit ihm zu telefonieren. Ich erfahre, dass morgen früh irgendwas zu meinen Ehren abgehalten und gefeiert werden soll. Seth erwähnt das traditionelle Verbinden der Handgelenke.

»Das macht ihr doch nur, wenn einer sehr krank ist?«, gebe ich durch den Hörer zurück.

»Ihr werdet meinetwegen doch keine Hühnchen schlachten und mich mit Federn schmücken? Ich bin doch gesund.«

Aber die Verbindung bricht ab. Auch in Bang Dou gibt es einen Mann, der ein paar Worte Englisch kann. Wirklich nur ein paar Worte. Er hat mich schon an meinem Ankunftsabend tierisch genervt. Jetzt hat er Gelegenheit, sich als Dolmetscher zu profilieren. Ich frage mich, wer diesen Kasper hergerufen hat. Laut seiner Übersetzung kommt morgen irgendein Freund namens »Bassi« zu Besuch. Auch von Geld ist die Rede. Deswegen und wegen Seths holprigen Ankündigungen am Telefon bin ich etwas nervös. Werden sie mich morgen früh zusammen mit Bassi fesseln und mir mein Geld abnehmen?

Nach dem Fest, das in Bang Dou für mich stattgefunden hat, habe ich vier neue Väter, von denen einer sogar jünger ist als ich. Bassi habe ich nicht kennengelernt, so scheint wohl die Zeremonie zu heißen. Ich bin in ihren »Clan« oder so etwas aufgenommen worden. Jetzt kann nichts mehr schiefgehen. Die vielen Bänder mit eingebundenen Geldscheinen um meine Handgelenke beweisen es. Es war nicht leicht, einigermaßen nüchtern zu bleiben bei so viel Reiswein.

Als es am Nachmittag endlich aufhört zu regnen und die Wege ein bisschen trocken sind, will ich mich auf den Rückweg machen. Die Verabschiedung verläuft ähnlich wie meine Ankunft. Viele Dorfbewohner, die beim Fest nicht dabei waren, kommen, um sich den Farang noch einmal anzusehen. Ich schenke der Familie noch etwas Geld zum Dank. Ich habe ein schlechtes Gewissen, wegen meiner billigen Geschenke und dem vielen Geld um meine Handgelenke. Ich zücke die zwei größten Scheine, die ich dabei habe, zwei Hunderttausender, und übergebe sie Herrn Xee Xa Ket. Umgerechnet also 20 Euro. Als Herr Xee Xa Ket meine Scheine in seinen Händen hält, sieht er aus, als habe er noch nie zuvor Geld gesehen. Wieder bin ich unsicher, ob das zu wenig ist oder sehr viel. Ich kann diese Gesichter einfach nicht lesen. Unauffällig versuche ich, einen der Scheine, die um meine Handgelenke gebunden sind, aufzurollen, um gegebenenfalls noch Geld nachlegen zu können. Dabei bemerke ich, dass es sich um lauter 500- und 1000-Kip-Scheine handelt. Ich bin beruhigt, eher eine unerwartet hohe Summe als zu wenig geschenkt zu haben. Danach übergibt Herr Xee Xa Ket mir noch eine aus bunten PET-Fäden geflochtene Tragetasche, wie ich bereits eine von Seth geschenkt bekommen habe. Sie ist bis oben gefüllt mit Bananen, geräuchertem Fisch, Reis in Bananenblättern und dem Hühnchen, dass er gegen meinen Wunsch für mich geschlachtet hat. Dazu bekomme ich meine Wasserflaschen mit abgekochtem Wasser. Wir verabschieden uns herzlich voneinander und ich verspreche, in ein paar Jahren wiederzukommen. Die Familie steht nebst Verwandtschaft in einer Reihe, die Schaulustigen in Grüppchen. Alle winken mir zu, als ich den Hügel zu den Rohren hinaufgehe. Ich kam mit zehn Kilo Gepäck nach Bang Dou. Jetzt trage ich ungefähr sechs Kilo mehr mit mir herum. Als ich oben an der Wegbiegung bin, drehe ich mich ein letztes Mal um und winke denjenigen, die noch dastehen. Um mein Übergewicht zu reduzieren, beginne ich zu essen, so viel ich kann. Am meisten wiegt mein Wasser. Es ist ohnehin zu viel für die Strecke nach Udom Xai und außerdem so braun wie die Pfützen auf dem Weg. Ich schütte eine der Flaschen aus und stecke sie leer wieder an meinen Rucksack. Die neun Kilometer auf dem aufgeweichten Weg strengen mich mehr an als der viel weitere Hinweg, doch der Anblick der Landschaft entschädigt mich dafür.

Endlich sehe ich auf der Kuppe des letzten Hügels vor dem Fluss die Straße nach Udom Xai. Um die Straße zu erreichen, muss ich irgendwie den Fluss überqueren. Eine Brücke sehe ich nirgends. Als ich in der Niederung des Flusses ankomme, suche ich nach einer Stelle, wo ich rüberkann. Der Fluss, bestimmt überall um die 60 Meter breit, hat erhebliche Stromschnellen und sieht tief aus.

Ob es nicht doch irgendwo eine Brücke gibt, frage ich ausgerechnet fünf betrunkene Brückenbauarbeiter, die noch nicht viel zustande gebracht haben außer ihrem Bauarbeiterzelt. Sie verstehen keinen Spaß. Es sind Vietnamesen und ich bekomme es mit der Angst zu tun. Ihr Hauptmann baut sich vor mir auf und belästigt mich, indem er mit seiner Bierflasche vor meinem Gesicht herumfuchtelt und mich provozierend irgendwelche Sachen fragt. Ich bin ihm ziemlich wehrlos ausgeliefert. Ich trage meinen Rucksack, in dem sich wirklich alles befindet, was ich habe, die unhandliche Tasche und stehe zu allem Überfluss auch noch in Flip-Flops vor ihm, die ich erst vor einigen Hundert Metern angezogen habe, als der Weg besser wurde. Er gafft immerzu auf meine Handgelenke, an denen noch immer der ein oder andere zusammengefaltete oder gerollte Geldschein hängt. Es ist kein Schein größer als 1000 Kip darunter. Das ist zum Glück so wenig Geld, dass er mich hoffentlich in Ruhe lässt. Mein Trost ist, nicht nur ich bin in einer Art »Outlaw-Gebiet«, sondern auch die fünf Vietnamesen. Und an meinen unzähligen Bändern um meine Handgelenke erkennen sie hoffentlich, dass ich irgendwo hier eine Menge Verbündete haben muss, die auch alle keinen Spaß verstehen, aber dafür stumpfe Macheten haben. Einen erniedrigenden Griff zwischen die Beine muss ich unbeantwortet hinnehmen, kann dann aber das Gelächter nutzen, um mich aus dem Staub zu machen. So komme ich davon und gehe weiter den Fluss hinunter bis zu einer Stelle, an der ich Menschen sehe, die ihn durchqueren. Der Fluss ist hier etwa 40 Meter breit und hüfttief. Ich mache es den Einheimischen nach und ziehe meine Hose und Flip-Flops aus, bevor ich ungewissen Schrittes ins Wasser gehe. Wenn ich hier ausrutsche, kann es leicht passieren, dass ich alles verliere. Der Fluss wird nochmal eine echte Herausforderung. Einheimische deuten mir an, wo ich langgehen soll. Vorsichtig setze ich einen Schritt vor den anderen, mich beständig gegen die Strömung lehnend. Es geht gut! Als ich auf der anderen Seite die Böschung hinaufklettere, reicht mir ein Laote die Hand und hilft mir hoch. Es ist der Moto-Typ vom Schamanendorf. Jetzt lacht er über den Bänderaberglauben der Khmu, wie die zuvor über meine Erzählungen vom Schamanen der Hmong. Auf der Straße werde ich nach einiger Zeit mitgenommen. Die Bänder wirken Wunder. Es sind Khmu und am Lenkrad des Autos hängt derselbe Firlefanz wie an meinen Handgelenken.

An der Grenze zu Vietnam

Einige Tage nach meiner Rückkehr aus Bang Dou ist es Zeit nach Vietnam zu reisen. Als unser Bus das weitläufige Gelände des Grenzübergangs zur Sozialistischen Republik Vietnam erreicht und mit quietschenden Bremsen unter einem Vordach des Gebäudes hält, sehe ich zu, wie alle meine Mitreisenden erneut ihre Reisepässe aus ihren Taschen kramen.

Zuvor am Grenzposten von Laos war mir schon aufgefallen, was wir für eine bunte, vom Zufall aus vielen Nationen zusammengewürfelte Reisegruppe waren. Da waren natürlich viele Vietnamesen, aber auch Laoten und ein Taiwaner, der bald darauf von seiner vietnamesischen Freundin mit dem Moped abgeholt wurde. Außerdem jede Menge Hühner. Ich war der einzige Nichtasiate. Mein deutscher Reisepass hatte bereits am Grenzposten von Laos den wilden Spekulationen über meine Herkunft Aufklärung geboten. Auf dem Weg zum laotischen Grenzposten, der deutlich kleiner und schlichter ausgefallen war als das großzügige Hallengebäude hier, war meine größte Sorge, ob mein übriges Geld in laotischen

Kip zum Passieren ausreichen würde. Ich muss zugeben, dass ich mich nicht ausreichend auf den Grenzübertritt vorbereitet hatte. Von einem Amerikaner, der vor einigen Stunden mit mir in dem Bus gesessen hatte, habe ich erfahren, dass Laoten eine Bearbeitungsgebühr – Stampfee – von 10.000 Kip zu zahlen haben, Ausländer hingegen 40.000 Kip. Ich hatte meinen Geldverbrauch bis zum letzten Schein perfekt ausgeklügelt, damit ich ohne wertlosen und nicht mehr tauschfähigen Papierballast im Nachbarland ankommen würde. Dieser Planung stand jetzt eine Realitätsprüfung bevor. An der Grenze drängten sich alle um die zwei kleinen Schalterfensterchen, wo man die Gebühr zu entrichten hatte und den Ausreisestempel erhielt. Ich schielte auf die dort angeschlagenen Tafeln mit den Gebühren, wohlwissend, dass ich nicht genug Geld hatte. Als ich an der Reihe war, tat ich, was mir übrig blieb in dieser Situation. Ganz selbstbewusst reichte ich den letzten 10.000er Schein in Kip mit meinem Pass durch und lächelte. Dann das Klacken des Stempels, der sich beim Aufdrücken vom eingebauten Stempelkissen nach unten auf meine Reisepassseite abrollte. Der Grenzer lächelte zurück und ich verdrückte mich sofort, nachdem ich wieder alles in Händen hielt, was zu mir gehörte. Das war noch mal gut gegangen.

Hier, einige Türen vor der Sozialistischen Republik Vietnam, ist alles ganz anders. Man verlässt den Bus, braucht nicht zu warten und tritt vorbei an den lustig sozialistisch uniformierten Männern, die bis in die Haarsträhnen alle genau gleich aussehen, hinein in die Halle und sucht Orientierung. Von der vietnamesischen Grenze habe ich schon einiges gehört. Naja, es wird schon alles gut gehen. Aber ein bisschen mulmig kann einem schon werden. Wenn sie einen abziehen wollen, steht man schnell ohne jegliches Geld da oder wird womöglich noch 100 Kilometer eskortiert bis zum nächsten Geldautomaten, wo man dann exklusiv für den kleinen korrupten Klub viel Geld abheben darf. Aber es geht alles ganz regulär vonstatten. In einem kleinen unscheinbaren Raum, der zu allen Seiten hin verglast ist, fülle ich die Einreisepapiere aus. In einem anderen Raum, fast identisch mit dem ersten, gebe ich die Papiere wieder ab und bekomme meinen Stempel ins Visum gehämmert. Die Grenzbeamten machen dabei keinerlei Anstalten, mir Geld abzuknöpfen. Vielleicht habe ich nur Schauermärchen gehört oder einfach Glück.

Als ich auf der gegenüberliegenden Seite des länglichen Gebäudes wieder ins Freie komme, bin ich offiziell in Vietnam. Noch ein kleiner Fußmarsch zurück zum Bus, der einen anderen Weg durch den Zoll genommen hat als seine Passagiere und auf uns wartet. Ich habe noch Zeit zurückzuschauen auf die schmale Straße, die sich genau auf dem Bergkamm über mindestens zehn Kilometer Länge durchs Niemandsland von Laos bis Vietnam geschlängelt hat. Dann trötet eine Hupe und Mr. Taiwan hoppelt auf dem Moped an seine vietnamesische Freundin festgeklammert an mir vorbei und winkt.

Als wieder alle im Bus auf kaputten Sitzen, Paketen, Reissäcken und zwischen sämtlichen in Körbe gepferchten Tieren sitzen, geht die Fahrt unter Hühnergegacker weiter. Den Berg, den wir bis zur Grenze heraufgekommen sind, auf der anderen Seite wieder hinunter. Noch gut 50 Kilometer geht es in engen Serpentinen und unter regelmäßigem Gehupe steil bergab hinunter ins Tal, wo mein erstes Ziel in Vietnam »Dinh Bin Phu« auf mich wartet. Als wir die ersten weitläufigen Täler erreichen, sehe ich nicht wie erwartet die Menschen mit ihren spitzigen Korbhüten auf den Köpfen und den Ochsen vor den Pflügen, sondern ein riesiges, rußendes Kohlekraftwerk inmitten des Idylls, bald darauf gefolgt von grauen, dreckigen Fabriken und dazwischen eingepferchten Wohnhäusern. Bald darauf, ein schmutziges Ortsschild mit der Aufschrift »Dinh Bin Phu«. Ein Reisebus überholt uns noch vor dem Ort auf der Landstraße unter lautem Hupen und kurz darauf halten beide hintereinander an. Ein Transfer beginnt seinen Lauf zu nehmen. Ich verstehe nur Busbahnhof. Muss ich jetzt etwa aussteigen? Dann lautes Geblöke:

»Hanoi! Hanoi!«

Um mich herum flattern die Hühner aufgeschreckt in ihren Körben. Passagiere drängen durch den Gang. Alle in Eile. Einer der Busleute bedeutet mir auszusteigen:

»To Hanoi? Sleeper?«

Ich winke ab, ich will nach Dinh Bin Phu.

Wäre ich umgestiegen, wäre mir die erste Breitseite der Gastfreundlichkeit in Nordvietnam in der Nacht meiner Ankunft auf vietnamesischen Boden wohl erspart geblieben.

Dinh Bin Phu

Es ist schon dunkel, als der Bus hält. Draußen von Straßenlaternen beleuchtet, ist die Stadt Dinh Bin Phu. Die erste vietnamesische Stadt, die ich erreiche. Ich will hier eigentlich nur übernachten. Außer einem historischen Ereignis hat die Stadt, das erkennt man auf den ersten Blick, nicht viel zu bieten. Unweit von hier fand im Französischen Indochina Krieg eine Schlacht statt, die die Franzosen verloren haben. Aber, diese Festung, die Zeugnis dieser Schlacht ist, interessiert mich eigentlich nicht. Ich will hier nur ein Bett. Leichter gesagt, als getan. Es gibt Betten, aber was für Betten? Gleich nach dem Aussteigen aus dem Bus versucht man mich in den nächsten nach Hanoi zu verfrachten. Ich lehne ab und jage mal wieder meinem Rucksack hinterher, der sich bereits in einem anderen Bus befindet. Faulheit kann man den Vietnamesen wirklich nicht unterstellen. Sie sind eifrige Geschäftsleute. Zu eifrig!

Vietnam ist ein seltsames Land. Der Vietnamkrieg ist immer noch spürbar. Das Land, so schön es ist, macht einen verwüsteten oder zumindest schwer mitgenommenen Eindruck und die Leute, jedenfalls die im Norden, wirken ebenso. Die Jüngeren sind offen für den Westen, die Älteren sind offen für Westwährungen.

Als ich alles habe, was zu mir gehört, suche ich die Hotels auf, die gleich gegenüber der Bushaltestelle liegen. Im ersten wird mir zuerst ein nicht enden wollender Treppenaufstieg abverlangt. Dann sehe ich das Zimmer, das man mir anbietet. Es ist völlig verschimmelt und zu teuer. Im zweiten Hotel: dasselbe Spiel, noch teurer, dafür nicht einmal eine Matratze im Zimmer. Ich beschließe, es zu lassen und doch mit einem der »Sleeper«, so heißen hier die Nachtbusse, gleich weiter nach Hanoi zu fahren. Dann habe ich notfalls den ganzen Tag, um eine angemessene Bleibe zu finden. Ich suche einen Geldautomaten und hebe so viel ab, wie ich etwa bis Hanoi brauchen werde. Nun noch etwas essen. Überall gibt es Suppe mit Hühnchen.

Gestärkt will ich meine Mahlzeit bezahlen. Ich reiche einen größeren Schein und bekomme deutlich zu wenig Wechselgeld zurück. Das beanstande ich freundlich und rechne vor. Die Verkäuferin verzieht keine Miene und fummelt noch ein paar Scheine aus ihrer Börse. Dann stimmt es. Als ich gehe, guckt sie mich an, als wollte sie noch sagen:

»Dich kriegen wir schon noch!«

Oder vielmehr mein Geld. Wieder zurück an der Bushaltestelle, kaufe ich eine Fahrkarte und werde in einen Bus gebracht. Das war also Dinh Bin! Eine hell beleuchtete Straße, zwei müffelige Hotels, ein roter Geldautomat in einem metallfarbenen Häuschen, ein Pokerface am Essensstand und meine Fahrkarte. Der Bus bleibt angenehm leer. Ich habe eine breite Liege, das Kopfende ist etwas erhöht, das Fußende liegt unterhalb des Kopfendes der Liege vor mir. Unter der Liege liegt mein Rucksack. Ich habe also alles einigermaßen sicher bei mir. Die ersten Kilometer der Fahrt sehe ich im Liegen aus dem Fenster. Der Straßenrand ist noch lange hell beleuchtet. In einer endlosen Reihe liegen verschiedenste Geschäfte. Obwohl es Nacht ist, sind die meisten noch geöffnet. Als Dinh Bin hinter uns liegt, schlafe ich ein und wache erst in Hanoi wieder auf.

Über Vietnam

Die Vietnamesinnen tragen wie die Laotinnen den ganzen Tag über Schlafanzug. Und in Hanoi gehen manchen Ortes die Frauen, wenn sie mal müssen, einfach in die Hocke und lassen es laufen. Dass sie in dieser Position nicht über den Preis, den ihr Tee an ihrem Stand kostet, reden wollen, liegt nicht daran, dass ihnen die Situation peinlich wäre, sondern eher dass sie generell keine Lust auf Menschen haben, die wie Amerikaner aussehen.

Im französischen Viertel gibt es überall Bambusbong-Bauer. Und fast an jedem Teeladen steht auch solch eine Wasserpfeife aus Bambus herum. Hier kommen die Einheimischen vorbei, ziehen schnell einen durch und gehen weiter. Auch Uniformierte sieht man dort einen durchziehen, wenn sie nicht gerade in ihren kleinen Wachhäuschen auf den Kreuzungen in der Hängematte liegen. Wenn sie merken, dass man versucht, sie dabei zu fotografieren, mögen sie das nicht wirklich. Man ist ja schließlich im Dienst. Aber eigentlich ist es ihnen doch egal. Ganz genauso halten sie es auch mit ihrem Dienst.

Am Hoan-Kiem-See kann man morgens älteren Vietnamesen bei ihren Tai-Chi-Übungen zusehen. Wenn man um den See herumläuft, kommt man auch beim berühmten Wasserpuppentheater vorbei. Der Besuch im Wasserpuppentheater lohnt sich. Nirgends in Hanoi schläft man besser als beim Geplätscher der Puppen im Wasser und der traditionellen Musik, die dazu gespielt wird.

Wer als Fußgänger die Straße überqueren will, muss mutig sein. Nicht, dass etwas passieren würde, aber hier muss man wirklich entschlossen rübergehen und diese Entschlossenheit auch bis in jede Faser verkörpern.

Besonders gläubige Menschen sind die Vietnamesen nicht. Wirklich nicht. Während des gesamten Monats, den ich mich in Vietnam aufhalte, begegnen mir gerade mal vier Mönche. Ich erinnere mich an Laos, wo fast jeder Junge mindestens für ein Jahr als Novize in eines der unzähligen Klöster geht. Die Tempel in Vietnam sehen aus wie chinesische. In ihren Tempeln werden aber nicht nur Götter verehrt, sondern auch Kriegshelden vergangener Tage.

In Hanoi kann man auch richtig gut feiern. Allerdings wird man hier sogar im selben Lokal, in dem man schon ein Bier nach dem anderen getrunken hat, fürs Erleichtern auf dem Klo zur Kasse gebeten. Das liegt daran, dass Lokal und Klo nicht immer denselben Besitzer haben. Zur Sperrstunde werden in Hanois Altstadt einfach überall die Metallrollos heruntergelassen. Wer zu diesem Zeitpunkt noch drin ist, kann bis zum Morgen bleiben. Es gibt auch einen von Einheimischen geleiteten, regen Kneipenaustausch nach der Sperrstunde. Wer will schon die ganze Nacht in derselben Kneipe bleiben? Besonders viel Mühe beim Klopfzeichen gibt sich aber keiner dieser Kneipentour-Guides. Wozu auch, so wie die Polizei hier Recht und Ordnung durchsetzt. Leider kann ich mich sonst an nichts mehr aus dieser Nacht erinnern, außer dass ich bei irgendjemandem zu Hause aufgewacht bin. Gastfreundlich ist das Partyvolk also auch.

Schlaglöcher und Taifune

In Hanoi kaufe ich ein Motorrad, mit dem ich das Land von Norden nach Süden durchfahren will. Nur wer selber fährt, weiß, wie tief Schlaglöcher hier wirklich sind. In Hanoi und den anderen Großstädten ist der Verkehr, sagen wir mal »rücksichtsvoll chaotisch«. Wenn man selber ebenso chaotisch fährt, klappt es erstaunlich gut. Auf den Fernstraßen hingegen gelten »natürliche« Vorfahrtsregeln. Wer einen 40 Tonnen schweren Lastwagen fährt, hat immer Recht, egal wen oder was er bei unterschiedlichen Ansichten über geltende Verkehrsregeln überwalzt. Wer einen Reisebus fährt, hat auch immer Recht, weil Reisebusse noch schneller unterwegs sind. Dann kommen kleinere Lastwagen, Minivans, Pick-ups und Autos. Und dann erst mal lange nichts, bis die Motorräder kommen. Mit einem Motorrad kann man allerdings nicht mal einen Hund überfahren, ohne selbst zu stürzen. Also gehört man auch mit Motorrad zu den Fluchttieren des Straßenverkehrs und muss sich in allen Situationen, die nicht durch Schnelligkeit zum eigenen Vorteil zu bewältigen sind, unterordnen. Das heißt auch schon mal in den Graben zu fahren. Wer auf dem Highway stur auf sein Recht besteht, auf der eigenen Fahrbahn ganz rechts in die richtige Richtung zu fahren, während ihm dort ein Lastwagen entgegenkommt, bezahlt das todsicher mit seinem Leben. Zweimal komme ich zu diesem

Unvergnügen, zwischen einem möglicherweise gebrochenen Arm durch einen selbst herbeigeführten Sturz und einem endgültigen Ausscheiden aus dem Verkehr der Lebenden zu entscheiden. Zweimal lenke ich mein Motorrad in den Straßengraben und bleibe unverletzt. Besser so! Aber es gibt auch lustige Momente auf vietnamesischen Highways: Einmal kommt mir ein beladener Gabelstapler entgegen.

Wenn man einen Platten hat, braucht es einen nicht zu wundern, wenn man zufällig in unmittelbarer Nähe zu einem der vielen »Schrauber« im Land zum Stillstand kommt. Das hat allerdings weniger mit Glück zu tun als mit vietnamesischem Marketing. Nägel gibt es ganz billig zu kaufen und man kann sie schließlich auch standortnah an strategisch günstigen Stellen verlieren.

Die langen Tage auf dem Motorrad strengen an. Als ich die Stadt Hue gegen neun Uhr abends erreiche, bin ich nicht wählerisch und suche mir ein beliebiges Hostel, um zu übernachten. Nachdem ich meinen Rucksack auf das Zimmer gebracht habe, spricht mich einer mit britischem Akzent an, der mich bereits aus dem Hostel in Hanoi kennt. Er hat mich bei meiner Ankunft beobachtet und fragt mich, ob ich wirklich die ganze Strecke mit dem Motorrad gefahren sei.

»Yes, sure. Why not?«

Er scheint sichtlich beeindruckt und lädt mich auf ein Bier an der Bar ein. Er erzählt mir, dass er auf ein paar Freunde warte, die heute noch ankommen sollen. Etwas später höre ich von einem herannahenden Taifun namens »Haiyan«, der zuvor die Philippinen verwüstet hat, und dass sich alle fürchten. Ich frage an der Rezeption nach, wie sie die Situation einschätzen. Die sagen mir, der Sturm treffe morgen oder übermorgen auf die Küste Vietnams. Ziemlich genau auf der Höhe von Hue. Ich solle zu meiner Sicherheit unbedingt in der Stadt bleiben und abends im Hostel. Zwischen zehn und elf Uhr abends rollen Reisebusse voller neuer Backpacker an. Direkt vor dem Hostel steigen sie aus. Die meisten bereits betrunken. Junge Frauen in weißen Sommerkleidchen und Typen mit Saufsprüchen auf ihren T-Shirts schultern überdimensionierte Rucksäcke und brechen die angenehme Atmosphäre des Hostels auf. Sie versammeln sich noch vor dem Einchecken an der Bar, wo sie vom Personal »Welcome-Shots« gereicht bekommen und in der neuen Stadt, von der sie vor lauter Party nichts zu sehen bekommen, begrüßt werden. Das seltsame Klientel besteht ausschließlich aus Briten und Australiern, wie ich am Akzent hören kann. In Vietnam gibt es etliche zu Ketten gehörende Partyhostels, wo Backpacker mit dem Reisebus von einem zum anderen gekarrt werden. Eine wüste und very britische Party beginnt. Ich bin nicht in der Laune, da mitzumachen. Da passt man als Deutscher ohnehin nicht dazu. Ich verlasse die Bar und muss erst mal über ihre kreuz und quer liegenden Rucksäcke steigen, ehe ich die Treppen erreiche. Ich sollte in Zukunft auch nach anstrengender Fahrt mehr darauf aufpassen, wo ich übernachte. Das Hostel hat auf jeder Etage einen als Galerie um das Haus gebauten Balkon. Dort setze ich mich zu Hostelgästen anderer Nationen, die sich von ihren Reisen erzählen. Am nächsten Tag erkundige ich mich gleich nach dem Aufstehen über Haiyan. An der Rezeption erfahre ich nichts Genaueres. Es scheint Abend zu werden oder noch ein weiterer Tag zu vergehen, bis der Sturm auf die Küste trifft. Da das Wetter am Morgen noch recht gut ist, gehe ich mit einem anderen Alleinreisenden aus dem Hostel die Stadt besichtigen.

In Hue, der ehemaligen Residenzstadt Vietnams, lohnt sich ein Stadtbummel. Wir überqueren die Brücke, die den Parfümfluss Hiong-Giang überquert und den Stadtteil, in dem sich unser Hostel befindet, mit der Altstadt verbindet. Am Brückenende angekommen, befinden wir uns direkt auf dem wohl höchsten Bordstein der Welt und vor einem Zebrastreifen. Wer nicht aufpasst und rechtzeitig sieht, dass es zum Zebrastreifen einen ganzen Meter nach unten geht, liegt mit Sicherheit auf der Fahrbahn. Aber auch in den Schaufenstern gibt es einiges zu sehen. Nirgendwo auf der Welt habe ich unansehnlichere Schaufensterpuppen gesehen als in Hue. Nicht allein der Mode wegen – die Puppen samt ihrer Perücken, die meist mit Bändern unterm Kinn angebunden sind, sehen schauderhaft aus. Nach diesem Schock lassen wir uns auf den hässlichsten Polstermöbeln der Welt nieder und machen es uns zum Probesitzen bequem. Ja, auch Möbelgeschäfte mit furchterregend schwülstigen Sitzgarnituren bietet Hue an fast jeder Ecke. Dann der sehenswerte Teil unseres Ausfluges. Wir besichtigen die originalgetreu wiederaufgebauten Anlagen des kaiserlichen Palastes, die zum Weltkulturerbe gehören und im Vietnamkrieg bei der Tet-Offensive schwer Schaden genommen haben.

Als wir am Abend zu unserem Partykettenhostel zurückkommen, werde ich zur Rezeption gerufen. Man teilt mir freundlich mit, dass ich jetzt schnell mein Bett räumen müsse. Ich denke erst an ein Versehen, denn ich checke ja nicht aus. Wo sollte ich auch hinwollen, da der Taifun naht und mir zuvor geraten wurde, die Stadt nicht zu verlassen, bevor der Sturm vorüber ist.

Ich lasse die dem Alter nach nicht einzuordnende Rezeptionistin in gelbem Poloshirt wissen, dass ich nicht auschecke. Leider müsse ich auschecken, denn mein Bett ist gebucht, entgegnet sie mir und fügt noch hinzu, ich habe leider nur eine Nacht bezahlt und jetzt seien sie leider ausgebucht. Wegen des Taifuns. Ich erlebe das zum ersten Mal auf meiner Reise. Für ein Hostel total untypisch! Wie in einem Riu-Hotel, wo man auch nicht einfach noch zwei Nächte länger bleiben kann, weil die nächsten 500 All-Inclusive-Touristen vor der Tür stehen. Aber deswegen bin ich doch in Asien und nicht auf Malle. Das versteht sie natürlich nicht. Ich muss tatsächlich mein Bett räumen. Ein Spanier, mit dem ich den Abend zuvor auf dem Balkon verbracht habe, hat dasselbe Problem. Allerdings hatte er unklugerweise selbst ausgecheckt und kann sich über meinen Fall nur wundern, zumal inzwischen klar ist, dass kein Bus und keine Bahn mehr Hue erreichen wird, ehe der Sturm vorüber ist. In halb Vietnam steht der Verkehr inzwischen still. Keiner weiß genau, wann das Unwetter losgeht, aber die ersten Böen erreichen uns bereits, und der Wind peitscht auf Dächer und Fenster. Mit Sack und Pack ziehe ich mit dem Spanier in den Aufenthaltsraum. Da, so haben wir es mit der Rezeptionistin verabredet, dürfen wir schlafen.

Noch vor Mitternacht darf ich zurück in mein Bett. Wer auch immer mein Bett gebucht hatte, ist nicht gekommen. Wie auch?! Ein bisschen schadenfroh lege ich mich in mein altes, aber frisch überzogenes Bett.

Dann folgt der Taifun, der inzwischen zum tropischen Sturm abschwächt. Es regnet in Strömen, starke Windböen treffen auf das Haus, aber alles bleibt sicher. Manche Hostelgäste verbringen die ganze Nacht auf dem Balkon und bleiben von Haiyan enttäuscht. Am anderen Morgen schaue ich nach meinem Motorrad, das gegenüber dem Haus hinter einem Zaun steht und notdürftig mit einer Folie eingepackt ist, um die Zündspule und Zündkerze, die empfindlichsten Teile, zu schützen. Es steht 30 Zentimeter tief im Wasser, aber sonst scheint alles in Ordnung zu sein. Dennoch muss ich, als ich Hue verlassen will, damit in die Werkstatt.

Gleicher Schaden verbindet

In der Werkstatt begegnet mir ein junger Kanadier, ebenfalls mit kaputtem Motorrad. Er stellt sich als Ryan vor. Sein Motorrad hat den gleichen Wasserschaden wie meines und geht dauernd aus. Während unsere Motorräder repariert werden, kommen wir ins Gespräch. Wir fahren einige Tage gemeinsam. Von Hue nach Da Nang, wo wir den irrwitzigsten Stadtverkehr Vietnams erleben. Wir erlernen durch Nachahmen die einzige Technik, erfolgreich dahin zu fahren, wohin wir wollen, indem wir mit dem herausgestellten Fuß andere Motorräder und Roller vom eigenen wegdrücken und somit davon abhalten, die eigene Fahrtlinie zu kreuzen. Das funktioniert sogar. Und mit jedem Kilometer macht das Fahren in Da Nang mehr Spaß. Wir machen einen Stopp bei der feuerspeienden Drachenbrücke und fahren bis Hoi An, was nicht mehr weit ist, weiter. In Hoi An lässt es sich gut leben. An einem unserer Tage dort fahren wir noch einmal nach Da Nang zurück, um ein verlorenes Handtuch für Ryan zu ersetzen. Nun ist das so eine Sache mit dem Handtuchkauf. Wir finden zunächst keinen Laden, der Handtücher im Sortiment hat. Da begegnet uns zufällig ein sehr netter Mann mit ausgezeichneten Englischkenntnissen. Darüber hinaus kann er sogar etwas deutsch, weil er, nach eigenen Angaben, in Deutschland gelebt hat. Der nette Mann hilft uns weiter, er kennt sich aus und weist uns den Weg zum nächsten Handtuchgeschäft. Als wir in unmittelbarer Nähe des Geschäfts parken wollen, finden wir sogar einen Parkplatz mit Parkwächter. Gegen eine kleine Gebühr können wir unsere Motorräder sicher bewacht vor fremdem Zugriff abstellen. Sicher vor fremdem Zugriff! Das klingt doch vertrauenswürdig. Als wir mit dem Einkauf fertig sind und zu Mittag gegessen haben, holen wir die Motorräder vom Parkplatz ab, bedanken uns artig beim Parkwächter und fahren auf einigen kleinen gewollten Umwegen zurück nach Hoi An. Kurz vor Hoi An geht Ryans Motorrad erneut aus. Wir probieren aus, was wir bis dahin gelernt haben, um es wieder in Gang zu bringen, aber vergebens. Ryan muss schieben, während ich vorausfahre und nach einer Werkstatt Ausschau halte. Als ich eine gefunden habe, fahre ich zurück, um ihm die frohe Botschaft zu überbringen. Der Inhaber der Werkstatt hört sich Ryans Bericht an und überprüft, wie wir zuvor, die Zündkerze. Dann aber zieht er den Schlauch vom Benzinhahn ab und dreht ihn auf. Nichts! Er beginnt zu grinsen und dreht den Tankdeckel ab. Leer! Dann lachen wir alle. Naja, der Parkwächter sagte ja nur: Die Motorräder seien sicher vor »fremdem« Zugriff.

Auf dem Ho Chi Minh Trail

Nachdem wir Hoi An verlassen haben, machen wir uns auf den Weg nach Kon Tum, einer kleinen Stadt im Landesinneren. Zu zweit macht das Fahren viel mehr Spaß und das Verfahren nicht so viel aus. Irgendwo vor Kon Tum zeigt meine Landkarte eine Straße, auf der wir viele Kilometer Strecke einsparen können. Die Straße ist ganz neu und auf ihr bleibt uns das sonst übliche Auf und Ab erspart. »Auf und Ab« heißt, man kriegt es kaum »verbremst«, weil man auf der Schotterpiste viel zu schnell auf den fertigen Straßenbelag zurast, den man leider auch immer viel zu spät sieht, und dann, nach vierhundert Metern auf frisch geteerter Fahrbahn, wieder viel zu schnell wird und das Ende der geteerten Fahrbahn nicht rechtzeitig sieht, wo man mit einem Schlag, der bis ins Mark geht, auf die Schotterpiste zurückgeworfen wird, und gefährliches Schlingern bei zu hoher Geschwindigkeit nicht selten ist. Die neue Straße ist eine tolle Strecke! Die Irritation, warum die Straße auf dem einzigen Verkehrsschild weit und breit rot durchgestrichen war, weicht dem Fahrgefühl. Dann fahren wir an winkenden Waldarbeitern vorbei. »Ach, ein geiles Leben ist das!«, denke ich mir. Plötzlich Vollbremsung! Die Straße endet hinter einer Kurve vor dichtem Urwald. Wir kommen zum Glück rechtzeitig zum Stehen und ziehen unter Gelächter die Helme ab. Die haben uns nicht gewunken, die haben uns gewarnt! Das war eine tolle Abkürzung! Zwölf Kilometer auf einer super Straße, die nirgendwo hinführt. Und noch mal zwölf Kilometer zurück. Vorbei an den uns auslachenden Waldarbeitern bis zur Kreuzung mit dem durchgestrichenen Schild. Gut, dass die Straße bereits in meiner Karte eingezeichnet ist.

Die hilfsbereite Frau auf der Terrasse

In Kon Tum trennen sich unsere Wege wieder. Ryan hat von einem Touranbieter gelesen, der Motorradtouren zu irgendwelchen »Rural Villages« anbietet. Ich begleite ihn zum Büro des Touranbieters, bin aber skeptisch. Kon Tum sieht nicht so aus, als wären in diesem Jahr vor uns Touristen hier gewesen. Das Büro ist geschlossen und erst nachdem wir eine Viertelstunde vor dem Haus herumstehen und warten, macht einer die Tür auf. Der scheint erstaunt zu sein, dass da tatsächlich Touristen zu ihm wollen, kommt dann aber schnell zur Sache und will die Tour mit uns machen. Ich denke, dass ich sie mir schenken kann, und springe ab. Über Kon Tum gibt es sonst nicht viel zu berichten, außer dass ich am Abend hungrig werde und etwas essen gehe. Was genau, darüber lässt sich nur spekulieren. Aber irgendwie beschleicht mich das Gefühl, dass ich auf den Hund gekommen bin.

Ryan bricht am nächsten Morgen zu der Motorradtour auf, und ich mache mich auf den Weg über Pleiku und Buon Ma Thuot nach Nah Trang am Meer. Unterwegs muss ich immer wieder Einheimische nach dem Weg fragen. Wie es scheint, ist meine Landkarte das Einzige, was im vietnamesischen Straßenbau fristgerecht fertig wurde. Ich beginne weitere Straßen, die in meiner Karte eingezeichnet sind, durchzustreichen, weil es sie nicht gibt. Oder mitten im Dschungel enden. Dann gibt es da noch ein anderes Problem. Nennen wir es: Vietnamesen und meine Landkarte, oder Dinge, die sie nicht lesen können. Die Einheimischen haben in ihrem alltäglichen Leben mit Landkarten nichts zu tun. Wenn ich einen Ortsnamen aussprechen kann, zeigen sie einfach, in welche Richtung ich fahren muss. Halte ich ihnen meine Landkarte unter die Nase, können sie meist nicht weiterhelfen. Zu abstrakt! Oft verschwinden sie aber auch, bevor ich dazu komme, nach dem Weg zu fragen. Ob sie das aus Verlegenheit tun und fürchten, ihr Gesicht zu verlieren, wenn sie nicht helfen können? Wie auch immer. Solange die gewünschte Richtung in etwa stimmt, nähere ich mich meinem Ziel.

Plötzlich Starkregen! Mein Regencape, das ich mir noch eilig überwerfe, schützt mich bei diesem Regen kaum. Es sind überall kleine Löcher drin. Der Fahrtwind erledigt den Rest. Ich bin innerhalb einer Minute völlig durchnässt. Hoffentlich bleibt mein Gepäck trocken. Ich habe es während der Fahrt gut unter einer stabilen Plastikplane auf dem Gepäckträger verschnürt. Bei Sonnenschein schützt die Plane gegen Staub, wovon es auf vietnamesischen Straßen reichlich gibt. Man kann auch unmöglich ohne Atemschutz fahren. Eine Sonnenbrille hilft nur unzureichend gegen den Staub, der einem ständig ins Gesicht schlägt. Eine Taucherbrille wäre besser. Jetzt regnet es in Strömen. Ich bin auf offener Landstraße unterwegs und nirgends ist ein Unterstand zu sehen. Ab und zu stehen Häuser am Straßenrand. Ich fahre einfach weiter und hoffe, dass mir das Motorrad nicht ausgeht. Doch kurz darauf säuft der Motor ab, und ich rolle aus. Auf einer überdachten Terrasse eines alleinstehenden kleinen Hauses links neben der Straße steht eine Frau und beobachtet mich. Ich überlege nicht lange, ihre Körperhaltung signalisiert eher Sorge als Abneigung gegenüber dem Fremden. Ich steige ab und schiebe das Motorrad in die offene Hofeinfahrt und über die hier übliche steinerne Rampe auf die Terrasse. Die Terrasse ist so klein, dass ich das Motorrad zur Hälfte in ihr offenstehendes Wohnzimmer schieben muss, damit alles im Trockenen steht. Die Frau scheint allein zu Hause zu sein. Sie steht mit besorgt vor der Brust gefalteten Händen da und sieht mich hilflos an. Jetzt regnet es auch auf ihrer überdachten Terrasse – solange, bis ich und mein Motorrad abgeregnet haben. Ich ziehe den Helm ab und das Cape aus, lege die Hände zusammen mit einer kleinen Verbeugung und sage »Xin Chào«, was »Guten Tag« heißt. Dann hänge ich noch ein »Cám ón« dran, was »Danke« heißt. Ich blicke zurück auf die Straße, die man wegen des starken Regens kaum mehr sieht. Als ich mich wieder zu der Frau umdrehe, ist sie verschwunden. Kurz darauf kehrt sie mit einem winzigen Handtuch zurück und überreicht es mir verlegen. Ich nehme es dankend an und trockne damit mein Gesicht ab. Leider können wir überhaupt nicht miteinander sprechen. Ich mache Zeichen, die zeigen sollen, dass ich versuchen will, mein Motorrad wieder zum Laufen zu bringen. Darauf winkt sie mich samt Motorrad weiter hinein in ihr offenes Wohnzimmer. Zum Glück hat sie da Fliesenboden. Ich krame mein Werkzeug raus und trockne Zündkerze und Zündspule notdürftig ab, schließe die Kabel an und packe jedes Teil in eine kleine Plastiktüte, die ich mit Gummibändern umwickle, bevor es an seinen Platz zurückkommt. Die Situation fühlt sich surreal an. Ich repariere mein Motorrad in einem vietnamesischen Wohnzimmer wildfremder Menschen irgendwo zwischen Pleiku und Buon Ma Thuot. Als der Starkregen deutlich nachlässt und die Straße zu dampfen beginnt, springt auch der Motor wieder an. Ich kann weiterfahren. Ich schiebe das Motorrad von der Terrasse und trockne noch den Wohnzimmerboden mit dem winzigen Handtuch ab, dann verabschiede ich mich herzlich bei der Unbekannten und fahre weiter.

Dieses Erlebnis hat meine Einstellung gegenüber Vietnamesen zum Positiven verändert. Allerdings bin ich bereits im südlichen Teil des Landes, dort, so sagt man, sind die Menschen gegenüber Weißen insgesamt freundlicher.

Über den Berg nach Dalat und zu den Lavatunneln

Nach nur einer Nacht und kurzem Badeaufenthalt in der Touristenstadt Nha Trang schnüre ich mein Bündel auf das Motorrad und mache mich auf in die Berge. Die heutige Fahrt soll mich bis nach Dalat führen. Bevor es auf die Fernstraße geht, kaufe ich mir einen neuen Atemschutz. Der alte ist inzwischen gelb und braun gefärbt. So viel zu den Abgaswerten in diesem Land. Mit Helm, Sonnenbrille und meiner neuen Maske sehe ich aus wie Robocop. Naja, fast. Sind Blümchen drauf!

Bald geht es auf der Fernstraße konstant den Berg hinauf. Die Strecke von 135 Kilometern ist gut an einem Tag zu schaffen, sofern das Motorrad mitmacht. Die kurvenreiche Straße führt an großartigen Aussichtsplätzen vorbei. Ich halte öfters an, um Fotos zu machen. Oft sind Bergziegen nahe der Straße zu sehen. Dann eine dunkle Wolke direkt über mir. Ich halte darauf zu. Dalat liegt knapp 1500 Meter über dem Meeresspiegel. Um dorthin zu gelangen, muss ich einen knapp 2000 Meter hohen Pass überwinden. Bisher geht es nur bergauf und nach Dalat sind es noch über 90 Kilometer. Mit jeder Windung der Straße komme ich der dunklen Wolke näher. Inzwischen befinde ich mich ungefähr auf 1700 Metern Höhe und wäge ab, was ich tun kann, um nicht mitten durch die Wolke hindurchfahren zu müssen. Mittlerweile ist es ziemlich kalt. Je höher ich fahre, umso mehr sinkt die Temperatur ab. Hier gibt es keine Dörfer, nicht einmal Hütten am Straßenrand, wo ich bei Regen unterstehen könnte. Mir bleibt nichts anderes übrig, als es darauf ankommen zu lassen und weiter hinaufzufahren. Mit jeder Kurve wird es nebliger und feuchter.

»Wenn mir hier das Motorrad ausgeht, bin ich verloren«, denke ich, als ich um eine weitere Kurve fahre. Dann passiert es. Der Motor macht mit demselben traurigen Geräusch wie vorgestern im Starkregen schlapp und ich stehe irgendwo in großer Höhe in einer Kurve. Ich kann kaum fünf Meter weit klar sehen, so dicht ist der Nebel inzwischen. Es ist bitterkalt und langsam kriecht die Feuchtigkeit durch alle Lagen meiner Kleidung. Ich steige ab und schiebe mein Motorrad ein Stück aus der Kurve, um rechtzeitig gesehen zu werden, falls ein Laster die Straße heraufkommt. Hier ist auch so gut wie kein Verkehr mehr. Ich werde das Motorrad wohl kaum wieder in Gang bekommen. Eine Weile versuche ich mein Bestes und schraube an den üblichen Stellen herum. Aber die Luft hier oben ist so feucht, dass ich damit keine Chance habe. Ich habe schrecklich kalte Finger und kriege kaum die Schrauben wieder hineingedreht. Ich werde wohl schieben müssen. Hauptsache in Bewegung bleiben. Plötzlich dröhnt ein Lastwagen von hinten in geringem Abstand an mir vorbei. Danach kommt mir ein Kleinerer entgegen, der Fahrer winkt.

»Na vielen Dank auch!«, fluche ich ihm hinterher.

Jetzt fängt es auch noch an zu regnen. Doch ich habe Glück, es scheint, als sei ich ganz oben angekommen, ein leichtes Gefälle erlaubt mir, im Leerlauf zu fahren. Es kommen noch einige Stellen, wo ich zum Schieben absteigen muss, aber dann geht es kontinuierlich bergab. Vorsichtig rolle ich bei geringem Tempo den Berg hinunter. Ich habe nicht einmal mehr Licht. Ich friere wie ein Schneider und mache mich schon auf eine fiese Erkältung gefasst. So geht es eine gefühlte Ewigkeit, bis der Regen nachlässt und ich allmählich aus dem dichten Nebel komme. Ich sehe ein Tal vor mir und schöpfe neuen Mut. Als ich weit genug von der eisigen Regenwolke entfernt bin, halte ich an, streife mir mein Regencape ab und wechsle meine Kleidung. Dann mache ich mich daran, das Motorrad wieder in Gang zu bekommen. Es gelingt. Die lange Abfahrt nach Dalat entlohnt mich mit sagenhaften Aussichten und bald erreiche ich die Stadt.

In Dalat bleibe ich nur für die Nacht und den Vormittag. Nach meinem Ausflug zum »Hang-Nga-Haus«, dem verrückten Haus, welches zu beschreiben mühelos einige Seiten in Anspruch nehmen würde, räume ich mein Zimmer und mache mich zur Abfahrt fertig. Eben werden zwei andere Touristen von diesen sogenannten »Easy Ridern« abgeholt. Ich beschließe, ihnen hinterherzufahren, um zu sehen, was sie Besonderes im Programm haben. Kurz nachdem sie losfahren, mache auch ich mich auf den Weg. Ich verfolge die beiden Motorräder in einigem Abstand. Falls die Touristen, die hinten drauf sitzen, die Fahrt nach Saigon gebucht haben, müsste ich in meinem Vorhaben vermutlich nicht einmal größere Umwege in Kauf nehmen. Als wir die Stadt verlassen, wird der Abstand zu ihren schnelleren Motorrädern immer größer. Ich fürchte, ich kann nicht mithalten, und verwerfe bereits die Idee, ihnen folgen zu wollen. Doch dann führt die Landstraße die Berge hinauf. Mit Passagieren kommen sie den Berg nicht schneller hinauf als ich. Ich fahre in überschaubar großem Abstand und bewundere die malerische Landschaft. Die Bergstraße führt durch einen wunderschönen Kiefernwald, der sich elegant an die steilen Hänge schmiegt. Die rötlichen Stämme der Bäume schimmern im Licht der Sonne. Ich falle zurück. Als es wieder bergab geht, hole ich den verlorenen Abstand wieder auf. Easy Rider fahren meist nicht allzu schnell, da ihre touristische Fracht während der Fahrt fotografiert. Als die Talsohle erreicht ist, sehe ich, wie sie vor mir nach links über die Straße von der Fahrbahn fahren. Ich komme kurz darauf selber an der Stelle an und sehe eines der traditionellen Holzhäuser mit sehr hohem Giebeldach. Ich halte und gehe hinein. Es ist ein Nachbau. Ich höre zu, was die Easy Rider ihren Kunden darüber erzählen.

Um nicht aufzufallen, fahre ich vor ihnen ab und lasse mich überholen. Nach einigen Kilometern sehe ich sie rechts abbiegen. Wieder fahre ich ihnen nach. Ich spekuliere, was das nächste Highlight auf der teuren Tour sein mag. Ob sie ein abgelegenes, indigenes Dorf besuchen oder doch nur einen Souvenirshop? Bald sehe ich, wie sie anhalten. Ich verringere mein Tempo, um besser sehen zu können, was sie machen. Als ich vorbeikomme, sehe ich die zwei Touristen mit abgezogenen Helmen und leeren Gesichtern an einer Weberei. Natürlich mit Souvenirshop, wo sie zum Einkauf genötigt werden. Ich muss lachen und beende meine Verfolgungsfahrt. Genug gesehen!

Ich fahre weiter bis zu den Lavatunneln von Dinh Quan. Als ich in dieser hässlichen Stadt, die aus kaum mehr als einer kilometerlangen Hauptstraße besteht, ankomme, ist es bereits halb fünf Uhr nachmittags. In dieser Stadt möchte ich nicht unbedingt übernachten müssen. Da die Lavatunnel nicht öffentlich sind, muss ich Kinder finden, die mir gegen ein Taschengeld einen Eingang in die erkaltete Welt unter der Erde zeigen und mich sicher hindurchführen. Man soll sich darin leicht verlaufen können. Es bleibt mir also nicht sehr viel Zeit dafür. Bei Sonnenuntergang will ich wieder draußen sein. Außerdem habe ich noch das Problem mit dem sicheren Abstellen meines Motorrades. Schließlich ist mein gesamtes Gepäck daraufgeschnürt. Mit nach unten nehmen kann ich es unmöglich. Ich halte an einem kleinen Laden an und versuche, nach den Lavatunneln zu fragen. Hier scheint keiner eine Ahnung zu haben. Oder verstehen sie mich nicht? Ich versuche pantomimisch einen Vulkan darzustellen. Hm, Krokodil ist leichter. Nachdem ich als Vulkan ausgebrochen bin, halten sie mich für bescheuert. Ich versuche es woanders. Es gibt ja genug Läden auf dieser Straße. Anstatt Vulkan zu spielen, versuche ich es nochmal mit Englisch. Aber wieder kein Erfolg. Ich hege den Verdacht, dass sie ihre Lavatunnel keinem Touristen preisgeben wollen. An einer Tankstelle frage ich einen Tankwart in einer Hängematte, bekomme aber nichts Konkretes heraus. Immerhin zeigt der hier mal in eine Richtung. Er will mich wohl nur schnell loswerden. Ich biege in einen schmalen Weg ein, der in die zuvor gezeigte Richtung führt. Ich knattere zwischen Zäunen und Hecken immer weiter ins Dickicht hinein. Der schmale Weg wird allmählich zu einem Pfad. Dann wird es interessant. Hier liegt Lavagestein als Grundstücksbegrenzung herum. Ich erreiche eine Kaffeeplantage. Hunde verbellen mich. Ich fahre weiter und sehe einen Mann. Er kommt zu mir und ich stelle den Motor ab. Zuerst schlägt er mit einem Stock auf seine Hunde ein, bis die jaulend abziehen, dann begrüßt er mich umso freundlicher. Nach der holprigen Begrüßung mit Sprachbarriere zeigt er mir seine Plantage. Ich bilde mir ein, viel über Kaffeebohnen zu lernen, erfahre aber, obwohl ich mehrfach auf die Lavasteine deute, nichts über die Lavatunnel.

Als ich wieder auf der Hauptstraße bin, versuche ich es nochmal beim Tankwart. Der sitzt inzwischen neben seiner Hängematte auf einem Stuhl. Ein gutes Zeichen. Vielleicht ist er jetzt gewillt, mir den Weg zu zeigen.

Diesmal deutet er in die entgegengesetzte Richtung. Ich überlege kurz, ob ich ihm Geld anbieten soll, verwerfe den Gedanken aber wieder. Ich fahre ein Stück weiter und frage in einem Laden. Da erfahre ich endlich etwas über den Teakwald, in dessen Nähe die Tunnel sein sollen. Er soll in oder bei einem Naturpark liegen. Ich habe große Zweifel, ob ich an mein Ziel komme, denn ich glaube, hier wussten sie nur mit Teakwald etwas anzufangen. Mag ja sein, dass es die hier überall gibt. Ich lasse mich darauf ein und fahre den beschriebenen Weg zum Naturpark. Als ich dort ankomme, werde ich fast vom Motorrad gerissen. Ich versuche zu fragen, aber man zeigt mir nur den Parkplatz und die Kasse. Ich will doch nur eine Auskunft! Keine Chance. Diese Leute scheinen schon lange keinen Besucher mehr in ihrem Park gehabt zu haben, der Parkplatz ist leer und man muss auch noch mit einem Boot über einen Fluss gefahren werden. Die Kasse liegt diesseits, der Park aber jenseits des Flusses. Bestimmt kostet die Rückfahrt extra. Ich beschließe keine Zeit zu verlieren und hinterlasse eine Staubwolke auf dem Kieselboden vor der Kasse. Auf dem Rückweg wird mir bewusst, wie viel Zeit ich bereits in Dinh Quan mit der Suche nach den Lavatunneln verbracht habe. Von Westen her wird der Himmel allmählich rot. Ich fahre eilig zurück in die Stadt. Als ich wieder auf der Landstraße vor der Stadt bin, sehe ich Kinder, die in einen Wald gehen. Ob das der besagte Teakwald ist? Sie winken mir zu. Ich bin hin- und hergerissen, aber es dämmert bereits. Ich will, selbst wenn es jetzt klappen würde, auf keinen Fall mein Motorrad zurücklassen. Ich beschließe, die Lavatunnel aufzugeben, und mache mich auf den restlichen Weg nach Saigon.

Ein Klotz am Bein

In Saigon angekommen, habe ich nur noch für vier Tage ein gültiges Visum. Verlängern möchte ich es nicht. Ich erinnere mich an Ryan, der mir erzählte, er habe erfolglos versucht, sein Motorrad über die Grenze nach Laos zu bringen. Das kann natürlich an der Grenze, die ich nach

Kambodscha überqueren will, ganz anders ausgehen. Man weiß es vorher einfach nicht an wen man gerät. Es gibt drei mögliche Versuchsausgänge: Erstens, es klappt, ohne dass die Grenzer etwas beanstanden. Zweitens, ich bekomme das Motorrad nur gegen eine mehr oder weniger hohe Zollgebühr aus Vietnam ausgeführt. In diesem Fall kann ich es mir ja dann an der Grenze überlegen. Drittens, ich kann es aus Vietnam ohne Beanstandung ausführen, werde aber an der Einreise mit Motorrad auf kambodschanischer Seite gehindert.

Machbar ist nur der erste Versuchsausgang. Bei zwei und drei habe ich ein Problem. Wenn ich mein Motorrad nicht aus Vietnam ausführen kann, bleibt mir kaum noch Zeit, es zu verkaufen und pünktlich auszureisen. Wenn ich zwischen den Grenzen stecken bleibe, weil die Ausfuhr aus Vietnam gelingt, ich aber bei der Einfuhr nach Kambodscha zur Kasse gebeten werde und man mir viel Geld abknöpfen will, muss ich entweder das Spiel mitspielen oder das Motorrad im Niemandsland zurücklassen. Zurück nach Vietnam kann ich dann nicht mehr.

Ich wäge ab und rechne mit fiktiven Zahlen. Am Ende entscheide ich mich, das Motorrad in Saigon zu verkaufen. Ich habe Glück und kann es nach einer zähen Verhandlung ohne Verlust für den Preis von 250 Dollar verkaufen. Der Haken am Geschäft: Der Schrauber, der es mir abkauft, will mir das Geld, obwohl Motorräder in US-Dollar verhandelt werden, in Dong auszahlen. Mit einem riesigen Bündel Geld in der Tasche kehre ich zurück.

Ein Besuch bei Dr. No!

In Kambodscha habe ich eine Begegnung mit Dr. No! So heißt mein Arzt. Der Einzige weit und breit in Phnom Penh, der auch Englisch spricht und sich damit brüstet, in Paris studiert zu haben. Naja, vielleicht war er mal in Frankreich und hat ein Krankenhaus gesehen.

Seine Praxis ist eine Garage. So etwas ist hier ganz normal! In Vietnam und Kambodscha ist alles in der Garage. Abends auch das Auto. Die

Häuser sind üblicherweise so gebaut, dass man über die Garage, also das Ladenlokal, Wohnzimmer oder eben die Arztpraxis, ins Haus gelangt. Am Abend kommt dann das Auto hinein und kann sich auf dem Plasmafernseher den neuesten Blockbuster aus Hollywood anschauen. Aber zurück zu Dr. No!

Eine Vitrine auf Rollen, die voller Arzneimittel ist, befindet sich am Eingang zur Garage – als eine Art Rezeption. Ich gehe hinein und bin allein. Nach einer Weile mache ich mich bemerkbar. Das Kind, das im Behandlungszimmer spielt – man kann durch eine Fensterscheibe vom Behandlungszimmer in die Warteraumgarage und umgekehrt blicken –, nimmt keine Notiz von mir. Ich rufe in den Flur hinein. Irgendwann erscheint eine ältere Dame.

»I want to see the doctor.«

Sie versteht mich und deutet an, dass Dr. No um fünf Uhr zurückkommt. Ich komme um halb sechs wieder, um seine Verspätung auszugleichen und nicht länger als eine halbe Stunde auf ihn warten zu müssen. Leider verpasst! Wie soll ich auch damit rechnen, dass der Arzt tatsächlich pünktlich ist, in einem Land, in dem Verspätungen von bis zu zwei Stunden normal sind. Am nächsten Tag bin ich pünktlich, und er ist da. Er bittet mich in der Wartezimmergarage Platz zu nehmen und ruft mich nach einer Weile auf. Ich erkläre ihm mein Leiden. Da ich auf einem Ohr plötzlich schlecht höre, aber keine Schmerzen habe, vermute ich einen Hörsturz nach den stressigen Abenteuerfahrten in Vietnams Verkehr.

Er schaut mir ins Ohr und sagt, ich habe eine Mittelohrentzündung. Kann sein. Schließlich bin ich durch die eiskalte Regenwolke in den Bergen bei Dalat gefahren. Ich erzähle ihm von der Wolke und der Erkältung, die ich davongetragen habe. Darauf erzählt er mir erstmal seine Geschichten aus Paris und vom Studium, um von seinen nicht richtig funktionierenden Instrumenten abzulenken. Das Licht an dem Instrument, mit dem er mir ins Ohr sieht, hat einen Wackelkontakt. Die Batterien habe er erst ausgetauscht! Er versucht es mit denen der Wanduhr. Dann geht es wieder. Steriles Tuch, einmal drüberwischen und wieder rein ins Ohr. Bevor er in das andere Ohr leuchtet, legt er das Instrument auf der Liege im Behandlungszimmer ab und erzählt Geschichten. Als er das Instrument wieder aufnimmt, nimmt er kein steriles Tuch mehr. Ich habe Bedenken. Er bleibt bei der Diagnose Mittelohrentzündung und meint, die Schmerzen kommen noch. Ich bekomme ein Rezept. Die Rechnung bekomme ich ebenfalls als Rezept. Er hat gerade seinen Rechnungsblock verlegt, lässt er mich lächelnd wissen. Dann fängt er wieder von Europa und Paris an. »Aua! Jetzt spüre ich die Schmerzen«, unterbreche ich seinen Monolog. Ich sollte jetzt besser schnell zur Apotheke gehen. Er kassiert noch rasch sein Geld und gibt mir zum Abschied einen nicht enden wollenden Händedruck, währenddessen er noch schnell eine weitere Anekdote aus Paris raushaut. Schließlich habe ich die Behandlung überlebt und bin wieder auf der Straße. Jetzt tut es auch gar nicht mehr weh!

Ich habe immer noch das Geld vom Motorrad in wertlosen Dong dabei, da ein Umtausch nicht mehr rechtzeitig funktioniert hatte. Endlich gelingt es mir, einen Reisenden, der auf dem Weg nach Vietnam ist, zu überreden, mir meine zweieinhalb Millionen Dong gegen Dollar abzukaufen.

Kambodscha – Ein Traum oder Trauma

Die Schreckensherrschaft der Roten Khmer, die 1975 die Macht in Kambodscha erlangten, mündete in einem beispiellosen Massenmord an der eigenen Bevölkerung. Bis 1978 sollen den Roten Khmer bis zu 2,2 Millionen Kambodschaner zum Opfer gefallen sein. Besuche im Tuol-Sleng-Genozid-Museum, dem ehemaligen Foltergefängnis S-21, oder auf den Killingfields sind äußerst bedrückende Erlebnisse. Eine zweifelhafte Touristenattraktion ist die Möglichkeit, selber mit Handfeuerwaffen und Maschinengewehren zu schießen. Das gab es auch in Vietnam bei den Tunnelsystemen vor Ho-Chi-Minh-City. Aber auf eine Kuh mit einer Bazooka zu schießen und dabei zuzusehen, wie sie bei einem Treffer explodiert, kann man nur hier. Ich frage mich, wer so etwas machen will.

Aber es muss solche Menschen geben, sonst wäre das Bazookaschießen nicht im Programm.

Ein anderer Ausflug beinhaltet den Besuch eines der kleineren Freilichtmuseen, das auf dem Weg zum Tonle-Sap-See liegt. Mit viel Galgenhumor erzählt der hinkende, ältere Mann, der uns über das Museumsgelände führt, was diese auffällige Beule an seinem rechten Oberschenkel ist. »Schrapnell! Wurde nie entfernt!«
Nach all den Jahren hat es der Körper sozusagen »adoptiert« und eine Hülle aus Knorpel drum herum gebildet, erzählt er weiter. Dann lacht er, weil wir alle so bestürzt auf die Beule blicken. Er zieht die Hose wieder hoch und sagt:
»Das ist immer noch besser als das andere Bein!«
Er krempelt sein linkes Hosenbein hoch. Darunter kommt eine historisch anmutende Holzprothese zum Vorschein. Er lacht wieder! Uns, der Gruppe von Touristen, die er führt, bleibt das Lachen im Hals stecken. Als wir um sämtliche Kanonen und verrostete Panzer dieses Kriegsmuseums herumgeführt worden sind, sitzen wir wieder im Bus. Von meinem Fenster aus sehe ich eine Frau, die mit einem in Decken gewickelten Baby an der Pforte sitzt. Sie bettelt. Das Baby hat einen Kopf von mindestens 30 Zentimetern Durchmesser. In der Mitte gucken zwei kleine Äuglein mit leerem Blick aus dem Ballon heraus.
Erst als wir auf einem Parkplatz am Tonle-Sap-Fluss ankommen, lassen mich die trostlosen Augen endgültig los. Mit einem Boot geht es auf eine lange Fahrt auf dem Fluss, bis wir an der Mündung des Sees ein schwimmendes Dorf erreichen. Dort werden wir, wie es sich für eine Touristentour gehört, an einem schwimmenden Waisenhaus vorbeigeführt, auf dessen gegenüberliegender Flussseite wir bei einem Reiskontor anlegen. Ein sehr wohlgenährter Kambodschaner mittleren Alters erzählt uns von den armen Waisenkindern, die uns wie bestellt kurz zuwinken, um sofort wieder vergnügt ihrem Fangspiel nachzugehen. Er bietet uns an, zu einem besonders günstigen Preis einen Sack Reis zu erwerben, den wir dann zu den hungernden Kindern hinüberfahren dürfen. Alle sind skeptisch. Als sich abzeichnet, dass keiner von uns den Mann mit dem Kullerbauch noch

runder machen will, werden wir sofort zurück aufs Boot verfrachtet und weitergefahren. Der nächste Programmpunkt steht an. Der Sonnenuntergang naht. Als wir davonfahren, sehe ich dabei zu, wie unser Boot den Fluss hinter uns in der Mitte zu zerschneiden scheint und die abgeschnittenen Wasserteile in Wogen den jeweiligen Uferseiten zueilen. In der Ferne das Waisenhaus, und ich sehe dabei zu, wie die ersten »Waisenkinder« auf kleinen Booten, von ihren Eltern abgeholt werden. Alles nur Theater! Dann geht die Sonne über dem See unter und alle machen Fotos.

Die Delfine vom Mekong

In Kratie geht es ruhig zu. Sehr ruhig! Hier kann man im Mekong River Süßwasserdelfine sehen. Ich fahre mit zwei Engländern, die ich am Vorabend beim Turmbau zu Kratie, dem Stapeln von ausgetrunkenen Bierdosen, kennengelernt habe, auf gemieteten Fahrrädern hin. Man muss eines dieser Boote chartern, die einen dann rausbringen, und vorsichtig rudernd versuchen, sich möglichst lautlos den Delfinen zu nähern. Weil die Boote nicht gerade billig sind, versuchen wir erst mal eine Extratour und fahren noch ein Stück weiter. Am Flussufer sehen wir ein paar Jungs auf einem Kahn und versuchen, sie mit Dollarscheinen winkend dazuzubringen, uns hinauszufahren. Aber der Versuch schlägt fehl. Sie wissen, dass sie richtig Ärger mit den Großen bekommen, wenn sie das machen. Dann also doch zurück zu den Touristenbooten, auch wenn ein Großteil des bezahlten Geldes nicht bei den Anwohnern des Dorfes ankommen dürfte. Immerhin haben wir das Boot für uns drei alleine. Wenig später sind wir weit draußen auf dem großen Fluss.

»Wie Sie sehen, sehen Sie nichts!«

Das kommt davon, wenn drei Dummköpfe versuchen, in einer Stunde auf dem Mekong ein ebenso gelungenes Bild zu knipsen wie der Werbefotograf, der dafür zwei bis drei Tage am frühen Morgen mit riesigen Teleobjektiven am Ufer gesessen hat. Als wir einsichtig werden und das Fotografieren aufgeben, können wir es endlich genießen. Die Delfine tauchen immer nur für etwa eine Sekunde an der Oberfläche auf und man weiß nie wo. Es ist echt schwer, da ein gutes Bild hinzubekommen. Wir haben daraus gelernt.

Bestechung will gelernt sein

Zurück in Phnom Penh, warten mit mir zwei weitere Reisende auf den Bus. Adrien, ein Franzose, und Alex aus Kanada. Da wir dieselben Pläne haben, beschließen wir, gemeinsam weiterzureisen. In der kleinen Stadt Kampot erleben wir herrliche Tage in unserem Hostel am Fluss und verbringen die Zeit mit Tischtennis und Rollerausflügen.

Es ist Sonntag. Adrien, Alex und ich wollen auf dem Markt die lokale Spezialität Kampot-Pfeffer einkaufen, um ihn zusammen mit anderen Dingen als Weihnachtsgeschenk nach Hause zu schicken. Auf dem Weg dorthin sehen wir ungewöhnlich viel Polizei bei Verkehrskontrollen und passen unsere Fahrt auf unseren Motorrollern an. Zum Markt geht es links in eine Straße hinein. Wir biegen ab und suchen einen Platz direkt vor den Ständen. Kaum abgestiegen und die Helme abgenommen, werde ich angesprochen. Keine fünf Meter neben uns steht ein uniformierter Mann mittleren Alters und streckt mir seinen Bauch, auf dem die Hemdknöpfe dem Platzen nahe sind, entgegen. Mit überlegen gelassener Stimme spricht er mich an. Angeblich bin ich in einer Einbahnstraße in die falsche Richtung gefahren. Ich antworte ihm, dass es kein Schild gab. Er deutet irgendwohin, ein Schild sehe ich aber nicht. Ein Schild, das man nicht sehen kann, ist nicht da. Dann grummelt er:

»If you do a mistake, you have to pay!«

Ich deute auch mal in die Richtung, wo sein Schild stehen soll, und entgegne ihm, dass da gerade jetzt wieder drei Autos und etwa zehn Motorroller hineinfahren. Ich als Tourist, der die lokalen Gegebenheiten nicht kennt, orientiere mich an den anderen Verkehrsteilnehmern. Also! Er kommt schon ins Stottern, will aber von der Idee, mich abzukassieren, nicht abrücken. Ich frage ihn, warum er nicht die Einheimischen anhält,

die höchstwahrscheinlich wissen, dass es ein Schild gibt. Es geht noch eine Weile hin und her. Dann frage ich ihn herausfordernd, was es denn kosten soll. Er kommt mit fünf Dollar für jeden von uns. Ich muss schon schmunzeln und denke mir:
»Du bist mir zu billig.«
Ich höre meine innere Stimme schon mit dem Gag herausplatzen: »Unter zehn mach ich's nicht«, kann mich aber beherrschen und fange an zu feilschen. Am Ende bezahlen ich und die beiden anderen ihm je einen Dollar und es ist uns dazu noch gelungen, ihm die Aufsicht für unsere Motorroller aufzuschwatzen. Wir gehen auf den Markt Kampot-Pfeffer einkaufen, während unser Parkwächter seine drei Dollar zählt und auf die Roller aufpasst.

Autofahrt nach Sihanoukville

Als wir unsere Bustickets in den Händen halten, glauben wir immer noch nicht so recht daran, dass wir heute wirklich aus Kampot wegkommen. Die Motorroller haben wir zurückgegeben und sind in unserer Mobilität von nun an wieder eingeschränkt. Der Kleinbus nach Sihanoukville, mit dem wir eigentlich fahren wollten, ist bereits voll und ob ein weiterer fährt, ist unklar. Nicht weit von der Reiseagentur gibt es ein kleines Restaurant, in dem Kokosnüsse verkauft werden. Wir gehen hin und kurz darauf schlürft jeder eine aufgeschlagene Kokosnuss gegen die Ungewissheit. Eine halbe Stunde später stehen Adrien, Alex und ich wieder im Büro der Reiseagentur und bekommen erneut keine brauchbare Antwort. Bei der Konkurrenz sieht es ähnlich aus. Entweder haben sich die paar Touristen in Kampot zufällig alle heute entschieden, nach Sihanoukville zu fahren, oder es stimmt irgendetwas nicht mit den Bussen. Vielleicht haben sie gar keine? Der zweifelhafte Manager vertröstet uns und greift zum Telefon.

Es folgen mehrere Telefonate, die bei ihm alle mit demselben Gesichtsausdruck enden. Uns bittet er immer wieder, Geduld zu haben. Alles sei in Ordnung. Ein weiteres Telefonat endet mit einem Lächeln. Als er auflegt, sagt er uns, wir können mit einem privaten Fahrer im Auto nach Sihanoukville mitfahren. Unsere Bustickets gelten jetzt dafür. Die Unannehmlichkeit an dieser Fahrt: Das Auto sei eigentlich schon voll. Aber er kann uns die gesamte Rückbank exklusiv buchen. Die einheimischen Fahrgäste sitzen dann eben alle vorne. Wir erklären uns damit einverstanden und nach weiteren zwanzig Minuten steht eine schäbige silberne Limousine am Straßenrand. Der Fahrer hat es sichtlich eilig. Kaum hat er den Wagen geparkt, steigt er mit schweißnassem Hemd aus, öffnet den Kofferraum und quetscht unsere Rucksäcke hinein. Beim Schließen des Kofferraums muss er sich mit all seinem Übergewicht auf die Klappe stützen. Zwei der anderen drei Fahrgäste steigen von der Rückbank um nach vorne, wo sie sich zu dritt auf den Beifahrersitz quetschen. Wir nehmen auf der Rückbank Platz und schon geht die Fahrt los. Nach kaum einem Kilometer geht vorne das Gerutsche los. Sie diskutieren eine Weile, dann sitzt die jüngste Mitfahrerin zur Hälfte auf dem Rand des Fahrersitzes und zur anderen Hälfte auf der Handbremse. Den Schalthebel hat sie zwischen den Beinen. Immer wenn er schalten muss, beginnt die »Reise nach Jerusalem« auf den Vordersitzen von Neuem. Von der Rückbank aus kann man nicht nach vorn auf die Straße sehen, aber es geht voran. Stunden später erreichen wir unser Ziel.

Da Sihanoukville, abgesehen von Party, nicht allzu viel zu bieten hat, nehmen wir noch am selben Tag ein Boot und setzen über nach Koh Rong.

Koh Rong

Die Bootsfahrt dauert zwei Stunden und außer einem kurzen Halt auf der Nachbarinsel Koh Rong Sanloem passiert nicht viel. Auf Koh Rong gibt es außer dem Backpackerdörfchen, wo wir schließlich anlanden, noch drei weitere kleine Dörfer. Es gibt hier weder Straßen noch motorisierte

Gefährte an Land. Sehr sympathisch das Ganze. Die Häuser sind allesamt aus Holz gebaut und es geht noch ein Vielfaches gelassener zu als auf dem Festland, wo Geschäftigkeit auch gern der Gemütlichkeit nachzugeben scheint. Auf der Insel wird man vom Boot direkt in ein offenes Haus begleitet und dort gebrieft, wie man sich auf der Insel verhalten soll. Hier erfährt man, was man machen darf und was auf keinen Fall. Recht so, dass man versucht, die Insel so zu bewahren, wie sie ist, aber es kommt mir doch etwas seltsam vor. Die Vorstellung hat den Anstrich, als ob die Weißen, die schon länger da sind, diejenigen Weißen, die gerade ankommen, belehren wollen, dass diese noch einigermaßen ursprüngliche Insel unbedingt als solche erhalten und möglichst unbetreten bleiben soll. Was machen die dann hier? Uns wird Angst vor giftigen Schlangen eingeflößt, sodass wir auf den erlaubten Wegen bleiben und die verbotenen nicht betreten.

Danach werden wir allerdings für den Rest unseres Inselaufenthaltes in Ruhe gelassen. Im billigsten der Hostels hat man nichts dagegen, dass wir zu dritt nur ein Bett beziehen. Besser gesagt beziehen es unsere Rucksäcke, denn wir ziehen, nachdem wir unsere Wertsachen herausgenommen und uns mit Essen und Trinken für den Abend eingedeckt haben, den Strand entlang, um dort irgendwo die erste Nacht unter freiem Himmel zu verbringen.

Die Strände auf Koh Rong sind so weiß, dass sie uns die Sicht blenden. Dass es an der kurzen Küste Kambodschas überhaupt Inseln gibt, wusste ich vorher gar nicht. Jedenfalls wird uns schon in den ersten Stunden auf Koh Rong klar, die Insel ist ein Paradies. Noch! Denn internationale Hotelketten haben bereits Verhandlungen mit der Regierung Kambodschas aufgenommen, um aus dem Paradies ein mit Hotelburgen bebautes Tourismuszentrum zu machen. Man wird es sehen, wenn man in ein paar Jahren noch mal hierher kommt. Vielleicht werden an den Endpunkten jener Wege, die wir wegen der Giftschlangengefahr und aus Rücksichtnahme auf die einheimische Bevölkerung nicht betreten sollen, bereits neue Luxusresorts gebaut.

Wir kommen an einem kleinen, aber sehr interessanten Resort vorbei. Hier stehen viele meterhohe Baumhäuser.

In der Nähe des Äquators geht die Sonne viel schneller unter als auf der nördlichen oder südlichen Hemisphäre. So kommt es, dass wir eben noch Sonnenbrillen brauchten und jetzt die blutrote Sonne, die sich in den bei Ebbe entstandenen Pfützen im Meer spiegelt, fotografieren. In einiger Entfernung kommt ein Fischer mit einer Reuse über der Schulter und etwas Rundem in der Hand übers trocken gefallene Meer in Richtung Strand. Unsere Wege kreuzen sich, als er den Strand erreicht. Das runde Etwas in des Fischers Hand entpuppt sich als ein gewaltiger Kugelfisch. Bestimmt 30 auf 20 Zentimeter groß. Wir dürfen das Tier fotografieren. Er legt es in den Sand. Mist! Autoblitzlicht ist bestimmt eine Tortur für das Tier, aber die Sensationslust, muss ich zugeben, ist in diesem Moment größer und lässt meine Zweifel verstummen. Ich mache Fotos. Ob der Fisch seine verblitzten Augen oder sein langsames Ersticken mehr bedauert, weiß ich nicht. Enden wird er jedenfalls im Kochtopf des Fischers. Hoffentlich weiß der ihn zuzubereiten.

Als wir ein schönes Plätzchen gefunden haben, hängen wir unsere Hängematten auf und machen ein kleines Feuer. Einen Wachhund haben wir auch bekommen. Der ist uns auf halber Strecke zugelaufen und bei uns geblieben. Er leistet uns einen guten Dienst und vertreibt ein Pärchen, das sich unserem Platz nähert. Als sie verschwunden sind, bleibt es für die restliche Nacht ruhig.

Am anderen Morgen kehren wir ins Backpackerdorf zurück, um von dort aus auf die andere Inselseite zu wandern. Wir halten uns an die Wegvorgaben und finden uns am Soc San Beach, einem acht Kilometer langen perlweißen Strand wieder. Tagsüber sind wir nicht alleine am Strand. Wir errichten unser Lager nur einen Kilometer weit von der Stelle, wo Einheimische den Touristen mit einem Boot herbeigebrachte Bierdosen und Eiswürfel verkaufen, und sind ungestört. Nachts wird der Strand sehr einsam. Außer unserem Feuer lodert noch eines etliche Kilometer weiter den Strand hinauf. Wir vertreiben uns die Zeit damit, Krabbenrennen im Sand zu veranstalten, genießen die Stille und schauen in die sternenklare Nacht hinauf. Es gibt nichts Besseres.

Nach drei Tagen auf Koh Rong verabschieden wir uns voneinander und jeder geht seine eigenen Wege.

Angkor

Von Koh Rong geht es mit dem Schiff zurück nach Sihanoukville und von dort in einem Nachtbus nach Siem Reap. Ich habe mir mal den Bus mit der Einzelschlafkabine gegönnt. Pustekuchen! Da liegt schon einer. Peter wundert sich genauso, dass wir die Komfortkabine teilen sollen. Ich bin nicht sehr groß, aber mein Kopf stößt an das eine Ende und mit meinen Fersen drücke ich ans andere Ende der Komfortkabine. Ich kann sogar die Knie durchdrücken. Die rasten regelrecht ein und ich bin auch ohne Gurt gegen Verrutschen gesichert.

Die Kabine ist nur etwa einen Meter breit, wir dafür zu zweit. Von oben werden wir zusätzlich durch die Ritzen der Klimaanlage schockgefrostet. Wir witzeln über unsere beklemmende Situation.

»Die wollen unsere Körper einfrieren und an die chinesische Organmafia verkaufen!«, flüstert mir Peter zu. Doch nach monatelanger Reise bin ich vorbereitet. Ich summe das Titelthema meiner Jugendserie Mac

Gyver und öffne selbstbewusst meinen Tagesrucksack. Eines der wichtigsten Gepäckstücke meiner Reise bringt Abhilfe gegen die Einfrierung bei lebendigem Leib. Klebeband! Viele Stunden später erreichen wir Siem Reap, den Ausgangspunkt zu den Ruinen von Angkor Wat.

Wenn man das Ticket am Abend kauft, dann bekommt man das Ticket für den Folgetag, kann aber bereits zum Sonnenuntergang hinein. Dass ich im Laufe der vergangenen Zeit teilweise doch an meiner unstillbaren Neugier verloren habe, Sehenswürdigkeiten zu besuchen, merke ich, als ich bei Sonnenuntergang zum ersten Mal vor dem Angkor Wat stehe.

»Irgendwie hab ich's mir größer vorgestellt!«

Trotzdem bin ich begeistert und fahre am folgenden Tag mit dem Fahrrad durch den riesigen Komplex um Angkor Wat. Ich sehe mir vom frühen Morgen bis zum Abend die Ruinen vom Bayon und Ta Prohm und sämtliche andere Ruinen an. Meine Neugier ist wieder erwacht.

Malaysia ist ein recht gut entwickeltes Reiseland. Es ist durch die Nähe zu Singapur und Kuala Lumpurs Flughafen, welche wichtige Verkehrsknotenpunkte in Asien sind, ein prima Hub und eignet sich besonders gut für sogenannte Visa-Runs. Bei jeder Einreise erhält man einen Stempel und kann für 90 Tage bleiben, ehe man zumindest für einen Tag das Land verlassen muss. Der Stempel ist kostenlos. Das Einzige, was einen daran stören könnte, ist die Tatsache, dass der Ausreisestempel einen großen dreieckigen Abdruck im Pass hinterlässt. Je nachdem, wie die Grenzbeamte stempeln, ist eine ganze Seite im Reisepass mit nur zwei Ein- und Ausreisen voll. Ein Ärgernis für so manchen Langzeitreisenden, das bei gewöhnlichen Touristen eher zu Schulterzucken als zum Anlass einer leidenschaftlichen Diskussion führt. Man bedenke, wie lange die Beantragung eines neuen Reisepasses dauert und wie viel er kostet. Wenig dekorativ sind die Stempel Malaysias übrigens auch.

Thaipusam

Das Thaipusam ist eines der wichtigsten Hindufeste. Es gibt jede Menge Inder in Malaysia. Das Thaipusam wird bei Vollmond im Monat Thai – Januar/Februar – vor allem von Tamilen gefeiert. Pusam bezieht sich auf einen Stern, der dann hoch am Himmel steht. In der Mythologie haben da Dämonen gegen Himmelswesen gekämpft und die Himmelswesen haben immer verloren und dann einfach Shiva um Hilfe gebeten. Hätte ich nicht anders gemacht. Damals war halt noch was los!

In der ganzen Stadt sieht man Inder in kleinen Gruppen. Die Männer sind oft im Gesicht gepierct und fast alle tragen goldene oder silberne Gefäße mit Milch darin auf ihren Köpfen oder in den Händen. Sie kommen von überall her und gehen in Richtung des hinduistischen Heiligtums auf dem Berg. Dorthin sind auch wir unterwegs. Wir, das ist ein zufällig mit gleichem Interesse zusammengekommener Haufen Reisender, die alle im selben Hostel wohnen. Es ist einfach praktisch, allein zu reisen und doch an so ziemlich jedem Ort seine Leute für gemeinsame Unternehmungen zu finden. Daher suche ich mir nach Möglichkeit immer Hostels zum Übernachten aus und gehe nur wenn nötig in Hotels, in denen die einzelnen Gäste eher unter sich bleiben.

Wir erreichen einen der zahlreichen Hindutempel in der Altstadt von Georgetown. Ein Tempelpriester lehnt am Eingang und wartet. Eine kleine Gruppe Gläubiger bereitet sich mit einer großen Anzahl von Kokosnüssen auf irgendeinen religiösen Akt vor. Dann geht es los. Sie werfen die Kokosnüsse mit großer Wucht auf den Steinboden vor dem Tempeleingang, bis sie alle zertrümmert haben und der Boden von Kokosmilch getränkt ist. Ich habe keine Ahnung, was das zu bedeuten hat, aber es ist unterhaltsam anzusehen. Schließlich gehen wir weiter, als die Gruppe gläubiger Hindus im Inneren des Tempels verschwindet. Wir gehen durch die gesamte Altstadt, bis es konstant leicht den Berg hinauf geht. Hier sind überall Wohnhäuser, die Straßen breit und meistens gibt es weder Gehwege noch Grünstreifen neben der Fahrbahn, sondern einen Graben von fast einem Meter Tiefe. Die Autos fahren wieder sehr nah und ohne jegliche Rücksicht an uns vorbei. Es nervt! Aber wir erreichen unbeschadet das Festgelände. Es handelt sich zunächst nur um eine lange, recht breite Straße, auf der unzählige Zelte aufgebaut sind. Es gibt überall zu essen und zu trinken. Wir stärken uns und sehen uns an, was es noch alles gibt. Immer wieder stehen Götzenstatuen und reich verzierte Wagen auf oder am Rand der Straße. Je weiter wir gehen, umso exotischer wird, was wir sehen. Es mutet magisch an.

Wir sehen Männer und Jugendliche, die sich 30 Zentimeter lange Nadeln durch die Wangen und Lippen stechen lassen und dabei nicht mal bluten. Fasziniert bleibe ich stehen und beobachte das Ganze. Im Kreis stehen die gelb gekleideten Männer und rufen mantraartige Worte aus, um jenen, die gepierct werden, in Trance zu verhelfen. Der Priester oder derjenige, der die Zeremonie leitet, kalkt dem in Trance Gefallenen, der mit betenden Händen und geschlossenen Augen vor ihm steht, den Mundraum und die Wangen von außen. Dann reibt er auch die Nadel ein. Sie ist etwa drei Millimeter dick, vorne spitz und am Ende geformt wie Shivas Trishula, der Dreizack. Der Spieß wird vom Priester mit der rechten Hand ohne Zögern durch die Wange gestoßen, während die linke Hand von innen gegen die Wange drückt. Es ist beeindruckend. Die Gepiercten verziehen dabei keine Miene. Das Verrückte daran ist, es fließt kein Tropfen Blut. Als Nächstes ist ein ganz junger Kerl an der Reihe. Die gleiche Prozedur beginnt. Als der Priester den Spieß ansetzt, lässt der sich nicht gleich durchstoßen. Der Priester dreht den Spieß im Kreis, bis er ganz durch ist. Dann geht der Junge zur Seite und lässt Wasser aus einer Flasche in seinen Mund laufen. Er spuckt es aus, und auch hier ist kein Blut im Wasser.

Das ganze Fest hat wirklich etwas wunderbar Übersinnliches. Andere Gläubige sehen aus wie Christbäume. Sie sind von oben bis unten mit silbernen Kugeln behangen, die natürlich auch in der Haut verankert sind. Wir sehen auch viele, die eine Art Korsett mit Gottfigur obendrauf tragen. Dieses Korsett wird durch Speere, die im Körper stecken, gehalten. Am meisten beeindrucken mich allerdings diejenigen, die wie Ochsen vor einen fahrbaren Schrein gespannt sind. Sie haben zahlreiche große Haken, die an Fleischerhaken erinnern, im Rücken stecken, an denen dünne Seile befestigt sind. Die Seile wiederum sind am fahrbaren Schrein festgemacht und unter Spannung. Die menschlichen Ochsen stehen vor dem Wagen, haben die Arme vor der Brust verschränkt und lehnen sich mit dem ganzen Körpergewicht nach vorne, sodass die Haut am Rücken stark gespannt ist und zu reißen droht. Aber sie hält. Natürlich verziehen auch die menschlichen Ochsen dabei keine Miene. Eine musikalische Einlage startet und unter Trommelschlägen setzt sich das Gespann in Bewegung. Die drei ziehen in größter Anstrengung den schweren Wagen die gesamte Prozessionsstraße hinauf. Auch das wieder ganz ohne Blut.

Entlang der Prozessionsstraße stehen auch einige der bunten Tempel, wie sie die Tamilen bauen. Wir gehen in einen hinein, soweit wir dürfen. Gläubige bringen Opfergaben in Silber- und Goldvasen an das Heiligtum heran. Meist eine Statue der jeweiligen Gottheit, der der Tempel geweiht ist. Die Opfer, meist in Kuhmilch dargebracht, werden beim Gebet über die Statue geschüttet. Dann werden auch Blüten über die Statue gestreut.

Als wir das Ende der Prozessionsstraße erreichen, finden wir uns auf einem völlig überfüllten Platz wieder, von wo aus zwei Treppenaufstiege zum wichtigsten Tempel hinaufführen. Auf der einen Treppe steigen Gläubige dicht gedrängt und sehr langsam hinauf, auf der anderen kommen sie viel zügiger herunter. Uns schreckt das Tempo, in dem es hinaufgeht. Einmal auf der Treppe, ist Umkehren nicht mehr möglich. Der Tempel ist weit oben, es ist nicht abzuschätzen, wie lange der Aufstieg dauern wird. Dennoch gehen wir nach einer kurzen Teepause los. Auf der Treppe höre ich Frauen dieses Mantra sprechen, das wie ein mit starkem indischen Akzent ausgesprochenes englisches »Railway« klingt. Auf der Treppe hat man Zeit, um tolle Landschaftsaufnahmen zu machen. Es geht noch viel langsamer vorwärts als angenommen. Aber auch der längste Weg hat ein Ende und irgendwann sind wir oben. Fast oben! Direkt unterhalb des Tempelplateaus gibt es einige kleinere Plattformen, wo sich der Andrang teilt. Wer in den Tempel hinein will, bleibt im Stau, und wer sich mit dem Tempelplateau begnügt, kann weiter. Ich beobachte Touristen, die jeden Pilger, der die

Treppe hinaufkommt, ohne sich um dessen Befindlichkeiten zu kümmern, fotografieren. Man sollte vorher fragen. Es kommt vor, dass man eine Abfuhr bekommt. Aber viele willigen ein und posieren geduldig, bis man sein Foto gemacht hat. Es geht weiter im Stau. Für die Pilger gibt es eine Art Expresslinie, über die sie schneller in den Tempel hineinkommen. Für alle anderen geht es in Minischritten weiter wie vor einer der Achterbahnen im Europapark. Ich hätte mir ein Buch mitbringen können. Im Tempel geht dann auf einmal alles ganz schnell. Kaum ist man drin, wird man auch schon wieder ausgeleitet. Wer fotografieren will, hat alle Mühe, denn überall steht Personal, welches einen in Bewegung hält. Auf dem Tempelplateau ist es ohnehin schöner. Hier springen Kinder in farbenfrohen Kleidern umher und sorgen für gute Laune, weil sie zu jedem hinlaufen und lachen. Die Aussicht hier oben übertrifft alles. Von hier aus kann man ganz Georgetown, einen Teil Penangs und die Küste des Festlandes sehen.

Als wir wieder unten auf dem Platz angekommen sind, wird es allmählich dunkel. Jetzt erstrahlt die reich geschmückte Straße als buntes Lichtermeer. Wie von einem Blitz wird unsere Gruppe von einheitlich gekleideten Männern getrennt. Sie schieben sich wie ein Keil von rechts nach links hinüber auf den Eingang eines größeren Gebäudes zu. Wir werden immer weiter voneinander getrennt. Ein Durchkommen ist nicht mehr möglich. Dann Bodyguards und in ihrer Mitte ein in einer Art weißem Nachthemd gekleideter älterer Mann.

»This is the prime minister!«, erzählt mir ein Passant.

Der ereignisreiche Tag neigt sich langsam seinem Ende zu, und wie wir die Straße langsam zurückgehen, wächst in mir der Wunsch, auf dieser Reise unbedingt Indien zu besuchen.

Gong Xi Fa Cai

Wir schreiben das Jahr des Pferdes.

Das chinesische Neujahrsfest findet immer zwischen Ende Januar und Ende Februar statt. Im Jahr 2014 war es am 31.01. so weit. Das Jahr des Pferdes brach an. Des »Holzpferdes«, um genau zu sein. Das schreibt sich so: 甲午 Easy, oder? Abgelöst wurde es am 19. Februar 2015 vom Holzschaf. Noch Fragen?

Ich habe die Ehre, bei einer Neujahrsfeier im familiären Kreis eines Freundes dabei zu sein. In Malaysia leben besonders viele Chinesen an der Nordwestküste der Halbinsel. Eigentlich überall im Westen der Halbinsel. Man glaubt gar nicht, was chinesische Mittelstandsfamilien für einen kitschigen Kram einkaufen, um das neue Jahr zu feiern. Alles aus Plastik und irgendwie geschmacklos.

Dann die Feierlichkeiten mit viel Essen und viel Bier. Am besten, man kauft auch einfach viel Bier. Dann macht man nichts falsch, jedenfalls nicht bei dieser Familie. In diesen Tagen lerne ich unheimlich viel dazu. Chinesen sind auch furchtbar abergläubisch. Man darf zum Beispiel während des gesamten Festes keine neuen Schuhe kaufen! Das bringt Unglück.

Ich werde von allen weiblichen Familienangehörigen, mit Ausnahme der Kinder – wegen der Kinder musste ich meinen Bart abrasieren, das macht ihnen Angst und dann weinen sie – mit »Hong Bao« beschenkt. Der Hong Bao ist ein roter Umschlag, der Geld enthält. Einen Hong Bao bekommt man mit beiden Händen überreicht und man muss ihn auch mit beiden Händen annehmen. Alles andere wäre fürchterlich unhöflich. – Zu Tisch laut furzen oder rülpsen ist aber okay. Grundlos rumschreien geht auch. – Man sagt dann »Gong Xi Fa Cai«, was so viel heißt wie »Mögest du reich werden«. Hong Baos werden auch bei Geburten und Hochzeiten verschenkt. Am teuersten kommt ein Hong Bao jenen zu stehen, die einen verschenken müssen, weil sie auf einer Hochzeit eingeladen sind. Dann kann man die Wünsche »Mögest du reich werden«

echt gebrauchen. Hong Baos bei Hochzeiten machen nämlich arm. Zum Glück ist nur Neujahr.

Nach dem 30. und 31. Januar geht die Neujahrsfeier erst richtig los. Der familiäre Teil ist abgeschlossen und man macht sich am besten auf nach Georgetown, um das Holzpferd auf der Straße zu begrüßen. Dort findet unter vielen tollen Aufführungen auch der Löwentanz auf Stelzen statt. Ich habe schon einmal in Phnom Penh eine Probe durch einen Gitterzaun gesehen. Staunend wie ein Kind stand ich, das Gesicht zwischen den rostigen Eisenstäben hindurch gepresst da und schaute zu, ohne zu wissen, worum es sich dabei handelte. Beim Löwentanz auf Stelzen sind die Akteure Teenager und junge Erwachsene. Der Kleinere, keine 50 Kilo schwer, wird vom Größeren oft auf den Schultern getragen. So springen sie dann einen festgelegten Parcour von Stelze zu Stelze, während der kleinere den Löwenkopf bedient. Jedes Augenblinzeln und Wackeln mit den Ohren oder Aufreißen des Mauls ist auf den Trommelschlag genau einstudiert. Fantastisch gut! Bis hin zu den akrobatischen Leistungen, denn die sind, wird der gesamte Tanz aufgeführt, unglaublich. Manchmal stürzen sie auch ab. Aber das tut der Show keinen Abbruch, sondern zeigt nur, wie schwierig das Ganze ist.

Myanmar

Myanmar liegt zwischen Indien und Thailand. Im Norden grenzt es an China. Die meisten Grenzen sind nach wie vor für Touristen geschlossen oder nur mit großem bürokratischem Aufwand passierbar. Wenn man, wie ich, mit dem Flugzeug ein- und ausreist, gibt es keine Probleme. Das Land ist auch bekannt als Burma und Birma. Die Burmesen sind die größte ethnische Gruppe im Land. Staatsreligion ist der Buddhismus. Außerdem leben im Land viele Hindus und Muslime. Bei den Nachwahlen 2012 durfte erstmals seit 1990 die »Nationale Liga für Demokratie« bei offiziellen Wahlen teilnehmen. Die Militärjunta, die seit dem Militärputsch

1962 das Land und seine Bevölkerung unterdrückt, ist noch immer an der Macht, wenn auch inzwischen in Anzüge statt Uniformen gekleidet. Im ganzen Land gibt es täglich Stromausfälle. Die täglichen Ausfälle dauern oft eine ganze Stunde. Manchmal bleibt das Land sogar mehrere Stunden am Stück ohne Stromversorgung. Es mag verwundern, dass es in diesem Land fast an jedem noch so kleinen Ort einen Internetzugang gibt. Allerdings sollte man nicht zu viel erwarten. In Myanmar sollte die Frage nicht: »Gibt es Wi-Fi?« lauten, sondern: »Funktioniert es?«

An Yangon fällt mir gleich am ersten Abend auf, dass es keine Straßenbeleuchtung gibt. Hier bei Nacht auf die Straße zu gehen, ist echt spannend, denn die vielen Autos und Mopeds, die unterwegs sind, fahren natürlich alle, wie überall in Asien, immer mit Fernlicht. Klare Logik für Menschen, die ihre Führerscheine kaufen, anstatt diese in einer Fahrschule mit Prüfung zu machen: »Mehr bringt mehr.« Dass sie so überhaupt nicht sehen, was sich auf der Straße direkt vor ihnen befindet, stört keinen. Und dass Fußgänger überhaupt nichts mehr sehen, merkt man ja nicht, wenn man noch nie selber irgendwohin zu Fuß gegangen ist. Das Zu-Fuß-Gehen steht allgemein nicht hoch im Kurs. Wer die Möglichkeit zum Fahren hat, tut es. Ganz egal wohin. Selbst wenn es nur auf die andere Straßenseite gehen soll. Im ganzen Land wird rechts gefahren, aber auch rechts gesteuert. Dafür aus Bussen links ausgestiegen. Auch das ist spannend.

Die Burmesen sind das ehrlichste Volk, mit dem ich bisher in Berührung gekommen bin. Allerdings dürfte sich die große »Unschuld« der bis vor einigen Jahren weitgehend von der Außenwelt isolierten Menschen in den nächsten Jahren auf die schwer erreichbaren Gebiete reduzieren. Man merkt es bereits überall, wo Touristen hinkommen, wie Abzocktricks aus Thailand übernommen werden. Sei es ihnen gegönnt, sich auch ein Stück von der Torte herunterzuschneiden.

Ich werde für sieben Wochen im Land bleiben. Das geht, weil ich mit einem Meditationsvisum hier bin, das einen dreimonatigen Aufenthalt erlaubt. Touristen, die nicht zum Meditieren kommen, dürfen hingegen nur für maximal 28 Tage im Land bleiben.

Mit dem Fahrrad zur Totenfeier

Über Yangon bricht ein wolkenloser Tag an. Wo andernorts die Vögel zu zwitschern beginnen, beginnt in der größten Stadt des Landes das unaufhörliche Hupkonzert. Der Tag ist ideal für eine Radtour im Umland. Mit der Fähre will ich auf die andere Seite des Yangon River fahren. Mit dem eingerissenen Fahrschein in der Hand betrete ich das Schiff und befinde mich mitten im Gedränge der Einheimischen. Zwischen die vielen Fahrgäste drücken sich noch zahlreiche Lastenträger mit großen Säcken auf den Schultern und allerlei Verkäufer, die einem aus geringem Abstand lauthals ihre Angebote ins Ohr brüllen. Da sie ihre Waren offen in Bauchläden und auf dem Kopf transportieren, kann ich sehen, was sie dabeihaben. Im Sortiment liegt eine Vielfalt von Früchten, die ich noch nie gesehen habe. Es gibt in Tütchen verpackte Getränke, die die Verkäufer einem mit Strohhalmen zum Trinken anstechen. Einem von ihnen kaufe ich Nüsse ab, deren Namen ich unmittelbar nachdem ich ihn höre, wieder vergesse. Als die Lastenträger bereits verschwunden sind und das Schiffshorn zum Ablegen ertönt, suchen die Verkäufer noch immer nach Kundschaft, um ihre Waren abzusetzen. Erst im letzten Moment, als der Boden unter meinen Füßen durch die anlaufenden Schiffsmotoren zu zittern beginnt, hüpfen sie schnell von Bord. Auf dem Schiff gibt es zwei weitere Decks. Über eine mit einer dicken Schicht Farbe weiß lackierte Treppe gelange ich hinauf. Während unten fast alle Passagiere dicht an dicht stehen oder auf den Säcken und Kisten sitzen, sind auf dem Mitteldeck überfüllte Sitzbänke aufgestellt. Eine weitere Treppe führt ganz hinauf. Hier ist ein Schild angeschlagen: »VIP« steht in roten Pinselstrichen darauf und »Tourists only«. Ich gehe nach oben. Das gesamte Deck ist menschenleer, während man sich unten auf den Füßen steht. Wieder unten, stehe ich im Gedränge der Einheimischen und probiere meine Nüsse. Hier gefällt es mir besser.

Auf der anderen Seite des Flusses angekommen, drängen Aussteigende und Einsteigende dicht aneinander vorbei.
Ich habe wieder festen Boden unter den Füßen. Der Menschenstrom

spült mich einfach mit. Zu allen Seiten bin ich von Menschen umgeben, die mit verschiedensten Dingen beladen sind und alle in dieselbe Richtung gehen. Nach etwa hundert Metern lichtet sich der Menschenstrom und ich erkenne, wo ich bin. Jetzt werde ich von einem Dutzend Fahrradrikschas belagert. Lustig sehen die hier aus. Man sitzt hinten in einem Holzstuhl entgegengesetzt der Fahrtrichtung. Ich will aber nicht gefahren werden und wimmle alle ab. Dann taucht ein kleiner Junge auf, dessen Gesicht mit einer Paste beschmiert ist. Ich muss über seine Erscheinung lachen und frage ihn, wozu er sich im Gesicht bemalt hat. Er erklärt mir:
»Beautiful! Beautiful!«
Dann führt er mich zu einem Stand, an dem die Paste zubereitet wird. Sie heißt Thanaka und ist eine Art Schönheitscreme, die in Myanmar weit verbreitet ist. Die gelbliche Paste trocknet auf der Haut und ist aus der Rinde eines Baumes, vermutlich »Thanaka«, hergestellt, pigmentiert und mit Sandelholzstaub für den angenehmen Geruch vermischt. Kurzentschlossen probiere ich die Schönheitscreme aus. Mit völlig verschmierten Gesichtern erreichen wir einen Fahrradverleih. Der Junge verabschiedet sich, ohne etwas von mir zu wollen, und geht.

Als ich kurz darauf zwischen den Holzhäusern und Flechtwerkhütten auf einem klapprigen Fahrrad herumkurve, sehe ich eine Menschenmenge vor mir auf dem Weg und vermute zuerst eine Hochzeit. Um Hochzeiten in diesen Ländern habe ich mir angewöhnt einen Bogen zu machen, da ich immer eingeladen werde, um mitzufeiern und mitzutrinken. Bei dem Zeug, das die hier trinken, kann es schnell passieren, dass man seine Vorhaben für den Tag vergessen kann. Einladungen sollte man aber annehmen, um die Gastgeber nicht zu beleidigen. Es gehört sich einfach so. Ich sollte schnell umdrehen. Aber ich fahre weiter darauf zu. Irgendetwas scheint anders zu sein. Als ich nahe genug bin, um zu erkennen, dass es ein religiöser Akt einer Hindu–Familie ist, werde ich auch schon von einem Mann aufgefordert, näherzukommen. Ich stelle mein Fahrrad an einem hölzernen Strommast ab und gehe hin. Als ich feststelle, dass es sich um eine Totenfeier handelt, will ich aus Pietät kehrtmachen. Da hält mich der Mann am Arm und meint:
»No problem! No problem!"

Ich bin immer wieder erstaunt, wie gut die Einheimischen in diesen Ländern über unsere kulturellen Eigenarten Bescheid wissen. Wo wir erst hinreisen müssen, um ins Fettnäpfchen zu treten und in Selbsterfahrung etwas über die Völker lernen müssen, scheinen diese ohne die Möglichkeit, um die Welt zu reisen, bestens über uns Bescheid zu wissen. Der Mann zieht an meinem Arm und schon stehe ich ganz vorne. Neben mir ist ein aus Latten gezimmerter Sarg aufgebahrt, welcher mit billiger pinkfarbener Folie bespannt und außen herum mit Blumenketten geschmückt ist. Drinnen sind weiße Laken und Kissen, sonst nichts. Der Mann, der mich aufgefordert hat, dazuzukommen, ist ein Burmese wie die meisten der Zuschauer. Er erklärt mir in gebrochenem Englisch, was die Familie da macht. In der folgenden halben Stunde sehe ich bei rituellen Waschungen zu und wie jedes Familienmitglied mit heiliger Asche mit den Symbolen hinduistischer Götter im Gesicht und auf dem Körper bemalt wird. Jede Menge Weihrauch steigt auf und Gebete werden gesprochen. Ich fühle mich unwohl, so nah an einer solch privaten Feier zu sein, wo ich doch niemanden je zuvor gesehen habe, aber ich merke schnell, dass meine Teilhabe für die Familie vollkommen in Ordnung ist. Nach einiger Zeit verschwinden die Familienmitglieder, einer nach dem anderen, in einem kleinen Holzhaus, das sich direkt neben dem Haupthaus des Grundstückes befindet, und bringen goldene Vasen und Blumenkränze hinein. Jetzt erklärt mir der Mann, dass sie nun den Leichnam holen, um ihn in den Sarg zu betten. Die Verstorbene war Urgroßmutter und wurde 92 Jahre alt.

Mir wird ganz anders zumute, als die Leute mit dem in weiße Laken gehüllten Körper der Verstorbenen aus dem Haus kommen und sich damit auf mich zu bewegen. Ich stehe ja direkt neben dem einfachen Sarg. Ich könnte die Tote anfassen, selbst davon würde sich vermutlich niemand gestört fühlen. Schließlich ziehe ich mich zurück zu meinem Fahrrad. Der Mann und einige andere lächeln mich an, in ihren Blicken kann ich lesen, dass sie meinen Konflikt verstehen.

An einem kleinen Laden mache ich erst einmal Pause, um über das gerade Erlebte nachzudenken, und trinke Cola. Da ertönt ein Hupkonzert wie in Deutschland nach einer Trauung. Auf einem Pritschenlaster holpert die

»Trauergemeinde« samt Sarg um die Ecke. Sie winken mir noch zu und fahren zum Fluss, wo der Leichnam verbrannt wird. Am meisten erstaunt mich die Fröhlichkeit der Menschen bei dieser Trauerfeier. Der Tod der alten Frau wird ohne Tränen gefeiert. Stattdessen freuen sich die Menschen über das neue Leben in einer neuen Daseinsform, zu dem die alte Frau nun aufgebrochen ist. Möge sie erneut als Mensch geboren werden, was nicht selbstverständlich ist im hinduistischen Glauben. Und wenn ja, so hofft man, in einer höheren Kaste als zuvor.

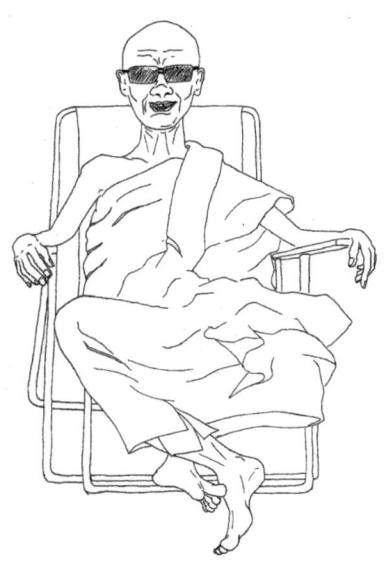

Der Schlangentempel

Nach einigen Tagen in Yangon steht meine vorläufige Reiseplanung für Myanmar. Zunächst will ich nach Süden bis nach Mawlamyne fahren. Auf meiner ersten Etappe geht es ins nur rund 40 Kilometer entfernte Bago, das auch »Little Bagan« genannt wird. Dort erheben sich wie in Bagan viele goldene Stupas in den Himmel. Von den Pagoden auf den Hügeln sind überall im Umland unzählige, im Sonnenlicht glänzende goldene Stupas zu sehen. An der Hauptverkehrsstraße gibt es ein paar Pensionen. Es ist irre laut. Hier rollt jede Menge Lastverkehr in Richtung Yangon hindurch. Dem Verkehrslärm schlage ich ein Schnippchen und ergattere ein Zimmer mit Fenster nach hinten raus. Entspannt ziehe ich den Vorhang auf und sehe in den Schlund eines Lautsprechers. Hier steht eine Moschee mit rostigem Wellblechdach und dem Lautsprecher auf dem Minarett, der direkt auf mein Fenster hin ausgerichtet ist. Und schon geht es los:

»Allhaaauuuuiooouuuaa Ekkbemm …«
Der Muezzin ist nicht schlecht, aber viel zu laut.

Mit dem Fahrrad lässt sich die Gegend prima erkunden. Obwohl ich hier kaum andere Touristen sehe, treffe ich an einem Tempel auf selbst ernannte Kameragebühreintreiber mit lächerlich aussehenden selbst gemachten Ausweisen und Kameraberechtigungszetteln. Das erinnert mich sehr an die vierte Klasse, als ich mit ein paar erlesenen Freunden erst mit »Drei Fragezeichen«-Ausweisen und später mit »Vier Fäuste für ein Trio« auf dem Schulhof unterwegs war.
Es ist allerdings nicht so leicht, diese Typen abzuwimmeln. Da ich mich weigere, ihre Gebühr zu bezahlen, verlangen sie von mir, die bereits gemachten Fotos zu löschen. Meine mäßig gut vorgetäuschten Fotolöschungen erregen ihren Ärger, und es beginnt ein Katz-und-Maus-Spiel. Erst auf dem Fahrrad werde ich sie wieder los.

Der Schlangentempel hat seinen Namen wegen einer riesigen Boa, die in einem vergitterten Tempelbereich liegt. Man legt ihr Geldscheine auf den Rücken und wünscht sich Gesundheit und Glück. Die Schlange macht sich dann auf die Schuppen und erledigt das für einen. Unter einer Überdachung, die mit Bastmatten ausgelegt ist, treffe ich auf den Abt im Liegestuhl und verwickle ihn in ein Gespräch, da er ganz passabel Englisch spricht. Sehr witzig das Ganze. Ich bitte ihn um einen Segen, den er mir erst geben will, dann aber vermutlich zu faul dazu ist und mich stattdessen davon zu überzeugen versucht, mir doch die schönen Tempel ringsum anzusehen. Es sei doch Zeitverschwendung für einen Touristen, hier bei ihm zu sitzen. Außerdem kann der Segen bei mir seine Wirkung nicht entfalten, da ich kein burmesisch verstehe. Ich entgegne ihm damit, dass ich doch schon alles gesehen habe. Da muss er aufs Klo und ist weg. Ich nutze die Zeit, um mich noch ein bisschen umzusehen, und erwische den Abt dabei, wie er heimlich raucht.
Die burmesischen Mönche sind klasse. Sie haben eine wunderbar weltliche Art, mit ihren himmlischen Pflichten umzugehen. Und Zigarettenpause ist nun mal Zigarettenpause.

Als nach einer Weile Gläubige zum Tempel kommen, hat er eine Entschuldigung, mich loszuwerden, und schiebt Dienst. Auf dem Weg zu meinem Fahrrad begegne ich einem Mönch. Er spuckt rot aus. Dann lächelt er mich mit blutrotem Mund an. »Is this betel nut?«, will ich wissen. Er nickt und bietet mir ein in ein Laubblatt gewickeltes Päckchen zum Kauen an. Was solls, ich probiere es aus und kaue darauf herum, bis sich mein Speichel erst gelb und dann rot verfärbt. Es schmeckt mir nicht. Ganz im Gegenteil, aber die Farbe ist gut. Rot spuckend fahre ich davon.

Auf dem Rückweg werde ich noch von zwei Wegelagerern überfallen. Beide etwa 80 Zentimeter hoch und mit geschnitzten Holzpistolen bewaffnet. Ich muss vom Fahrrad absteigen und ein Foto von ihnen machen. Ich zeige es ihnen und die beiden amüsieren sich dermaßen köstlich darüber, dass sie mich ungeschoren davonkommen lassen. Zwanzig Meter weiter sitzen die Eltern der beiden Räuber und kichern mit mir mit. Puh, gerade noch mal gut gegangen. Die Schlange ist ihren Preis wert.

Kyaiktiyo

Endlich kann ich aus dem engen unbequemen Bus aussteigen, mit dem ich von Bago hier herkam. Bis der Fahrer und sein Helfer meinen Rucksack zwischen ungefähr vier Kubikmetern Krempel, mit dem Einheimische hier so reisen, vom Dach des Kleinbusses entbunden haben, vergeht eine gefühlte Ewigkeit. Ich nutze die Zeit und sehe mich ein wenig um. »Etwas trostlos, dieser Ort!«, denke ich. Ich sehe mich auf dem Platz, dessen Boden nur aus verdichtetem Lehm besteht um, und werfe flüchtige Blicke in die vom Platz führenden Straßen. Eigentlich sind es keine Straßen, die Bebauung ist eher planlos entstanden. Die Häuser stehen willkürlich herum, vor und hinter ihnen ist ebenfalls Lehmboden. Mehr erkenne ich von hier aus nicht. Als mein Gepäck den Weg vom Busdach hinunter auf den staubigen Boden geschafft hat, lasse ich mir den Weg zu einer Pension zeigen, von der ich gehört habe. Vom Platz aus geht es um einige Häuser herum und dann in eine richtige Straße hinein. Die einzige im Ort. Auch hier kein Bodenbelag, dafür reichlich Unebenheiten und große Steine. Links und rechts ist diese sogenannte Hauptstraße von Souvenirläden gesäumt. Natürlich haben alle genau das gleiche im Angebot. Typisch Asien. In diesem Land sehe ich oft Hakenkreuze, die diverse Artikel »zieren«. Auf geschnitzten Spielzeugflugzeugen sind sie hier zu sehen. Auf einem Motorroller sitzt ein älterer Mann mit Wehrmachthelm und SS-Symbol darauf. Ich versuche ihn zu fragen, ob er denn wisse, was es mit diesem Symbol auf sich hat. Er hat keine Ahnung. Ein jüngerer Burmese, der die Helme und Spielsachen verkauft, meint, das Hakenkreuz sei auf unserer Flagge drauf und Hitler unser Anführer. Ich nehme einen der Helme und lese das Etikett. Made in China.

Ich gehe weiter die Straße zu meiner Pension entlang. Zwischendurch mal ein Restaurant zum Auflockern, dann wieder Souvenirläden von der Stange. Alle haben einseitig mit Bambusstangen abgestützte Markisen am Dach, die sich in der Mitte der schmalen Straße fast berühren. Meine Pension liegt etwas zurückversetzt direkt an der Hauptstraße mit den Souvenirläden. Die Räume der Pension sind winzig und mit Vorhängeschloss zu verschließen. Wie ich erfahre, ist die Hauptstraße auch schon der Weg zum heiligen Felsen. Beim Einchecken in das Hotel frage ich den Hotelbesitzer, wie lange die Wanderung bis zum Gipfel und dem heiligen Felsen dauert und um welche Zeit ich losgehen müsse, um bei Sonnenaufgang oben zu sein. Er sagt mir, es dauere zwischen vier und fünf Stunden. Da ich inzwischen einige Erfahrung mit Entfernungen in Asien habe, errechne ich eine Dauer von höchstens drei Stunden.

Nachdem ich mich in meinem Zimmerchen eingerichtet habe, will ich noch etwas spazieren gehen und essen. Vor dem Hotel treffe ich einen Amerikaner mit verbundener großer Zehe. Er erzählt mir, er sei gestern Nacht in Flip-Flops zum heiligen Felsen gewandert und habe sich dabei verletzt. Wie gut, dass ich ordentliche Trekkingschuhe habe. Wir unterhalten uns. Auch er sagt mir, die Wanderung bis zum heiligen Felsen dauere vier bis fünf Stunden. Von ihm bekomme ich einige wertvolle Tipps zum Weg, der selbstverständlich nicht ausgeschildert ist. Am frühen Abend kehre ich, mit einer großen Extraportion Nudeln, die ich in der Nacht vor dem Aufbruch essen will, ins Hotel zurück und gehe bald darauf schlafen.

Um zwei Uhr in der Nacht klingelt der Wecker. Ich stehe auf und gehe mich duschen und anziehen. Dann esse ich kalte Nudeln vor dem Hotel auf der Bank. Plötzlich Lärm. Eine Gruppe Pilger geht auf der Straße vorbei. Es sind mindestens fünfzehn Personen. Einige blenden mich im Vorbeigehen mit ihren Taschenlampen. Ich schaue auf die Uhr und merke mir die Zeit, um die die Gruppe an mir vorbeigeht. Als ich mit essen fertig bin, gehe ich mir noch die Zähne putzen und hole meinen mit Trinkwasser gefüllten Tagesrucksack aus meinem Zimmer. Dann schließe ich es ab. Draußen vor dem Hotel sehe ich nochmals auf meine Uhr. Jetzt ist es exakt 2:35 Uhr. Wettkampf eröffnet!

Nach etwa hundert Metern wird aus der von Souvenirläden gesäumten Hauptstraße ein Waldweg. Jetzt komme ich an den hölzernen Portalen, von denen der Amerikaner erzählt hat, vorbei. Alle paar Meter habe ich das Gefühl, ich gehe über ein Privatgrundstück. Aber die Portale, die wie Eingänge zu Grundstücken aussehen, sind nur Teil des Pilgerweges. Allmählich geht es bergauf, und der Wald um mich herum wird dichter. Ich schalte meine Stirnlampe an, um den Weg erkennen zu können. Ich versuche, so oft ich kann, ohne Stirnlampe zu gehen, um Batterie zu sparen. Dann höre ich Stimmen. Ich erreiche einen Teil der Gruppe, die ich bereits beim Essen vorbeilaufen gesehen habe. Sie sind inzwischen über eine weite Strecke verteilt unterwegs. Zeit zurückzublenden. Ich grüße grinsend und überhole. Natürlich schaue ich auf meine Uhr, um zu sehen, wie lange die langsamsten bis hierher gebraucht haben und wie schnell ich bin, trotz zwanzigminütigen »Nachsprungs«. Alle fünfzig bis hundert Meter überhole ich weitere Teile der Pilgergruppe. Ich kann es mir nicht verkneifen, über ihre schwache Kondition zu lachen und bin mir sicher, dass ich höchstens drei Stunden bis zum Gipfel brauchen werde. Dann wird es für lange Zeit still.

Plötzlich vernehme ich den Sprechgesang eines Mönches in der Ferne. Auf einem Schild steht der Name eines Klosters. Muss ich hier abbiegen? Ich entscheide mich für den Weg zum Kloster. Doch der Weg wird schmal und steil. Meine Intuition sagt mir, dass ich umkehren und den anderen Weg weitergehen sollte. Wieder auf dem alten Weg wird der Sprechgesang leiser und verstummt schließlich. Ich hoffe, auf dem richtigen Weg zu sein. Sicher ist man sich nie. Ich wandere in Gedanken durch die Nacht, bis ein mittelgroßer Hund vor mir auftaucht und mich, sein Territorium verteidigend anknurrt. Reflexartig werde ich langsamer, erinnere mich aber, dass der Amerikaner etwas von Hunden berichtet hat.

»Wenn er nicht gebissen wurde, werde ich es auch nicht«, denke ich, obwohl mir mulmig ist.

»Er hatte auch diese verbundene Zehe.«

Ich kann bei Dunkelheit auch nicht den Weg verlassen und eine Umgehung suchen. Zum einen ist das Gelände unübersichtlich, immerhin bin ich am Berg, und zum anderen könnte ich versehentlich noch weiter in das Territorium des Hundes eindringen. Bisher bin ich von hunderten Hunden angeknurrt und verbellt worden und es ist immer gut gegangen. Ich gehe entschlossen weiter und siehe da, der Hund kommt mir nicht zu nah, bis ich seinen Bereich durchwandert habe. Er bleibt zurück und lässt sich mitten auf dem Weg nieder. Die wiedergewonnene Entspannung hält nicht lange an. Kaum bin ich hundert Meter weiter, kläffen mich andere Hunde an. Diesmal scheinen es mindestens fünf zu sein. Schön wär's! Auf dem Weg vor mir versammeln sich immer mehr kläffende Vierbeiner. Ich halte diesmal darauf zu, greife mir aber vorsorglich noch einen passenden Stock, der am Wegrand liegt. Auch diesmal geht es gut. Die Hunde, am Ende sind es ungefähr vierzehn Stück, alle mittelgroß und Mischlinge, bleiben auf Abstand und verbellen mich, während ich mitten hindurchschreite. Einige begleiten mich noch bellend, bis ich weit genug von der Stelle entfernt bin, wo sie aufgetaucht sind, und lassen schließlich von mir ab. Bald ist es wieder so still um mich herum, dass ich erneut leise den Sprechgesang eines Mönches in der Ferne vernehme. Ich sehe auf die Uhr und versuche abzuschätzen, wie weit es noch sein mag. Ich bin inzwischen etwas über zwei Stunden unterwegs. Mit jeder Minute, die ich weitergehe, wird der Sprechgesang lauter. Das kann unmöglich der goldene Felsen sein, oder doch? Irgendwann ist der Sprechgesang so laut, dass ich vermute, jeden Moment das Kloster zu sehen. So ist es auch. Als ich um eine Kurve komme, der Weg ist inzwischen deutlich schmaler und steiler geworden, sehe ich das Kloster und einen goldenen Felsen. Außer mir sind da nur zwei weitere Menschen. Ich finde nicht mal den Mönch am Mikrofon. Vielleicht läuft ein Tonband. Das kann nicht der goldene Felsen sein, den ich da vor mir sehe! Außerdem sind wir hier am Hang und nicht ganz oben auf einem Gipfel. Ich muss also geduldig weitergehen. Langweilig wird mir dennoch nicht. In den nächsten zwei Stunden begegnen mir sonderbare Menschen auf dem Weg. Sie machen seltsame Riten oder sitzen unbeweglich am Wegrand und meditieren. Als ich endlich ankomme, die Sonne ist eine Viertelstunde vor mir oben, sehe ich das Ausmaß der Anlage des Heiligtums. Ich muss darüber lachen, das kleine Kloster mit dem Tonbandmönch einen Moment lang für den heiligen Felsen gehalten zu haben. Er sah aber wirklich genau wie der Fels auf den Fotos aus, die ich gesehen habe. Nur eben viel kleiner. Den richtigen Felsen sehe ich jetzt vor mir. Es ist 6:47 Uhr.

Der Weg dorthin führt mal über Treppen hinab und mal über Treppen hinauf. Jetzt sehe ich auch, wie das die anderen Pilger machen. Zu Dutzenden werden die Burmesen auf Pritschenlastwagen den Berg hinaufgebracht. Als ich an ein Portal komme, eilt auch schon ein eifriger Mann herbei, um Eintrittsgeld von mir zu verlangen. Ich frage ihn, warum ich Eintrittsgeld zu bezahlen habe, während die faulen Burmesen von den Lastwagen einfach durchgehen dürfen? Dies seien Pilger und ich sei Tourist, bekomme ich zu hören. Ich stelle klar, dass ich der Pilger bin, und sage ihm, dass ich den ganzen Weg zu Fuß heraufgekommen bin, um den Heiligen Felsen zu besuchen, während die sogenannten Pilger als Touristen hier sind. Außerdem habe ich nicht damit gerechnet, dass ich hier Eintritt zu bezahlen habe. Ich habe kein Geld dabei. Wir diskutieren eine Weile ohne Ergebnis. Dann fällt mir mein Meditationsvisum ein. Ich halte es ihm unter die Nase und wiederhole, dass ich Pilger bin. Daraufhin darf ich mich in die Gästeliste für Touristen eintragen. Ich bin der erste am heutigen Tag. Ohne zu bezahlen, darf ich nun passieren und verbringe den Vormittag am Heiligen Felsen von Kyaiktiyo.

In Mawlamyine

Die Stadt erlangte bescheidene Bekanntheit, da hier einmal der berühmte britische Schriftsteller George Orwell als Polizist stationiert war. Mawlamyine ist nicht besonders aufregend, doch wenn ich der Aufschrift einer Mauer glauben darf, gibt es hier einen Olympiastützpunkt. Dessen Tor steht offen. Drinnen befindet sich eine völlig verrottete Anlage für Hochsprung, Weitsprung und Hammerwurf. Vielleicht noch mehr, was aber nicht mehr zu identifizieren ist. Wenn hier die Elite des Landes trainiert, wundere ich mich nicht, dass ich noch nie etwas von einer burmesischen Olympiamannschaft gehört habe.

Auf der Hügelkette, die den wichtigeren Teil der Stadt am Wasser vom Hinterland trennt, stehen einige wunderschöne Stupas und dem Verfall preisgegebene Klöster.

Vielversprechend scheint die Insel »Bilu Kyun« im Flussdelta zu sein, die man unter dem Namen Menschenfresser-Insel kennt. Mit der Fähre und in Begleitung meiner französischen Zimmernachbarin vom Hotel geht es zur Insel. Dort angekommen werden wir wie üblich von Rikschafahrern, Motorradtaxis und Kutschern belagert, die sich einfach nicht mit unserer Ausrede, wir sind nur zum Billardspielen hergekommen – da steht mitten im Sand ein Billardtisch – zufriedengeben wollen. Mit allen Tricks versuchen sie, uns dazu zu bringen, ein authentisches Dorf zu besichtigen, das natürlich am anderen Ende der Insel liegt und nur mit Fahrer zu erreichen ist. Adrienne, die hier ihren Urlaub verbringt, will sich natürlich nichts entgehen lassen, und es kostet mich einige Mühe, sie davon zu überzeugen, nicht ins sogenannte »authentische Dorf« zu fahren. Zu Fuß gehen wir keine zehn Minuten, bis wir in einem tatsächlich authentischen Dorf ankommen.

Überall lächelt man uns zu und von allen Seiten wird gewunken. Unter den meisten Häusern, die hier fast alle auf Stelzen stehen, erhalten wir Einblicke in den Arbeitsalltag der Dorfbewohner. Viele im Dorf gehen traditionellen Handwerksberufen nach. Rings um das Dorf sind Reisfelder, soweit das Auge reicht. Wir bekommen bei einem Kokosraspler Kokosmilch angeboten, Kinder wollen mit aufs Foto oder spielen spontan »Wer hat Angst vorm weißen Mann« mit uns. Auch hier steigern sich die Kinder zum Vergnügen in eine gespielte Angst vor uns Langnasen hinein und rennen kreischend und lachend vor uns weg, um kurz darauf wieder so nahe wie möglich herbeizulaufen, bevor sie die nächste »Angstattacke« packt und sie wieder alle durcheinander davonlaufen. Das angenehme an diesem Spiel ist, man muss als Erwachsener nichts zum Spielverlauf beitragen. Es ist ein echter Selbstläufer. Eine Gruppe Kinder führt uns über eine halbe Stunde durchs Dorf. Ich hänge die ganze Zeit gebückt an der winzigen Hand eines kleinen Mädchens in einem grünen Kleid mit Schleifen, das ununterbrochen vor Freude strahlt. Als wir unter einem Sonnendach Pause machen, werden wir von einem alten Mann mit Glatze und Sonnenschirm in sein Haus eingeladen, in dem er mit seinem Bruder lebt. Das Holzhaus ist ordentlich gebaut. Wir steigen die Treppe hinauf und treten ein. Drinnen ist alles sehr einfach. Eine kleine Kommode, ein kleiner Tisch, zwei Stühle und ein Liegestuhl stehen darin. Auf dem Boden liegen Matten und einige kunstvoll gefertigte Kissen. Der Mann stellt uns seinen gebrechlichen Bruder vor, der im Liegestuhl sitzt. Er scheint im gleichen Alter wie er selbst zu sein. Wir fragen nicht danach, doch er verrät es uns. Er ist 71 und sein Bruder 76 Jahre alt. Er sieht uns den Durst wohl an und verkündet, sofort loszugehen, um uns etwas zu trinken zu kaufen. Dass wir uns mit Wasser begnügen wollen, interessiert ihn nicht. Wenige Minuten später kommt er zurück und bringt uns Energy-Drinks mit Strohhalmen mit. So sitzen wir noch eine halbe Stunde, haben Gummibärchengeschmack im Mund und werden interviewt.

Mandalay

Ich bin in Myanmars zweitgrößter Stadt, Mandalay, angekommen. Es gibt auch hier einige Sehenswürdigkeiten, die ich abklappere. Auf dem Mandalay Hill steht die Su Taung Phy Pagode, die von mehreren Seiten über überdachte Treppenstiege zu erreichen ist. Der Aufstieg ist anstrengend. Es sind unzählige Treppen. Unterwegs komme ich an etlichen Aussichtsplattformen vorbei, die zum Verweilen einladen. Die Aussicht wird von Plattform zu Plattform besser. Auf dem langen Treppenweg haben viele Händler ihre Waren ausgelegt. Hier gibt es Frittiertes, Gebäck und Getränke. An anderer Stelle CDs, farbige Tücher und jede Menge geschnitzte kleine Kunstwerke. Als ich endlich oben bin, glänzen die Mosaike an den Wänden im Sonnenlicht. Es sind zwar einige Besucher hier oben, dennoch habe ich nicht das Gefühl, in den Besuchermassen unterzugehen. Es ist ganz angenehm. Ich gehe ans Geländer vor, um die Aussicht zu genießen. Links von mir steht eine einheimische Familie und fotografiert, rechts ein paar Schulmädchen in ihren Uniformen. Es kommen noch ein paar weitere hinzu. Die Uniformen sehen wie hellblaue Latzschürzen zum Kochen aus. In der Mitte auf dem Latz das Schullogo. Darunter tragen sie weiße Kragenhemden. Alle haben denselben hellblauen Rock und weiße Kniestrümpfe mit je zwei hellblauen Ringen an.

Erst kichern sie, die flache Hand vor dem Mund, dann traut sich eine nach einem gemeinsamen Foto zu fragen. Ich willige ein. Geduldig stelle ich mich an die gewünschte Stelle, nehme die Pose ein, die sie mir vormacht. So verharre ich, während sie sich mit breitem Lächeln neben mir platziert und ihre Schuluniform zurechtzupft. Die anderen kichern. Klick!

Dann kommt schon die nächste aus der Gruppe hervor und will ebenfalls ein Foto mit mir. Wieder stelle ich mich wie gewünscht hin und lächle. Diesmal geht es nicht so schnell, denn dieses Mädchen muss nicht nur ihre Zöpfe unter Anleitung der besten Freundin ordnen, sondern noch geschwind die dicke Hornbrille reinigen. Dann zupft auch sie nervös an ihren Kleidern. Klick!

»Gut, dann werde ich mal weiter...«
»One more photo, Mister.«

Ein weiteres Mädchen stellt sich neben mich. Jetzt ist allerdings der Ort nicht genehm. Ich muss mich mit ihr vor einen der Bögen stellen, von wo aus man ins Innere der Pagode gelangt. Obendrein scheint sie der fotografierenden Freundin wenig zu vertrauen und läuft noch dreimal zum Fotoapparat, um mich jedes Mal mit einer Handbewegung weiter nach links, dann doch wieder zurück nach rechts zu zitieren. Es folgt dasselbe Procedere wie zuvor. Zöpfe kontrollieren, Uniform zupfen, bis alles sitzt. Klick!

Unser »shooting« wird von einer weiteren Horde Schulmädchen aus dem Inneren der Pagode beobachtet, die nun auch noch dazukommen. Diese Mädchen tragen weiße Kragenhemden, rosa Latzschürzen mit Logo, rosa Röcke und Kniestrümpfe. Außerdem haben sie identische rosa Schleifchen im Haar. Sie sind weit weniger schüchtern als die erste Gruppe und kommen gleich zur Sache.

Jetzt kommt es zu einem regelrechten Run nach Fotos mit mir. Den ersten zwei Mädchen stehe ich noch geduldig lächelnd Modell, dann muss ich leider abwinken, da noch mehr Mädchen in rosa Schuluniformen auftauchen. Ich biete ein Gruppenfoto an. Am Ende waren es auch noch drei Gruppenfotos, da ja nie alle mit mir aufs Bild passten. So verrückt danach, mit einem Europäer fotografiert zu werden, waren Mädchen im Teenageralter bisher noch nirgends.

Am dritten Tag in Mandalay schließe ich Freundschaft mit einem Mopedtaxifahrer, der seinen Platz vor meinem Hotel hat und mich schon seit ich in der Stadt bin, mit seinen Beförderungsangeboten nervt. Ich lade ihn zum Tee ein, und wir lernen uns kennen. Es ist sehr interessant, von ihm zu erfahren, dass er genau weiß, wie sehr er nervt, wenn er mich vom Weg zum Markt um die Ecke und zurück gleich dreimal fragt, ob ich nicht irgendwohin gefahren werden will. Er kann lediglich nicht nachvollziehen, warum ich vom Zentrum bis zu den Klöstern im Norden der Stadt lieber zu Fuß gehe, als gefahren zu werden. Bevor ich wieder gehe, verabrede ich als Freundschaftsbeweis zwei Fahrten mit ihm.

Ich besuche eine Vorstellung der berühmten »Moustache Brothers«, die allesamt für ihre regimekritische Satire schon im Gefängnis waren. Ihr

Kammertheater befindet sich mittlerweile in ihrem stattlichen Wohnhaus im Süden Mandalays.

Die Vorstellung, die Satire sein soll, finde ich eher brav. Für die wiedergewonnene Freiheit und die Erlaubnis vom Regime, Vorstellungen in englischer Sprache für Touristen aufführen zu dürfen, haben die ehemaligen Regimekritiker den Preis der seichten und regimegefälligen Unterhaltungssatire zu zahlen. Dafür leben sie inzwischen für die hiesigen Verhältnisse in üppigem Wohlstand und das Regime hält sich so unangenehme Kritik westlicher Staaten vom Hals.

Als die Vorstellung zu Ende ist, gibt's T-Shirts und handsignierte DVDs von den Moustache Brothers zu kaufen. Großartig, die brauche ich unbedingt! Als ich wieder auf die Straße komme, lächelt mich mein Fahrer an und fragt mich, wie es mir gefallen hat. Für ihn sind die zwei Fahrten mit mir wohl so lukrativ, dass er geschlagene zwei Stunden vor dem Kammertheater der Moustache Brothers auf mich gewartet hat.

Schweigen ist Gold

Am anderen Morgen ist es soweit. Ich suche die Adresse im Süden der Stadt auf, um dort meinen Meditationsaufenthalt anzutreten. Dort angekommen, muss ich dieselben Formulare ausfüllen, die ich bereits vor der Visavergabe ausgefüllt habe. Richtig bürokratisch dieses Land. Als alles ausgefüllt ist, vergleicht Herr Moo Thant die Formulare mit denen, die ihm bereits vorliegen. Ich werde akzeptiert. Es dauert noch Stunden, bis wir, das sind jede Menge Burmesen, ein paar Mönche und ich, mit zwei Kleinbussen zu dem Meditationskloster gebracht werden. Einer der Mönche – er ist etwa 25 Jahre alt – spricht gut Englisch. Wir kommen ins Gespräch. Er verrät mir, dass er eigentlich kein Mönch mehr sein will und bald in sein früheres Leben zurückkehre.

Im Meditationskloster geht es noch einmal durch die Registratur. Endlich bekomme ich ein Laken und ein Kissen und werde von einem Helfer zu meinem Raum begleitet. Er zeigt mir auch, wo ich Wasser holen und Wäsche waschen kann. Anschließend nennt er mir die Uhrzeit, zu der ich mich in der Meditationshalle einzufinden habe.

Als er weg ist, beziehe ich meinen kleinen Raum. Es ist eine etwa neun Quadratmeter große Kammer mit einer Eingangstür und zwei Fenstern, das eine neben der Tür, das andere übers Eck. Die Ausstattung des Raumes besteht aus einem wackeligen Holzstuhl, einem stabileren Holztisch, einem Holzbett mit Bastmatte als Matratze darauf, einem Moskitonetz darüber und ein paar Kleiderhaken an der Tür. Eine Glühbirne hängt in der Mitte der Kammer an Kabel und Fassung von der Decke. Die Kammer ist in blasser Ockerfarbe gestrichen.

Eine weitere, aber deutlich schmalere Tür führt in den Waschraum, ein kleiner gemauerter Raum mit grauem Putz an den Wänden. Oben ein Spalt, durch den Tageslicht hineinfällt, und Wellblech drauf. Hier ist eine richtige Sitztoilette eingebaut und eine fest installierte Duschbrause vorhanden.

Das Erste, das mir ins Auge sticht, ist eine fette, riesige Spinne mit sieben dicken haarigen Beinen. Das achte hat sie womöglich an meinen Vorgänger verloren. Was wirklich geschah, bleibt ihr Geheimnis. Sie misst etwa elf Zentimeter und ihre Anwesenheit ist gewöhnungsbedürftig.

Ich schließe mit meiner haarigen Mitbewohnerin einen Pakt. Ich verspreche, nur in ihren Bereich zu kommen, wenn ich unbedingt muss, und hoffe, sie hält sich an ihren Teil und bleibt fern von meinem Bereich jenseits der schmalen Tür.

Außer mir treffe ich noch drei weitere Ausländer. Wir erzählen uns von unseren Erlebnissen. Als der Gong ertönt und es Zeit ist, in die Meditationshalle zu gehen, verabschieden wir uns voneinander, obwohl jetzt unsere gemeinsame Zeit beginnt. Der Meditationsaufenthalt findet in »Noble Silence« statt. Es darf zehn Tage lang nicht gesprochen werden. Aktivitäten wie singen, körperliche Übungen oder lesen von Büchern ist verboten. Sämtliche elektronische Geräte und alles, womit man sich von der Meditation ablenken kann, musste bei der Registratur abgegeben werden. Männer und Frauen bleiben strikt voneinander getrennt, haben getrennte Eingänge zur Meditationshalle und essen in verschiedenen Räumen. Man begegnet sich nur in der Meditationshalle, wo man selbstverständlich auch getrennt voneinander sitzt: links die Männer und rechts die Frauen. Ganz außen auf kleinen Podesten nehmen die anwesenden Mönche Platz, vorne, in der Mitte der Halle, der Meditationslehrer. Ebenfalls erhöht. In den Meditationspausen, beim Essen und Trinken sowie bei den Spaziergängen darf kein Blickkontakt mit anderen Meditierenden aufgenommen werden. Körperliche Berührungen sind nicht gestattet, auch nicht am eigenen Körper, außer die notwendigen wie zum Waschen. Die Regeln sind streng und werden von den Helfern in den öffentlichen Bereichen durchgesetzt. Dennoch kommt es selten vor, dass Meditierende ihren Aufenthalt freiwillig abbrechen oder zum Abbruch gezwungen werden.

Der Tagesablauf beginnt mit dem Wecken um 4 Uhr morgens. Die Helfer laufen Glocken schlagend durch die Anlage, bis alle wach sind.

Um 4:30 Uhr beginnt die erste Meditation. Die beste am Tag, wie ich in den nächsten Tagen herausfinden werde, weil der Geist noch still ist so früh am Morgen.

Nach exakt zwei Stunden Sitzen gibt es endlich Frühstück mit anschließender Ruhezeit. Das Frühstück ist einfach, dazu trinkt man Tee. Wer fertig ist, stellt sein Blechgeschirr in die Durchreiche und geht wandeln oder zurück ins Bett.

Um 8:00 Uhr geht es für eine weitere Stunde in die »Dhamma Hall« zur Meditation, danach erhält man eine Anweisung vom Meditationslehrer, ob in der Halle oder auf dem Zimmer weiter meditiert wird.

Von 11:00 bis 12:00 Uhr findet die Mittagspause statt, das letzte Essen am Tag.

Von 13:00 Uhr bis 17:00 Uhr wird durchmeditiert. Die anstrengendste Zeit des Tages.

Um 18:00 Uhr Tee- und Saftpause, dann noch mal Meditation und Unterweisungen bis abends um 21:00 Uhr.

Ab 21:30 Uhr befindet sich jeder Meditierende in seinem Zimmer. Es ist Licht-aus-Zeit!

Ab dem vierten Tag dürfen wir Neuen auch in die Meditationszellen. Diese befinden sich in einem Pagodenbau und sind auf mehreren Ebenen ringsum im Inneren der Pagode angeordnet. Jede Zelle ist so klein, dass man gerade so darin sitzen kann. Laut Anweisung schließt man sich darin ein, nimmt die Meditationshaltung ein und löscht das spärliche Licht. Dann ist man komplett isoliert. Man hört nicht einmal das Atmen der anderen, außer einer, dem die Meditation besonders gut gelingt, beginnt zu schnarchen.

Die vornehme Ruhe bereitet mir keine Mühe. Aber es scheint nicht jedem so zu gehen.

In den Pausen kann ich bei einigen Meditierenden erstaunliche Verhaltensweisen beobachten, die mich an Deutschland erinnern. Manche waschen täglich Wäsche. Wo bekommen sie die viele Schmutzwäsche bloß her? Sie scheinen sich ständig mit irgendetwas ablenken zu müssen. Vielleicht wird ihnen die Stille zu laut?

Beim täglichen Spaziergang auf den immer gleichen Wegen der Außenanlage beobachte ich den Englisch sprechenden Mönch. Er meditiert sogar beim Gehen unablässig. Wenn ich ihn mit seinen beiden Mitmönchen vergleiche, der reinste Streber. Die beiden anderen Mönche nehmen es nicht allzu genau. Von Tag zu Tag lässt ihre Disziplin mehr nach. Der mit den Zahnlücken versucht jedes Mal, wenn wir uns beim Wandeln über den Weg laufen, Kontakt aufzunehmen. Ich ignoriere ihn eisern.

Am achten Tag sitze ich auf einer Bank, und er kommt hinzu. Dann zeigt er mit dem Finger auf eine kleine grüne Echse im Gebüsch und bricht sein Schweigen. Er spricht irgendetwas, das ich nicht verstehe, merkt, dass ich nicht reagiere und zieht weiter.

Am neunten Tag sehe ich, wie er sich leise mit seinem Mitmönch unterhält.

Die Langeweile macht auch mir mehr und mehr zu schaffen, dennoch kann ich ihr vieles abgewinnen. Es kommen längst vergessene Erinnerungen hoch und ich erinnere mich an Gefühle, die ich irgendwann einmal hatte, aber nie einordnen konnte. Sehr interessant, das Ganze!

So vergehen die Tage, bis der elfte anbricht und das lange Schweigen sein Ende findet. Als wir wieder miteinander sprechen dürfen, wundert es, was man sich alles zu erzählen hat über eine Zeit, in der eigentlich gar nichts geschehen ist.

Eine Busreise in Myanmar

Ich habe die Fahrkarte bereits am Vortag gekauft und bin nun sehr früh an einem der Busterminals von Mandalay, von wo aus es nach Hsipaw gehen soll. Naja, der lehmige Platz mit den Baracken halt, wo die Busse abfahren. Als ich die Wellblechhütte des entsprechenden Busunternehmens gefunden habe, stelle ich meinen Rucksack ab und sehe mich etwas um. Der Bus, mit dem ich nach Hsipaw fahren möchte, scheint noch nicht da zu sein. Ein anderer Bus steht vor der, nennen wir es Schalterhalle, in der ich warte. Ich vertreibe mir die Zeit mit dem Entziffern der Fahrplanziele, die es noch so gibt. Als mir auffällt, dass es auch eine Abfahrt um 8:30 Uhr mit meinem Ziel gibt, komme ich auf die Idee, zu fragen, ob ich nicht diesen Bus nehmen kann. Meine Fahrkarte ist für den Bus um 9:00 Uhr. Wenn der Bus um 8:30 Uhr also nicht ausgebucht ist, was selten der Fall ist in Myanmar, müsste das ja möglich sein. Also frage ich einfach nach. Leicht gedacht, schwer gemacht!

Ich zeige der niedlich dreinblickenden Angestellten mein Ticket und frage auf Englisch, ob ich das Ticket umtauschen kann für den früheren Bus. Sie scheint nichts zu verstehen. Ich versuche es mit anderen Worten und flechte das ein oder andere burmesische Wort ein, das ich kenne, aber ich bleibe unverstanden.

Dass die niedliche Angestellte nicht motiviert ist, mir zu helfen, kann ich wirklich nicht behaupten. Sie berät sich mit ihrer Kollegin und ruft noch einen jungen Mann hinzu, der ebenfalls die Kleidung des Unternehmens trägt.

Im Verlauf der Klärung meines Anliegens erfahre ich wissenswerte Dinge, wie in welcher Stadt ich bin, dass ich mich bei dem richtigen Busunternehmen – in der Schalterhalle – befinde, dass das, was ich in der Hand habe, tatsächlich eine Fahrkarte nach Hsipaw ist. Und ich bekomme von dem eilig herbeigerufenen jungen Mann weitere Busse mit dem Anstrich des Unternehmens, die hinter der Wellblechhütte stehen, gezeigt. Nur eines bleibt völlig im Dunkeln und ungeklärt: meine Frage. Zum Glück bin ich an diesem Tag gut gelaunt und meine Geduld ist strapazierfähig. Ich nehme es lange mit Humor hin, denke aber, meine Frage müsste doch eigentlich eine der zehn häufigsten sein, die einem Angestellten eines Busunternehmens am Schalter gestellt wird. Als ich von der Busbesichtigung zurück bin, gebe ich resigniert auf. Allmählich falle ich zurück in die Haltung, die Leute hier »deppert« zu finden. Dann fährt der Bus, mit dem ich mitwollte, mit etwa zehn Fahrgästen ab. Also gehe ich etwas essen und warte auf den gebuchten Bus.

Als der dann zur Abfahrt bereitsteht und ich meinen Rucksack an einer Stelle im Gepäckstauraum abgelegt habe, die nicht unter Wasser steht oder an der sich eine Ölpfütze befindet, steige ich ein und suche den Platz mit meiner Nummer auf. Leider ist mein Sitzplatz kaputt. Die Sitzfläche ist lose auf dem Metallrahmen und durchgesessen, und die Lehne fällt auf den Sitz dahinter, wenn man sich anlehnt. Da der Bus leer ist und es nicht danach aussieht, dass er sich in den fünf Minuten bis zur Abfahrt auf den letzten Platz mit Fahrgästen füllt, setze ich mich einfach um. Kaum habe ich mir meinen neuen Sitzplatz ausgesucht, kommt der Fahrkartenkontrolleur herein, um mich darauf hinzuweisen, dass ich falsch sitze. Ich versuche es ihm zu erklären. Doch er besteht darauf, dass ich den Sitzplatz aufsuche, den meine Fahrkarte vorschreibt. Ich diskutiere vergebens. In meiner Fantasie male ich mir seine berufliche Karriere bis zum heutigen Tage aus. Der gute Mann war früher bestimmt Karrenschieber von Beruf und ist erst vor rund sieben Jahren zu diesem Busunternehmen als Fahrkartenabreißer gekommen, wo er in dieser erstaunlich kurzen Zeit den Zusammenhang von Nummern auf den Fahrkarten, die er als gebildeter Burmese lesen kann, und den Nummern auf den Sitzplätzen zu verstehen gelernt hat. Mit diesem ungeheuerlichen Wissensvorsprung gegenüber durchschnittlich gebildeten Burmesen kann er ja gar nicht anders, als jeden, der diesen Zusammenhang nicht durchdringt, eines Besseren zu belehren.

Ich setze mich, bis er den übrigen vier Fahrgästen die Plätze gezeigt hat, auf den mir vorgeschriebenen Platz und warte ab, bis er bei jedem abgerissen hat und ausgestiegen ist.

Kaum ist der Bus losgefahren, genieße ich auf dem Platz meiner Wahl die Busreise nach Hsipaw.

Auf dem Weg fällt mir eine Anekdote ein, die sich zwei Wochen vorher auf meiner Busfahrt von Mawlamyine nach Mandalay ereignet hat. Eine junge Amerikanerin fuhr mit mir im Bus. Sie, die in der zweiten Reihe saß, und ich, in der Mitte des Busses, waren die einzigen Touristen auf dieser Fahrt. Die Amerikanerin wollte bis zu einem dem Inle See nahe gelegenen Ort fahren. Allerdings war sie auf der stundenlangen Fahrt eingeschlafen und vom Fahrer und Busmanager vergessen worden. Als wir in Mandalay ankamen, stand ihr die Enttäuschung über die rund 200 zu viel gefahrenen Kilometer ins Gesicht geschrieben. Aber sie trug es mit Fassung. Ohne Murren akzeptierte sie die flattrige Entschuldigung des Busmanagers und kaufte sich auf eigene Kosten eine Fahrkarte von Mandalay zum Inle See. Ich war mir nicht sicher, ob sie aus Müdigkeit oder aus Resignation nicht versucht hat, eine Rückfahrt auf Kosten des Busunternehmens zu erwirken oder ob sie schon so gechillt mit den lokalen Unzulänglichkeiten umging, wie ich es zu diesem Zeitpunkt als Übender noch nicht konnte.

Zu diesem Zeitpunkt meiner Reise war es für mich noch unvorstellbar, mich der Blödheit der Verantwortlichen derart kampflos zu beugen und die nachteilhafte Situation auf so stoische Weise anzunehmen.

Nicht allzu lange Zeit später bin ich genau da angekommen und akzeptiere jeden Mist, der mir unverschuldeterweise passiert – als Chance, meine Reiseziele neu anzupassen.

Die Kinder von Thinggangou

Bisher hat sich meine Hartnäckigkeit meistens gelohnt. Manchmal gelingt ein Vorhaben aber auch erst in dem Moment, in dem ich es loslasse und den Gedanken verwerfe. Ich will unbedingt mit einem Flussschiff zurück nach Yangon fahren. Überall im Land wurde sechs Monate zuvor der Betrieb der staatlichen Wassertransportgesellschaft eingestellt. Jedenfalls für Touristen. Im Norden gibt es noch zwei mir bekannte Strecken, die für Touristen offen sind, und eine völlig überteuerte Route von Mandalay nach Bagan, auf der man mit Sicherheit keine Einheimischen trifft.

Ich befinde mich am Hafen von Pathein und versuche, an Informationen zu gelangen. In einem Haus, das auf Stelzen in den Fluss gebaut ist, entdecke ich ein Schild mit der Aufschrift: Immigration Office. In Pathein gibt es ein Immigrationsbüro? Pathein liegt rund 100 Kilometer vom Meer entfernt inmitten des Ayeyarwady-Deltas. Der Hafen sieht nicht aus, als ob er von Schiffen aus anderen Ländern angelaufen wird. Das Büro steht offen und drinnen sitzt ein Mann, der aus einer Porzellanschale Reis löffelt. Als er mich bemerkt, bittet er mich mit vollem Mund, einzutreten. Wo ich her sei und so weiter. Ein freundlicher Mann! Ich frage ihn, wer hier über 100 Kilometer im Landesinneren immigriert. Von Zeit zu Zeit kämen Handelsschiffe aus China oder sonst woher. Aber das sei eher selten. Herr On, so heißt der Mann, hat einen angenehmen Job. Er wartet, bis vielleicht doch mal jemand kommt und einen Einreisestempel braucht. Ich erzähle ihm von meinem Vorhaben. Er winkt ab.

»Keine Schiffe mehr, die nach Yangon fahren«, sagt er kauend zu mir. Die führen selbst nicht mehr für Einheimische. Er wisse auch nicht, warum.

»Aber fahr doch nach Thinggangou.«

»Thinggangou? Nie gehört.«

Er deutet mit dem Finger auf eine Stelle einer Landkarte des Ayeyarwady-Deltas. Unter seinem Finger ist nichts eingezeichnet.

»Die kannst du besuchen gehen. Da fährt ein Schiff hin.«

Ich frage, ob die denn besucht werden wollen.

»Ja, die wollen!«

Ich bin sofort neugierig und frage Herrn On noch ein bisschen darüber aus. Herr On sagt, es seien sechs Stunden Fahrt bis dorthin. Aber dann rückt er von seinem Vorschlag ab und meint:

»Geh besser nach Lebutta. Das ist nicht so weit, und dort gibt es auch ein Hotel.«

In Thinggangou hingegen müsse ich im Kloster übernachten.

Natürlich fahre ich nach Thinggangou.

Am anderen Morgen stehe ich in aller Frühe am Hafen und zeige meine Fahrkarte nach Thinggangou vor. Alle sehen mich ungläubig an. Das muss ein Irrtum sein!

»Ja, ich will da wirklich hin.«

Ich suche meinen Platz im Schiff, vermutlich fahre ich erster Klasse, es gibt nämlich Sitze mit Bezug. Die Abfahrt zieht sich hin, bis endlich alles geladen ist. Diese Schiffe transportieren wie die Busse immer alles. Säckeweise Obst, Gemüse, Blumenerde, Kühlschränke, Reifen, Motorersatzteile, Elektronikmüll, Wasser, einfach alles. Im vorderen Teil des Schiffes befinden sich etwa 60 Sitzplätze. Ich habe einen »Fensterplatz«. Also ein Fenster ist eigentlich nicht drin, aber ein viereckiges Loch zum Rausschauen. Dann gibt es einen Verbindungsteil, wo das Schiff nach Steuer- und Backbordseite zum Ein- und Aussteigen offen ist, eine Öffnung zum Laderaum und eine Treppe nach oben. Der hintere Teil des Schiffes ist etwa 20 Meter lang. Hier gibt es einige Sitzbänke aus Holz oder die Passagiere müssen sich auf dem Boden oder den geladenen Säcken einrichten. Ganz hinten befinden sich zwei übel riechende Toiletten. Oben sind im vorderen Bereich Sitze und hinten ist das Schiff ein Cabrio mit Sonnensegel. Das Schiff ist völlig überladen. Mindestens 30 Verkäufer sind mit an Bord, die kurz vor der Abfahrt noch schnell Wasser, Erdnüsse, Wachteleier, Maiskolben, Reisgerichte, sämtliche Obstsorten, Jackfruit und diese fürchterlich stinkende Frucht »Durian« verkaufen wollen. Ich habe noch keinen Reisenden getroffen, der diese Frucht mochte. Die Einheimischen fahren voll darauf ab. Ich habe einiges an Proviant dabei, aber hart gekochte Wachteleier gehen immer. Als das Schiff endlich abfährt, bleibe ich der einzige Tourist an Bord. Ich fühle mich gut. Die Verkäufer sind weg, und es wird ruhiger an Bord. Jetzt hört man den Dieselmotor wummern und lokale Musik über die Lautsprecher.

Stunden später dröhnt das Schiffshorn und ein Anleger kommt hinter einer Flussbiegung in Sicht. Es ist der erste Stopp. Es sollen noch weitere folgen. Einer davon muss Lebutta sein, der einzige größere Ort auf der Strecke. Es steigen immer nur Leute aus, kaum einer ein. Ich versuche, mich mit ein paar jungen Burmesinnen, die auch erster Klasse reisen, zu unterhalten und herauszufinden, wie weit es noch ist. Wir kommunizieren per Smartphone. Englisch sprechen und verstehen können sie nur wenig, aber schreiben und lesen klappt. So kommunizieren wir über nicht abgeschickte Textnachrichten miteinander. Das funktioniert erstaunlich gut. Die Mädels wollen immer wieder wissen, für welche NGO ich nach Thinggangou reise. Ich verstehe erst nicht, wieso NGO? Ich bin Tourist, so wie die anderen. Ach so, richtig, ich bin ja der Einzige. Sie erklären mir, dass schon vor mir weiße Männer in Thinggangou waren. Und wieder fällt

NGO. Ich bohre nach und es kommt heraus, dass Thinggangou im Jahr 2008 von einem Zyklon namens »Nargis« getroffen wurde, der das Dorf vollkommen zerstörte und Hunderte der Bewohner tötete. Danach seien »Non Governmental Organisations« in Thinggangou gewesen, um das Dorf mit dem Allernötigsten zu versorgen und den übrigen Bewohnern zu helfen. Ich frage:
»And who was there after the NGO left?«
Sie zeigen mit dem Finger auf mich.
»You!«
Ich glaube ihnen nicht. Ich halte es für einen Scherz, den sich die Mädels da für mein Ego einfallen lassen haben. Irgendwelche Touristen waren bestimmt schon vor mir da. Es sind ja auch »nur« sechs Stunden Flussfahrt bis dahin. Denkste!

Nach den besagten sechs Stunden legen wir tatsächlich an. Aber nicht in Thinggangou. Ich kommuniziere eilig das Wichtigste mit den Mädels, denn sie steigen hier aus. Es seien noch ein oder zwei weitere Dörfer, wo das Schiff hält. Das Schiff wird eine Pause von einer halben Stunde machen, um Ladung zu löschen. Die verbleibende Fahrzeit soll eine Stunde betragen. Ich rechne nach.

Verbleibende Fahrzeit eine Stunde bis Thinggangou plus eine halbe Stunde Ladung löschen macht in Myanmar drei Stunden, bis ich in Thinggangou von Bord kann.

Ich wimmle all die selbst ernannten Motorradtaxifahrer ab, die mir eine Abkürzung auf dem Landweg vorschlagen, und fahre weiter. Die Fahrkarte gilt bis Thinggangou und bei den hilfsbereiten Taxifahrern weiß man nie, woran man ist. Irgendwo findet sich immer eine Bambusbrücke, deren Überquerung ich dann extra bezahlen muss oder – auch beliebt – auf halber Strecke geht das Benzin aus, dann soll ich dafür teurer nachzahlen.

Ziemlich genau neun Stunden nach der Abfahrt, es ist inzwischen dunkel, erreicht das Schiff mit den wenigen übrigen Passagieren Thinggangou. Als ich aussteige, werde ich wieder ungläubig angesehen. Kurz darauf sitze ich in einer Art Restaurant. Das einzige in Thinggangou. Ich rede mit Händen und Füßen mit dem Besitzer. Es ist lustig. Ich esse und trinke und bin müde. Dann kommt einer, der Englisch kann. Ein bisschen jedenfalls. Meine Ankunft hat sich gleich herumgesprochen. Etwas später kommt mich die Polizei besuchen. Es sei nichts Schlimmes, gibt man mir zu verstehen. Sie wollen nur wissen, wer ich bin und was ich hier mache. Es wird lustiger. Inzwischen glaube ich tatsächlich, der erste Weiße seit den Helfern von US-Aid zu sein. Vor dem Klo, das man über Bretter ein gutes Stück im Mangrovenwald am Ufer erreicht, hängt ein Sichtschutz als Türersatz vor zwei Brettern mit Zwischenraum, die das Klo sind. »US Aid« steht darauf. Ein Klogang ist hier ein Abenteuer für sich. Man braucht die Taschenlampe, sonst fällt man auf dem Weg oder spätestens auf dem Klo in den darunterliegenden Schlamm.

Die Polizisten, zwei junge Männer ohne Uniform, nehmen meine Personalien auf. Sie haben keinerlei Erfahrung damit, notieren mit Bleistift auf einen mitgebrachten Zettel meinen Namen, mein Herkunftsland und den ersten Teil meiner Passnummer. Dann suchen sie das Visum in meinem Pass. Die Visanummer schreiben sie nicht mehr auf. Als das Laientheater beendet ist, zeigen mir der Mann, der Englisch kann, und ein kleiner inzwischen herbeigekommener Junge den Weg zum Kloster.

Der Weg führt durch einen spärlich beleuchteten Teil des Dorfes und in einem weiten Bogen um eine Weide mit Kühen darauf, von denen ich nur die Silhouetten erkennen kann. Nach zehn Minuten sind wir da. Das Gelände ist mit Palisaden eingefasst. Ein schlichtes hölzernes Portal ist der Eingang. Drinnen liegt auf der linken Seite ein größerer Holzbau, in dem Licht brennt und zu dem ein schmaler Weg führt. Wir gehen auf dem Hauptweg geradeaus. Vor uns befindet sich der Tempel auf Stelzen stehend und rechts daneben eine größere Freifläche. Weiter hinten stehen noch zwei kleinere Steinhäuser. Der Tempel ist ganz aus Holz gebaut. Da es dunkel ist, sehe ich nicht alle Details, aber er wirkt schlicht, passend zum Portal des Klosters. Über eine hölzerne Treppe gelangen wir nach oben in das Innere.

Die Mönche scheinen ganz schön überrascht, laden mich aber gleich ein. Wir sitzen in der Gebetshalle und ich erzähle, so gut es eben geht, die Geschichte über mein Herkommen, von Herrn On bis zum Abt. Anwesend sind der Abt, sechs Mönche, zwölf Novizen und viele Kinder in normaler Kleidung. Im Laufe der Zeit kommen mehr und mehr Teile zu meinem Puzzle über Thinggangou zusammen. Die vielen Kinder, die im Kloster wohnen, es sind über 20, sind zwischen neun und zehn Jahre alt und größtenteils Waisenkinder, die ihre Eltern bei der schweren Sturmkatastrophe verloren haben. Außerdem leben im Kloster noch ein paar sehr arme Familien. Der Junge, der mich vom Restaurant abgeholt hat, bleibt von nun an immer in meiner Nähe. Auch er wohnt hier.

Die Polizei kommt erneut vorbei. Diesmal haben sie einen Polizisten dabei, der nicht so planlos wirkt. Er hat zwar auch keinen Block oder ein Formular, auf dem man deutlich die Staatsmacht die dahintersteht erkennen kann, aber auf seinem Zettel ist schon alles, was er wissen möchte, vornotiert und unterstrichen. Diesmal bekommt die Polizei wirklich meine Personalien. Sie plaudern noch eine Weile mit den Mönchen, dann verabschieden sie sich und gehen. Stunden später zeigen mir die Mönche meine Schlafstelle: ein Raum, der durch zwei im rechten Winkel zueinander aufgestellte Schränke und einen Vorhang den Schlafraum von der Gebetshalle abtrennt.

Am anderen Morgen kommt Souena, der kleine Junge, der mich ins Kloster begleitet hat, zu mir. Er weckt mich und bringt mir etwas Obst. Später am Morgen führt er mich im Dorf herum und zeigt mir jeden Zaun und jede Kuh. Wieder hängen überall diese US-Aid-Planen an den Holzhäusern. Mit vier Wassermelonen beladen, die ich für die Mönche gekauft habe, kehren wir zum Kloster zurück.

Am Nachmittag laden mich die Mönche zum »Chinloe« Spiel ein. Ich kenne es bereits in der Alltagsvariante. Dabei stehen die Spieler im Kreis und versuchen einen kleinen gewebten Rattanball gemeinsam möglichst lange in der Luft zu halten. Gespielt wird hauptsächlich mit dem nackten Fuß, aber auch mit dem Knie, Oberschenkel, mit der Brust oder dem Kopf. Es geht dabei nicht ums Gewinnen, sondern allein um den Spaß. Die Mönche hier haben eine Leine auf eineinhalb Meter Höhe gespannt und spielen das Spiel meisterhaft im Doppel nach Punkten. Zuweilen erinnern sie an Shaolinkämpfer, wenn sie den Ball aus unmöglichen Positionen aus der eigenen Spielfeldhälfte befördern. Ich spiele mit und wir haben eine tolle Zeit. Leider wollen sie wenig später Fußball spielen. Für den Deutschen.

»Wie komme ich aus der Nummer nur raus?«
Ich gehöre zu den Deutschen, die beim Fußballspiel besser vor dem Fernseher sitzen bleiben. Da sie nicht locker lassen, muss ich mitspielen. Ich bin überrascht, wie gut die Mönche spielen. Dann gelingt es mir, eine Zerrung vorzutäuschen. Ich bin entschuldigt und darf vom Platz. Wieder im Schatten, sitze ich mit den beiden Jungs zusammen. Sie fragen mich alles Mögliche. Vor allem Auntu, ein Waisenjunge, ist jetzt ständig um mich herum. Ich wünschte, ich könnte ihn verstehen, aber die Sprachbarriere liegt bei 100 %. Ich erlebe ein echtes Gefühlskarussell. Ich merke, wie Auntu, der keine Eltern hat, anhänglich ist. Die meisten Waisenkinder hier sind scheu. Aber Auntu spricht mit mir und stellt mir ständig Fragen, die ich nicht verstehe. Ich bin von ihm ab der ersten Minute als vollwertiges Mitglied der Gemeinschaft anerkannt. Den ganzen Tag unterhält er mich mit jeder Menge Blödsinn, den er für mich veranstaltet. Ich weiß nicht, ob er nur unheimlich neugierig ist oder ob er bei mir etwas sucht, was er sonst bei niemanden findet. Es wird mir schließlich zu viel, und ich versuche mich herauszuziehen, aber es klappt nicht. Ich bin überwältigt von der Offenheit, die ich seitens mancher Kinder hier erlebe.

Der Tag vergeht und nach dem Abendessen versammeln sich die Kinder vor dem Plasmafernseher und sehen sich Zeichentrickfilme in englischer Sprache an, die sie nicht verstehen. Die Mönche habe ich bisher kein einziges Mal beim Beten oder Meditieren gesehen. Dafür kauen sie jetzt Betelnuss und rauchen Zigaretten. Ich muss lachen. Einer kommt tatsächlich mit einem Bier vom Kühlschrank, der im Bereich des Abtes aufgestellt ist, zurück. Diese Gebetshalle ist ohnehin etwas zweckentfremdet eingerichtet. Da steht, wie schon erwähnt, der Kühlschrank an einem Pfosten, um den Kabel bis unters Dach gewickelt sind. Gleich daneben dieser eindrucksvolle Stuhl vom Abt, der wie ein Thron in der Halle wirkt, und vor dem Stuhl ein großer Couchtisch. An einem weiteren Pfosten hängt der Plasmafernseher. Davor liegt ein großer Teppich auf dem Boden. Das Ganze ist so eine Art Audienzsaal-Wohnzimmer des Abtes.

Sonst ist die Halle, bis auf die beiden provisorisch abgetrennten Schlafräume links und rechts vom Schrein, leer. Rechts über die gesamte Länge liegen Bastmatten auf dem Boden unter den Fenstern und ein paar Habseligkeiten. Hier schlafen die Mönche und Novizen.

Es wird wieder dunkel in Thinggangou. Während die Kinder noch vor dem Fernsehgerät sitzen, ziehe ich mich müde zwischen die Schränke zurück.

Die ersten Sonnenstrahlen wecken mich. Auntu sitzt schon eine Weile still neben mir und wartet mit Obst darauf, dass ich aufwache. Als ich mich aufrichte, sagt er etwas zu mir und reicht mir das Obst.

Nach meinem Frühstück ziehe ich mich an und gehe über den Steg zu den Waschräumen hinüber. Die stehen ebenfalls auf Stelzen, befinden sich aber fünf Meter außerhalb des Tempels. Während ich mich wasche, höre ich Kinder kichern. Ich drehe mich um und sehe hinter kleinen Löchern in der Wand mehrere Mandelaugen. Dann flüchten sie unter kindlichem Gelächter. Ich liebe diesen Ort. Wenn ich nur mit den Menschen sprechen könnte. Nach der Morgentoilette holen mich Souena und Auntu ab. Ich weiß nicht, wohin sie mit mir gehen wollen. Wieder durchqueren wir das Dorf, vorbei an vielen der Überbleibsel meiner Vorgänger an diesem Ort. Dann höre ich Kinder Verse rufen. Kurz darauf sehen wir sie kommen. Einer der Waisenjungen läuft weit voraus und ruft in regelmäßigen Abständen die Verse aus. Etwa zehn Meter hinter ihm gehen weitere Kinder. Dahinter die Mönche mit Opferschalen. Vor vielen Häusern erscheinen Frauen, die etwas Reis oder Gemüse geben. Für ihre Gaben werden sie von den Mönchen gesegnet. Meine beiden Guides wollen, dass wir uns anschließen. Wir gehen noch gut eine halbe Stunde mit, bis die Bettelmönche zum Kloster zurückkehren. Wieder geht mir durch den Kopf, dass ich zwar gerne noch länger bleiben würde bei diesen wundervollen Menschen, ich mich hier aber nicht verständigen kann. Ich kann ihnen auch nicht helfen, wobei das so gönnerhaft klingt. Es geht ihnen ja auch nicht schlecht. Was soll ich machen, Auntu adoptieren? Sicher nicht leicht. Wirklich wollen muss man so was auch, würde er das wollen und wäre es gut, einen Jungen aus seinem Umfeld zu reißen? Ich fühle mich seltsam: Da komme ich in ein Dorf, das weit ab von der nächsten Stadt liegt, keinerlei Erfahrung mit Touristen hat, und werde herzlich aufgenommen, als wäre ich schon immer dagewesen. Alle hier freuen sich einfach über den seltenen Besuch. Ich kann ihnen gar nichts zurückgeben außer meiner Anwesenheit. Wenn ich ihnen Geld gebe, verbessert sich ihr Leben dadurch nicht. Sie kaufen davon nicht etwa Medikamente, sondern Konsumgüter. Ich beschließe, ihnen alle Fotos zu schicken, die ich von ihnen gemacht habe. Fotos habe ich im ganzen Dorf keine gesehen. Von ein paar Fotos ihrer Kindheit haben Auntu und Souena sicher mehr als von einer weiteren Micky-Mouse-DVD.

Den nächsten Tag verbringe ich noch im Kloster. Am Abend will ich mit dem Schiff nach Pathein zurückfahren. Ich verabschiede mich von den Mönchen und verspreche den Kindern wiederzukommen. Im Dorf versuche ich die Abfahrtszeit herauszubekommen. Sehr schwere Aufgabe! Ich höre mal abends um zehn, mal um elf oder zwölf. Ein anderer sagt um ein Uhr in der Nacht. Gegen zehn Uhr am Abend verabschiede ich mich von den Mönchen und werde noch zum Anleger begleitet. Um zehn ist zwar ein Schiff da, aber es ist ein Lastenschiff und noch viel langsamer als das, mit dem ich gekommen bin. Schließlich kommt das Schiff an der Anlegestelle an, auf das ich warte, aber dann gehen auf einmal alle weg. Das kann noch spannend werden. Ich warte beim Wirt und trinke etwas. Als um Mitternacht endlich der Motor angeht und ich Menschen höre, verabschiede ich mich vom Wirt und gehe aufs Schiff, um dort die Abfahrt abzuwarten. Etwa um ein Uhr in der Nacht geht die Fahrt endlich los. Außer mir sind nur vier andere Passagiere an Bord. Ich lege mich auf dem Oberdeck im Freien unter dem Himmelszelt hin und sehe in die sternenklare Nacht, während wir an den Mangrovenwäldern an den Ufern langsam vorbeifahren und ich unter dem Dieselgewummer wegdämmere.

Home sweet home, Malakka

Nach meiner Rückkehr aus Myanmar nach Malaysia kehrt auch meine Reisemüdigkeit zurück. Ich fühle mich fürs Erste pappsatt vom Reisen. Von Zeit zu Zeit holt mich ein Bedürfnis nach Normalität ein. Ich möchte einen Haushalt führen, Wäsche waschen und aufhängen, einer regelmäßigen Tätigkeit nachgehen und ein paar Bekannte haben. Dafür eignen sich Orte, an denen man sich wohlfühlt, leicht neue Leute trifft und an denen man als Ausländer leicht irgendeiner Beschäftigung gegen Bezahlung nachgehen kann, sodass der Reisestillstand nichts vom Budget verschlingt.

Ich imitiere das normale Leben in Malakka. Für diese Stadt als Aufenthaltsort spricht, dass sie ziemlich genau zwei Autostunden südlich von Kuala Lumpur an der – man glaubt es kaum – Straße von Malakka liegt. Nach Singapur ist es ungefähr genauso weit. Hier gibt es noch richtige Seeräuber, erzählt man sich auf der Seite des Auswärtigen Amtes. Und es sei hochgefährlich, mit der Fähre nach Sumatra überzusetzen. Allerdings verkehrt die Fähre täglich und ich habe nie etwas über einen Zwischenfall gehört.

Viel wahrscheinlicher als ein Angriff von Piraten wäre auf der Straße von Malakka ein Zusammenstoß mit einem der unzähligen Frachtschiffe, die diese Meerenge täglich passieren.

Ich bleibe über zwei Monate und abgesehen von ein paar Ausflügen, bleibe ich die meiste Zeit in der Stadt. In einem Gästehaus in Malakkas Chinatown finde ich Arbeit als Rezeptionist. Viel gearbeitet wird nicht. Mein Job ist eher eine Art Anwesenheitsverabredung gegen Bezahlung. An vielen Tagen wette ich mit meiner britischen Kollegin, wer während seines Dienstes weniger Check-ins beziehungsweise Check-outs haben wird. Außer der Arbeit an der Rezeption fällt noch gelegentliches Füttern der Goldfische und mal ein Bild umhängen in meinen Aufgabenbereich. Die restliche Arbeitszeit vertreibe ich mir damit, die Kinder der Gäste mit Gesellschaftsspielen bei Laune zu halten, während deren Eltern in der Altstadt bummeln. Ich verdiene am Tag gerade so viel, wie ich ausgebe. Vom Gästehaus bis zu meinem Zimmer, das ich dauerhaft in einem anderen Gästehaus angemietet habe, sind es weniger als fünf Minuten zu Fuß. Für weitere Strecken benutze ich ein mir überlassenes Fahrrad. In der Freizeit lese ich und treffe mich mit anderen Reisenden, die ebenfalls in Malakka hängen geblieben sind. Darunter sind einige Schriftsteller, Kunsthandwerker, Maler und Musiker – aber auch einige zweifelhafte Leute, bei denen man nicht genau weiß, wie sie ihren Lebensunterhalt bestreiten. Jedenfalls nicht durch Arbeit. Das wäre aufgefallen.

So vergeht die Zeit.

Noch steht es gut um mein Reisebudget. Aber mein Reisetempo und die immer länger werdenden Reisepausen geben mir zu denken, ob ich wirklich ganz um die Welt reisen werde.

Eigentlich kein Grund sich darüber Gedanken zu machen. Ich muss ja keine Weltumrundung zustande bringen. Es geht mir ja nicht darum unbedingt ein Ziel zu erreichen, sondern um genau das, was bisher geschehen ist. Nämlich tolle Momente zu erleben, außergewöhnliche Erfahrungen zu machen und die mir bislang fremden Kulturen zu erleben und zu verstehen. Allerdings bin ich schon fast ein Jahr unterwegs und Luftlinie gerade so 1000 Kilometer von Bangkok bis nach Malakka weit gekommen, wenn ich die vielen Schlenker nicht berücksichtige. Wie viele Kilometer ich tatsächlich zurückgelegt habe, weiß ich nicht – auf jeden Fall ein Vielfaches der Luftlinie.

Already finished

Eigentlich wollte ich ja, wann immer möglich, aufs Fliegen verzichten, aber diesmal war es mir zu umständlich, auf andere Verkehrsmittel zu setzen. Von Malakka aus verkehrt die letzte noch betriebene Sumatrafähre, aber ich konnte mir weder in Malakka noch in Kuala Lumpur ein Visum für Indonesien besorgen. Das zuständige Konsulat war in Georgetown auf der Insel Penang. Ich musste einmal mehr in den Norden Malaysias. Von Georgetown gibt es leider keine Fährverbindung mehr nach Sumatra, also entschied ich mich zu fliegen, um nicht den ganzen Weg zurückzumüssen. Außerdem führt die Flugverbindung nach Medan, was einige hundert Kilometer nördlicher und damit für mich günstiger liegt, als die Stadt Dumai, die das Ziel der Fähre von Malakka ist. Ich besorge mir mein Visum und genieße einen freien Tag in Georgetown.

Gut, dass ich den diensthabenden Beamten am Morgen desselben Tages noch nach den genauen Abfahrtszeiten der Busse zum Flughafen gefragt habe. Mein Flug nach Medan geht am Abend. Endlich geht es nach Sumatra. Um halb sieben soll der Bus zum Flughafen der Insel abfahren.

Ich bin da, der Bus nicht. Ich frage nach. Der Beamte vom Morgen sitzt noch am Schalter und gibt mir jetzt zu verstehen:
»Six thirty? Already finished!«
Dann lacht er überlegen.
»What? Already finished?«

Er hat mir doch vorher erklärt, dass es um halb sieben einen Bus gäbe. »Finished! Finished!«, wiederholt er und grinst.

Das sind Momente auf meiner Reise durch Südostasien, die ich wirklich hasse. Die Flapsigkeit, mit der Bedienstete manchmal Falschinformationen verkünden und sich anschließend auch noch darüber lustig machen, kann ich nicht nachvollziehen. Ein nicht erreichter Kurzstreckenflug, auch wenn er nur rund 150 Euro kostet, ist auch für Europäer ärgerlich. Auch Taxifahrer sind so eine Berufsgruppe. Für deren agressiv aufdringliches Gebaren und die vielen Abzocktricks hört man als Entschuldigung stets, sie haben große Familien zu ernähren. Da fallen mir dann immer die Frauen mit ihren uralten Nähmaschinen oder Flickschuster am Straßenrand ein. Grundehrliche Leute. Die haben auch alle eine Familie, die sie ernähren müssen. Wenn ich da was zum Flicken vorbeibringe, gebe ich gern mal das Doppelte und mehr, weil sie immer gute Arbeit abliefern und ganz anständige Leute sind. Apropos Taxi! Jetzt schnell ein Taxi auftreiben. Das wird zwar teuer, aber was bleibt mir anderes übrig. An der Straße stehend, winke ich den vorbeifahrenden Taxen zu. Sie sind alle besetzt und fahren weiter.

Um viertel vor sieben fährt ein Bus vor, auf dem Penang Airport steht. Dieselbe Uhrzeit lese ich auf der elektronischen Anzeigetafel. Ich frage jetzt lieber den Fahrer, ob der Bus tatsächlich zum Flughafen fährt oder ob Flughafen nur so zum Spaß draufsteht.

Er fährt! Die Fahrzeit beträgt jetzt nur noch dreißig Minuten statt einer vollen Stunde, wie es vorhin hieß, behauptet ein Fahrkartenverkäufer, der am Bus steht. Der Fahrer widerspricht. Laut ihm soll die Fahrt sogar eineinhalb Stunden bis zum Flughafen dauern wegen des dichten Verkehrs. Dafür ist der Preis von vier Ringgit auf zwei siebzig geschrumpft. Ich bin einerseits nervös, ob ich meinen Flug noch bekomme, andererseits längst an solche Situationen gewöhnt. Ich werde schon sehen, ob ich heute nach Sumatra fliege. Je nachdem, ob »Already finished« vorliegt oder nicht.

Einmal wirst auch du bestohlen

Den Fug erreicht und sicher gelandet, geht es in einem klapprigen Bus vom Flughafen Medans in die Stadt. Eine staubige, laute Betonwüste ohne Sehenswürdigkeiten. Einige meiner Mitfahrer helfen mir dabei, meine Haltestelle zu finden. Einer spricht sogar ein paar Brocken Deutsch. Als ich ihn frage, warum er Deutsch spricht, erfahre ich, dass es tatsächlich Schulen in Indonesien gibt, wo man Deutsch lernen kann. Er wird womöglich nicht der letzte bleiben, der mich verstehen kann. Als die Haltestelle erreicht ist, von wo ich die paar Budgetunterkünfte Medans finde, die ich mir in meinem Reisebuch markiert habe, verabschiede ich mich von meinen Mitfahrern auf Deutsch.

Ich biege in die schmale Seitenstraße ein, an deren Beginn ein rostiges Schild mit der Aufschrift »Hotel« steht. Drei der insgesamt vier Hotels, wie sie sich selber nennen, sehe ich mir an und bei jedem habe ich das Gefühl, dass man mit einem Zahnstocher als Dietrich in die Zimmer einbrechen könnte. Naja, hilft ja nichts! Ich suche mir das »Beste Hotel am Platze« heraus und bezahle gern etwas mehr dafür. An meinem Zimmer gefällt mir nur eines nicht. Das Fenster ist von einer Terrasse aus zugänglich und die Aluminiumriegel an der Innenseite sehen auch nicht gerade vertrauenerweckend aus. Ich frage an der Rezeption nach, ob ich nicht einen Stock tiefer eines der Einzelzimmer haben könne.

»All full!«, lässt mich der Rezeptionist mit einem Kopfschütteln wissen. Ich bleibe, was soll's. Außer einem einstündigen Spaziergang durch die staubige Betonwüste und der kurzen Besichtigung einer Moschee, die als einzige Sehenswürdigkeit von Medan gilt, unternehme ich nichts. Am anderen Morgen mache ich mich auf den Weg nach Bukit Lawang.

Unterwegs sehe ich, wie weit die Abholzung des Regenwaldes auf Sumatra bereits vorangeschritten ist.

»Ich fahre doch in den Wald hinein und nicht aus ihm heraus«, denke ich mir bei dem Anblick, der sich mir jetzt immer häufiger bietet. Die Fahrt geht vorbei an riesigen Palmölplantagen, in denen die Ölpalmen in Reih und Glied stehen und man kilometerweit zwischen den Reihen hindurchsehen kann. Dann riesige Kahlschläge, teils standen hier schon vorher Ölpalmen, die jetzt gefällt daliegen, teils wurde der Regenwald frisch gerodet. Uns kommen fast ausschließlich Lastwagen, die mit der öligen Frucht beladen sind, entgegen. Die Plantagen reichen bis unmittelbar an den Nationalpark heran. Lediglich die letzten Kilometer geht die Fahrt durch natürlichen Wald.

Im winzigen Bukit Lawang angekommen, höre ich mich nach einem Gästehaus um und nach einer Gelegenheit, um eine Dschungeltour zu den Orang-Utans mitzumachen. In einem angenehmen Gästehaus mit Restaurant ganz am Rand des Dörfchens beziehe ich ein kleines Zimmer mit Wänden aus Bast. Als ich mich zur Dschungeltour anmelden will, bemerke ich, dass mir Geld fehlt. Ich wurde bestohlen! Der Dieb hatte von allen Währungen, die ich noch hatte, genommen und von allen Währungen gerade so viel übrig gelassen, dass es nicht sofort auffällt und ich, falls es mir rechtzeitig aufgefallen wäre, an der Rezeption nicht überzeugend argumentieren hätte können. Insgesamt war die Beute des Diebs etwa 140 Euro aus Rupiah, US-Dollar, Euro und Ringgit. Zum ersten Mal auf meiner Reise bin ich bestohlen worden, abgesehen von meiner Carrera-Sonnenbrille, die in Vietnam wegkam, und einem T-Shirt, das vermutlich nur jemand versehentlich in einem Dorm in seinen Rucksack eingepackt hatte. Es war nur Geld! Ich will mir die gute Laune nicht verderben lassen und buche meine Dschungeltour ohne genügend Bargeld. Der nächste Geldautomat liegt 30 Kilometer entfernt. Ich muss mir bei meinem Gästehaus über die Kreditkarte Geld besorgen. Natürlich gegen eine saftige Gebühr. Als ich den Belegausdruck in der Hand halte, bin ich mir gar nicht mehr so sicher, ob mir das Geld wirklich bereits in Medan gestohlen wurde. Ich werde es nie herausfinden. Also abhaken und weitermachen!

Gunung Leuser Nationalpark

Die Dschungeltour beginnt am frühen Morgen. Sie wird bereits nach einer Stunde Wanderung zu einer echten Herausforderung. Wir werden nass bis auf die Unterwäsche und auch in unseren Rucksäcken bleibt nichts trocken. Ein Starkregen zwingt uns, einen Unterstand aufzusuchen und dort für eineinhalb Stunden auf besseres Wetter zu warten. Wir frieren sogar, obwohl es vor Kurzem bei 36°C noch schwülheiß war. Als es abgeregnet hat, können wir weiter. Die Wanderung dauert noch weitere vier Stunden, bis wir unser Camp erreichen. Bis dahin haben wir kaum etwas Lebendiges gesehen und erst recht keine Orang-Utans.

Das Camp steht bereits. Aus Erde und Steinen sind mehrere kleine Plateaus aufgehäuft, auf denen Holzgestänge mit einfachen Regenplanen angebracht sind. In jeder dieser Behausungen, die zur Vorderseite komplett offen sind, finden vier bis fünf Leute Platz. Sonst gibt es noch eine Feuerstelle und einen kleinen Bach, der am Camp vorbeifließt. Wir baden im Bach und waschen unsere verschwitzten Kleider, die, sobald sie zum Trocknen aufgehängt sind, so voller kleiner schwarzer Waldbienen sind, dass man das Aufgedruckte nicht mehr erkennen kann. Unsere Guides kochen am offenen Feuer und wir essen am Lagerfeuer zu Abend. Danach sind alle müde und wir verkriechen uns in unsere Schlafstätten.

In der Nacht wache ich mit einem eigenartigen Bauchgefühl auf. Einem sehr eigenartigen! Es fühlt sich an, als würde mir etwas die Eingeweide abschnüren. Ein stechender, nicht enden wollender Schmerz, dann steigt etwas in mir auf. Gerade noch schaffe ich es aus meinem Lager.

Noch vor Sonnenaufgang entleere ich mich dreimal durch alle Körperöffnungen, außer meinen Ohren. Das letzte mal sogar gleichzeitig. Ich muss die anderen geweckt haben. Als ich mich von meinem letzten Kotzgang zurück ins Camp schleppe, sind fast alle wach. Ich fühle mich beschissen! Zu meiner Übelkeit gesellt sich Kopfweh. Einer unserer Guides bietet mir an, mit ihm über den Fluss direkt ins Dorf zurückzukehren.

Es scheint also eine Art Notausgang zu geben. Ich lehne ab. Ich lasse ihn wissen, dass etwas mit dem Essen faul war.

Darauf erklärt er, dass Touristen das Klima im Dschungel nicht vertragen würden. So ein Unsinn! Und schließlich sei ich der einzig Kranke. Ich beginne eine sinnlose Diskussion. Den verdorbenen Magen habe ich schon und jetzt geht es mir auch noch ums Recht behalten. Darüber lässt sich mit den Menschen hier wunderbar streiten. Bringt nur leider nichts. Ich befinde mich in der Ego-Falle.

Eine neue Kotzfontäne steigt in mir auf und unterbindet meine sinnlose Rechthaberei. Ich gebe auf.

Aber nicht die Tour durch den Dschungel. Ich sehe deutlich die Grenze zwischen dem, was ich kontrollieren kann, und was nicht.

Mir ist übel, ich habe Kopfschmerzen und bin kraftlos. Jetzt auch noch streiten? Wenn ich nicht den Notausgang über den Fluss nehmen will, bleibt mir nichts anderes übrig, als die Situation vollkommen anzunehmen. Ich muss meine Bemühungen von meinen Erwartungen an ein bestimmtes Ergebnis trennen.

Um mich herum gehen die Vorbereitungen für unseren Aufbruch weiter. Alles zieht wie ein verschwommener Film an mir vorüber. Ich beschließe mich einzulassen. Einzulassen auf diese Situation, die ich nicht ändern kann. Ich packe meine Sachen und ziehe festes Schuhwerk an. Dann gehen wir los.

Ich konzentriere mich auf jeden meiner Schritte, alles andere blende ich aus. Es funktioniert!

An diesem Tag bin ich nicht mehr ganz vorne mit dabei, sondern ganz hinten. Ich schleppe mich durch den Dschungel und kotze mal hier und mal da in die Natur. Wie sich herausstellt, bin ich doch nicht der Einzige, der krank geworden ist. Ein weiterer Mann auf dem Treck sieht jetzt noch um einiges übler aus als ich und eine junge Frau kehrt mit einem Guide um und nimmt den Notausgang über den Fluss. Irgendwann bin ich gut zwei Minuten hinter den anderen und werde für meine Mühen, mich durch den Dschungel zu schleppen, belohnt. Ich sehe als Erster einen Orang-Utan über die Bäume hinter mir herkommen. Ich rufe niemanden. Dieser Moment gehört mir allein. Ich warte, bis der Orang-Utan direkt über mir ist. Es muss ein wilder sein. Er bleibt auf Abstand und beobachtet mich neugierig. Ich kotze noch mal kurz und mache ein paar schöne Fotos. Inzwischen haben die anderen auch bemerkt, was über mir im Baum sitzt, und kommen zurück. Wenig später kommen noch mehr Orang-Utans. Die Guides sagen, es seien mehrere halbwilde. Sie kommen deutlich näher an uns heran. Darunter ist auch ein Weibchen mit ihrem Baby. Sie beginnt, nachdem sie sich und ihr Kleines geduldig von uns Waldtouristen hat streicheln lassen, ein Nest direkt über uns in einem Baum zu bauen. Na, wenn das mal nicht einstudiert ist. Die Euphorie über die Tiere ist so groß, dass es mir schnell besser geht. Den Rest der Tour bis zum Fluss und die Flussfahrt in großen Gummiballons kann ich wieder problemlos bewältigen. Als wir in den Ballons liegen und flussabwärts schippern, kommt mir der Verdacht auf, dass sie uns keine zehn Kilometer in den Wald hineingeführt haben. Ich glaube, wir sind die ganze Zeit über in Schleifen unterwegs und höchstens drei Kilometer weit vom Dorf entfernt gewesen. Egal, es war außergewöhnlich.

Banda Aceh – alles ganz neu kaputt –

Über die Stadt Banda Aceh muss ich mich wirklich wundern. Meinen Informationen nach wurde sie bei der Tsunami-Katastrophe 2004 fast vollständig zerstört und danach mit Hilfsgeldern westlicher Länder wieder aufgebaut. Dass die Stadt nach so kurzer Zeit schon wieder dermaßen heruntergewirtschaftet ist, überrascht mich wirklich. Man mag doch annehmen, dass sich eine vor zehn Jahren zerstörte und wieder aufgebaute Stadt ein bisschen von den anderen auf Sumatra unterscheidet. Totale Fehlanzeige. Hätte ich nichts davon gewusst, wäre mir nichts aufgefallen. Sogar das Tsunamimuseum, ein immerhin sechseinhalb Millionen Euro teurer Bau – auf Sumatra kann man für 8000 Euro ein Haus bauen –, ist bereits völlig im Eimer. Von außen sieht es intakt aus. Ein sehr modernes Gebäude, tolle Architektur. Aber innen hängen überall Teile von der Deckenverkleidung herab. Fußböden sind ruiniert. In einem Raum stehen multimediale und interaktive Anlagen, von denen kaum noch eine funktioniert. Ich frage mich, wie das alles so schnell kaputt gehen konnte. Die Tsunamisimulationsbecken haben kein Wasser mehr, dafür Schmutzränder, woran man den früheren Wasserstand erkennen kann. Ich nehme an, dass das Museum als unwichtigste Hilfsmaßnahme zu allerletzt gebaut wurde. Es soll erst 2010 eingeweiht worden sein. Ich bin echt beeindruckt, wie man ein derart teures Museum in so kurzer Zeit derart kaputt machen kann. Im Museum finden sich in einem der Räume Tafeln, auf denen die großzügigen Geldbeträge nebst den Flaggen und Ländernamen zu lesen sind, die diese Beträge gespendet haben. Die Niederlande, als ehemalige Kolonialmacht, führt als besonders großzügiges Land die Reihe der vielen Tafeln an. Muss wohl der besonderen Verbindung der beiden Länder geschuldet sein, als Wiedergutmachung für die Jahre der Ausbeutung – noch vor den USA und sämtlichen anderen reichen Ländern der Welt. Deutschland schneidet recht mittelmäßig ab. Ich habe das irgendwie anders in Erinnerung. Der angeblich gespendete Betrag scheint mir dafür, was wir in Deutschland immer über unsere Spendengroßzügigkeit hören, doch recht klein. Kann das sein?

Damals wurde für über 50 Millionen Euro ein hochmodernes Tsunami-Frühwarnsystem entwickelt und gebaut. Nicht, dass es nicht funktionieren würde, aber wie sollen die Sensoren an den Bojen auf dem Meer einen kommenden Tsunami melden, wenn sie inzwischen alle ausgebaut und auf einem der Piratenmärkte irgendwohin verkauft wurden? Die deutschen Spendengelder wurden nicht direkt in den Wiederaufbau der völlig zerstörten Stadt gesteckt, sondern geschickt an deutsche Ingenieurskunst gebunden. Die deutsche Spendenfreudigkeit findet auf den Tafeln in Banda Aceh jedenfalls keine besondere Resonanz.

Nach einem Vormittag in Banda Aceh nehme ich die Fähre nach Pulau Weh – eine wunderschöne Insel mit einem etwas vergammelten Denkmal, das Indonesiens nördlichsten Punkt markiert. So schön und abgelegen die kleine Insel ist, ihre wahre Pracht offenbart sie unterhalb der Wasseroberfläche.

Eine lohnende Pause vor dem Ziel

Die Strapazen einer ungemütlichen Busfahrt nach Bukkittinggi machen die erholsamen und entspannten Tage meines Aufenthaltes in Tuk Tuk, dem Inselstädtchen inmitten des Toba Sees zunichte. Einmal mehr werde ich kräftig durchgeschüttelt und bei Schlaglöchern hebe ich des öfteren von meinem Sitzplatz ab, aus dessen Bezug sich die Stahlfedern bohren. Als wir zu einer weiteren Pause anhalten, sehe ich auf die Uhr. Nach über neunstündiger Fahrt müsste das Ziel bald erreicht sein. Eine kurze Pause kommt mir jetzt ganz gelegen, ich muss allmählich aufs Klo. Als der Motor abgestellt und die einzige Tür ganz vorne geöffnet ist, bewege ich mich langsam in der nach Schweiß riechenden Menschenschlange in Richtung Ausgang. Beim Verlassen des Busses frage ich den Fahrer, wie lange wir Pause machen und wie weit es noch bis Bukkittinggi ist.

»Yes, break!«, lautet seine Antwort und befriedigt mich nur wenig, aber man darf als Busfahrer nicht allzu viel vorneweg preisgeben, wo bliebe da die Spannung? Der Bus parkt vorwärts in einer breiten Einfahrt, in der noch zwei weitere Busse Platz hätten. Direkt vor dem Bus das Haus, in das alle eilig hineingehen. Im Haus stehe ich gleich wieder in der nächsten Schlange. Diese führt zu den Toiletten. Endlich kann ich in den bestimmt dreißig Quadratmeter großen, gekachelten Raum eintreten. Darin befindet sich eine Pinkelrinne an der Wand rechts von mir, an der Wand links sind Wasserhähne mit kurzen Schlauchstücken daran, wo sich etliche meiner Mitfahrer waschen. Am Ende des Raumes vor mir sind ein paar Waschbecken und zwei Schwingtürchen, die an einen Westernsaloon für Liliputaner erinnern. Ich gehe über die sich im ganzen Raum ausgebreitete Pfütze aus Abwasser und Urin näher an die seltsame Kloeinrichtung heran und kann über das höchstens 50 Zentimeter hohe Mäuerchen hineinsehen. Genauso wie alle, die sich an der Wand links von mir waschen. Wer geht denn auf solch ein Klo, frage ich mich und stelle mich an die Rinne.

Danach frage ich einen Mitfahrer, der an der Straße steht und raucht, wie weit es noch bis Bukkittinggi ist. Er deutet auf die Häuser, die weiter vorne entlang der Straße liegen, auf der wir gekommen sind. Mit einem bestätigenden Kopfnicken antwortet er mir:

»This already Bukkittinggi.«
Wir scheinen uns also bereits in einem Vorort zu befinden. Ich bedanke mich und gehe zurück zum Haus, wo der Fahrer und sein Kollege im Restaurant sitzen und essen. Ihr Tisch ist üppig gedeckt. Bis sie mit dem Essen fertig sind, wird noch eine Weile vergehen. Für die übrigen Fahrgäste scheint diese Pause völlig selbstverständlich zu sein. Ich dagegen bin genervt. Wenn das da vorne Bukkittinggi ist und außer mir alle noch bis Padang, dem Zielort des Busses, weiterreisen würden, warum findet die Pause dann nicht am Busterminal statt, wo es doch auch immer Restaurants und schlechte Toiletten gibt? Oder irgendwo zehn Kilometer nach Bukkittinggi? Es bleibt mir wohl nur abzuwarten. Da die meisten Fahrgäste im Restaurant sowie die beiden Fahrer bereits am Essen sind, bestelle ich nichts mehr. Ich will nicht die Hälfte stehen lassen müssen, so wie es mir schon oft passiert ist in Pausen, bei denen man nie abschätzen kann, wie lange sie dauern werden, und durch Fragen beim Personal nichts darüber erfährt. Endlich haben die Fahrer aufgegessen. Ich erwarte, dass sie gleich aufspringen, den Motor starten und in kurzem Abstand zweimal hupen, auf dass alle Fahrgäste eilig zurück in den Bus steigen und die Fahrt fortgesetzt wird. Doch es passiert erst einmal nichts. Man unterhält sich in aller Ruhe weiter. Dann nimmt man sich noch Zeit für Kaffee und ein Gespräch mit weiteren Busfahrern, die inzwischen angekommen sind. Der von mir ausgedachte Grundsatz, je weniger in einem Land an sich vorwärts geht, desto mehr pressiert es den Bewohnern auf der Straße, bestätigt sich bei meiner heutigen Busreise nicht. Wir sind bereits seit über einer Dreiviertelstunde auf diesem blöden Parkplatz und Bukkittinggi liegt direkt vor uns. Ich störe die Busfahrer einmal mehr und frage nur:
»How long?«
»Fifty minutes!«
»But this is already Bukkittinggi.«
»Yes. Fifty minutes!«
Wenn das sein Ernst ist, dann gehe ich lieber die restliche Strecke zu Fuß. Nachdem weitere fünfzehn Minuten vergangen sind, reicht es mir. Entnervt gehe ich zu den Fahrern an den Tisch, die immer noch keinerlei Anstalten machen, die Fahrt fortzusetzen.

»I want to go now!«
»Wait, wait«, kommt zurück.
Ich habe jetzt wirklich keinen Bock mehr, auf sie zu warten, ich will jetzt gehen. Ich bleibe stur, wiederhole mich und sage dem einen, der auch mein Gepäck verstaut hat, dass ich meinen Rucksack haben will. Widerwillig und nach kurzer Rücksprache mit dem anderen Fahrer steht er auf und geht mit mir zum Bus, wo ich meinen Rucksack bekomme. Ich gehe zur Straße vor und beginne damit, vorbeifahrende Autos heranzuwinken. Niemand hält an. Während ich es weiter versuche, gehe ich in Richtung Stadt. Nach etwa fünf Minuten Fußmarsch und zwei Kreuzungen hupt es plötzlich laut hinter mir. Ich drehe den Kopf. Mein Bus rauscht an mir vorbei, und ich kann noch das dumme Grinsen der Fahrer sehen. Jetzt bin ich richtig sauer! Ich fluche erst mal eine Runde über die beiden Fahrer. Da hupt es erneut hinter mir. Da steht, womöglich schon seit ich das Heranwinken gegen mein fluchbegleitendes Herumfuchteln aufgegeben habe, ein Kleinlaster. Der Fahrer, der meine Darbietung geduldig mit angesehen hat, winkt mich herbei. Ich will nach Bukkittinggi zum Busterminal, lasse ich ihn wissen. Er sagt mir, er bringt mich in die Nähe, und ich solle reinspringen. Ich erzähle ihm, was gerade los war. Er lacht nur und sagt: »Bus drivers!«

Einige Minuten später befinden wir uns in dichtem Stadtverkehr und der Fahrer des Kleinlasters zeigt mir, wo ich aussteigen kann und wohin ich zu gehen habe. An der nächsten Kreuzung verabschiede ich mich und steige aus.

Es lebe das Matriarchat

In Batusangkar lerne ich die noch lebenden Traditionen eines interessanten Volkes kennen. Die Minangkabau sind mit über drei Millionen Angehörigen die größte noch existierende matrilineare und matrilokale Kultur der Welt. Um es kurz zu machen, hier gilt das Matriarchat. In Hussein, einem Mitarbeiter der privaten Sprachschule, an der ich gegen freie Kost und Logis für einige Zeit als Englischlehrer tätig bin, habe ich einen gut informierten kulturellen Guide für West Sumatra gefunden. Gleich am Tag meiner Ankunft freunden wir uns miteinander an. Hussein ist, trotz seines Namens, ein echter Angehöriger der Minangkabau und liebt es, den wenigen Reisenden, die hier vorbeikommen, die Gegend zu zeigen. Auch sonst ist er mir ein hilfreicher Gefährte, denn er trinkt gern Bier und weiß, wo man es in dieser muslimisch geprägten Gegend Sumatras bekommt. So verbringen wir auch etliche Abende mit seinen Freunden auf nicht ganz muslimische Art.

Die Minangkabau sind wie viele Volksgruppen Indonesiens zwar mehrheitlich Muslime, haben aber ihre traditionelle Kultur im Wesentlichen behalten und leben diese fort. Bei den Minangkabau heiraten die Männer noch oft in die Familien der Frauen ein und nehmen deren Geburtsnamen an. Auch die Residenzregel wird noch gelebt. Nach der Hochzeit wird der neue Haushalt am Wohnort der Mutter der Braut eingerichtet, oder der eingeheiratete Ehemann zieht in den Haushalt der Mutter der Ehefrau. Auch Erbschaften werden bei den Minangkabau auf die weiblichen Familienangehörigen übertragen. Die Linie des Mannes und männliche Nachkommen aus der Ehe bleiben bei der Erbfolge unberücksichtigt. Aber auch an diesen Traditionen nagt der Zahn der Zeit, und sie werden inzwischen vielerorts flexibel gelebt.

Batu Ankek Ankek

Hussein gibt den Versuch nicht auf, mir seine Heimat schmackhaft zu machen. Er erzählt mir von einem echten Orakel, das es in einem kleinen Ort namens Nagari Sungayang geben soll. Da ich von Natur aus neugierig bin und mich zur Abwechslung mit einem Mysterium befassen will, willige ich ein, mit Hussein hinzufahren und es selbst auszuprobieren. In Nagari Sungayang deutet zunächst nichts auf das Orakel hin. Als wir in eine kleine Seitenstraße einbiegen, deutet Hussein im Vorbeifahren auf das schlichte ältere Haus, in dem das Orakel aufbewahrt sein soll. Hussein stellt seinen Roller neben einem Baum ab, unter dem bereits viele andere stehen. Vor dem Haus ist einiges los. Am Eingang müssen wir erst eine Weile warten, bis wir hineindürfen. Es wird immer nur eine begrenzte Anzahl an Besuchern hereingelassen. Hussein scheint wirklich an das Orakel zu glauben. Er erzählt mir, dass sich schon einige seiner hier orakelten Fragen am Ende bewahrheitet haben. Als wir drankommen und eintreten dürfen, wundere ich mich ein wenig, wie schlicht das Ganze ist. In einer Art geschichtlichem Vorraum hängen Schwarzweißfotos und Geschichten zum Batu Ankek Ankek, wie der mysteriöse Orakelstein heißt. Es wird erzählt, er sei ein Stein, der nicht auf der Erde vorkommt, und vor sehr langer Zeit von den Minangkabau gefunden worden.

Das kleine Haus ist voller Menschen, die sich um den Platz, auf dem der Stein liegt, drängen, um ihre Neugierde zu befriedigen. Anscheinend sei es nicht jedem, der das Orakel befragt, vergönnt, eine positive Antwort zu erhalten. Wir sehen dem Prozedere zu, wie ein drahtig aussehender Mann das Orakel befragt und tatsächlich positive Antwort erhält. Der seltsame Stein sieht eher metallisch aus. An den Rändern glänzt er messingfarben und die flache Oberfläche ist ganz schwarz. In seiner Gesamtform erinnert der Stein an den Ausguss eines Schmelztiegels. Die Unterseite kann ich nur einmal kurz in Augenschein nehmen, als der drahtige Kerl es tatsächlich schafft, den Stein auf seinen Schoß zu hieven. Nach dem drahtigen Kerl, der jetzt von seinen mitgebrachten Freunden Glückwünsche erhält, kommt ein weiterer Mann an die Reihe. Deutlich stärker gebaut als der zuvor. Hussein erklärt mir nebenbei im Flüsterton, wie es funktioniert. Der Ablauf ist immer der gleiche. Zuerst kniet man vor dem Stein nieder und legt die Hände in den Schoß. Man schließt die Augen und beginnt mit dem Wort »Asalamalaikum«, dann folgt ein dreimaliges »Bismillah«, was so etwas wie eine Bitte um Erhörung ist. Dann geht es mit »Ya Allah« und dem Aussprechen der Frage oder des Wunsches weiter. Im Anschluss greift man mit den Unterarmen unter den Stein und versucht, ihn zweimal hintereinander vom Boden auf den Schoß zu heben.

Auch diesem Mann scheint Allah gnädig und lässt zu, dass es ihm gelingt. Allerdings sieht es in der Tat nicht leicht aus, den Stein zu heben. Auch er wird zu was auch immer beglückwünscht, wirft noch ein paar Geldscheine in eine Urne, die neben dem Stein in einer Art Altar steht, und geht siegessicher davon.

Jetzt fordert Hussein mich mit den Worten »Now it's your turn!« auf, das Orakel zu befragen. Die beiden Zeremonienwächter im Raum nicken mir bestätigend zu und winken mich herbei. Allah scheint kein Problem damit zu haben, Andersgläubigen die Zukunft vorherzusagen. Ich steige auf das hölzerne Podest und knie mich vor dem Batu Ankek Ankek hin. Die Einheimischen um mich herum kichern und flüstern sich kurze abgehackte Sätze zu. Womöglich ist man sich nicht einig, ob mir Allah beistehen wird und meinen Wunsch in Erfüllung gehen lässt. Ich schließe die Augen, lege die Hände in meinen Schoß und beginne das zuvor auswendig gelernte Ritual aufzusagen. Da ich Allah nicht unnötig zur Last fallen will, wünsche ich mir etwas ganz Leichtes und frage:

»Asalamalaikum, Bismillah, Bismillah, Bismillah, Ya Allah – werde ich auf meiner Reise noch viele spannende Erlebnisse haben?«

Nun gleiten meine Hände unter den Stein. Ich spüre dabei regelrecht, von wie vielen abergläubischen Menschen diese inzwischen spiegelblank polierte Unterseite des Steins berührt wurde. Wie ich langsam beginne, Druck auf den Batu Ankek Ankek auszuüben, merke ich, dass er sauschwer ist. Ich kann ihn auf meinen Schoß heben und lasse ihn kurz darauf wieder zu Boden gleiten. Nun noch einmal dieselbe Kraftanstrengung. Es gelingt mir ein weiteres Mal, weil ich meinen Körperschwerpunkt etwas nach hinten verlagere. Noch einmal liegt der Stein auf meinem Schoß und die Leute, die um mich herumstehen, jubeln mir zu, obwohl sie keine Ahnung haben, was ich mir gewünscht habe. Auf jeden Fall geht es in Erfüllung! Dann lege ich noch einen Geldschein in die Urne und steige vom Podest. Nach mir ist eine etwas zierliche Frau an der Reihe. Jetzt bin ich gespannt, was passiert. Da ich das Gewicht des Steins nun aus eigener Erfahrung kenne, erlaube ich mir eine Vorhersage zu ihrem Wunsch.

»Kannste vergessen! Wird nichts!«

Hussein erzählt mir, das Orakel erfülle die Wünsche von Männern häufiger als die der Frauen. Ich antworte:
»I know!«

Gempa Bumi

Auf einmal dröhnt und vibriert das Blechdach über mir, Hunde bellen, Hühner gackern aufgeschreckt und ich denke erst an einen Sturm. Ein Blick nach draußen zeigt mir, dass dort alles ganz ruhig ist. Kaum ein Palmblatt, das sich im Wind bewegen würde. Nach 30 Sekunden ist alles vorbei. Ich sehe auf die Uhr. 0:30 Uhr, ich gehe auf meinen Balkon. Nichts! Dann eine SMS auf meinem Handy. Hussein schreibt mir: »Earthquake! Be aware!« Ich hab's schon kapiert. Ich beschließe, Fluchtwege vorzubereiten. Ich öffne meine Haustür und mache draußen auf den Treppen das Licht an, über die ich im Notfall nach unten in den Hof gelange. Die Balkontür öffne ich vollständig. Vom Balkon könnte ich auf ein Vordach der Garage springen. Von dort über die Mauer des Grundstückes ebenfalls in den Hof und damit in Sicherheit vor herabfallenden Teilen des Daches kommen. Ich stehe nervös auf dem Balkon und frage mich, wo mein Gastgeber bleibt. Warum macht nicht mal einer der Nachbarn das Licht an? Wenigstens das Baby könnte schreien. Ich fühle mich von der angespannten Situation regelrecht verarscht. Die wachen hier nicht mal auf, und ich stehe in höchster Alarmbereitschaft auf dem Balkon und weiß nicht, was ich tun soll. Zum Glück habe ich noch Bier im Versteck. An Schlafen ist jetzt eh nicht zu denken. Da keiner aufsteht, kann ich's ruhig auf dem Balkon trinken, es wird mich keiner dabei sehen. Hier in Batusangkar sind sie ja streng muslimisch. Alkohol ist eine Sünde und somit verboten. Außer die Jüngeren, die sind streng westlich eingestellt. Mein Gastgeber betet fünf Mal am Tag. Ich werde von dreierlei Moscheen gleichzeitig beschallt. Aber in dieser Nacht ist Ruhe. Bis zum nächsten Erdbeben. Das kommt genau 15 Minuten nach dem ersten und ist genauso stark und lang. Wieder rüttelt das Dach, und ein lautes Dröhnen begleitet das Beben. Jetzt geht wenigstens gegenüber mal das Licht an. Ich werde mal mit Hussein telefonieren. Ihn fragen, was er dazu meint. Wird das noch stärker oder was? Soll ich irgendwas machen? Ich sitze auf dem Balkon, schlürfe mein Bier, telefoniere und ein drittes Beben kommt.

Während des dritten Bebens bleibe ich schon viel lockerer. Hussein meint, wir müssen sicherheitshalber unsere geplante Bergtour auf den Vulkan Marapi ausfallen lassen. Zu gefährlich. Aber wir warten ab, bis man weiß, ob es ein vulkanisches oder ein tektonisches Erdbeben ist. Falls es ein tektonisches Erdbeben sein sollte, meint er, können wir auf den Berg. Es rumpelt noch zwei weitere Male in dieser Nacht. Aber schon deutlich schwächer. Mein Bier ist alle und ich gehe ins Bett und schlafe, als ob nichts gewesen wäre. Am nächsten Tag erfahre ich, dass das Epizentrum im nahe gelegenen Padang Panjang gelegen hat und das Erdbeben eine Stärke von sechs Komma null hatte. Die Leute in Padang Panjang haben die Nacht auf den Straßen durchwacht. Es sind Ziegel von den Dächern gefallen und Gebäude haben kleinere Schäden abbekommen. Das Erdbeben war vulkanisch und unsere Bergtour fällt aus. In den kommenden Tagen versuche ich im Internet herauszufinden, ob irgendjemand auf der Welt davon Notiz genommen hat. Natürlich Fehlanzeige. Keine Toten, keine Meldung.

Bitte anschnallen

Orte, zu denen es auf Sumatra keinen Busverkehr gibt, erreicht man mit dem »Travel Car«. Was das ist, nimmt der Name vorweg. Nein, nicht ganz! Denn auf dem Prospekt, den ich von der Agentur habe, die diese Reisen im Travel Car anbietet, sehen die Autos neu und komfortabel aus. Nach über einem Jahr in verkehrsuntüchtigen Fahrzeugen aller Art und unter dem Umstand, dass mein nächstes Ziel, Pekanbaru, so weit entfernt auf der Ostseite Sumatras liegt, dass es von Batusangkar aus keinen regulären Busverkehr gibt, will ich mir dieses Vergnügen erlauben. Hussein versichert mir, dass diese Autos der pure Luxus seien. Auch hier gibt es gleich mehrere Preisklassen. Ich lasse mich zum teuersten überreden, da die Fahrt lang und anstrengend wird. Man gönnt sich ja sonst nichts.

Am anderen Morgen treffe ich mich mit Hussein vor dem Krankenhaus. Das Travel Car steht sogar bereits da und wartet auf mich. Ich bin der erste Fahrgast, der abgeholt wird. Es hat nicht allzu viel mit dem Travel

Car aus dem Prospekt gemeinsam. Aber Räder sind dran. Na, dann passts doch. Das Angenehme an dieser Art zu reisen: Man wird abgeholt und an der Zieladresse abgeliefert, wie von einem Taxi. Eilig hat es der Fahrer nicht. Er kennt hier Leute, mit denen er sich noch eine Weile unterhält. Für uns bleibt noch genügend Zeit für einen dieser Instant-Kaffees, die man hier in den Baracken kriegt. Als es so weit ist, verlädt der Fahrer meinen Rucksack und Hussein instruiert ihn sicherheitshalber noch mal genau, wo ich abgesetzt werden möchte. Dann setze ich mich ins Auto.

»Da fehlt der Sicherheitsgurt«, sage ich zu Hussein.

Er wird selbstständig aktiv – er kennt meine Einstellung zum Straßenverkehr in Indonesien – und spricht mein Problem an. Schließlich bezahle ich »viel« Geld für diese Fahrt. Ich bitte Hussein zu übersetzen, dass ich darauf bestehe, angeschnallt zu reisen. Und zwar an einen richtigen Sicherheitsgurt, nicht an irgendeinem Bändel. Ich dränge auf ein anderes Travel Car, wissend, dass es wohl kaum noch andere gibt. Der Prospekt, auf dem gleich drei davon abgebildet sind, ist eben nur ein Prospekt und wird vermutlich von vielen Reiseunternehmen benutzt. Ich würde den Beteuerungen des Fahrers, mir den Sicherheitsgurt noch einzubauen, gerne glauben, aber hier ist auf allen Plätzen sogar der Verschluss, der im Fahrzeugrahmen verschraubt sein sollte, ausgebaut.

»Wer macht so was?«, frage ich mich.

Dass sich hier niemand anschnallt, ist ja nichts Neues bzw. Ungewöhnliches, aber was zum Teufel bewegt einen Fahrer dazu, alles, was der Sicherheit dient, komplett abzumontieren? Ob er auch die Bremsen ausgebaut hat? Dieser unnötige Schnickschnack für zimperliche Leute verursacht schließlich nichts als Verspätungen. Ich mache richtig Stress und Hussein gibt ihn nachdrücklich weiter. Am Ende gebe ich doch nach und verlasse mich darauf, dass ich tatsächlich einen Sicherheitsgurt eingebaut bekomme. Ich kann nur hoffen. Nachdem wir uns voneinander verabschiedet haben und ich endlich unterwegs bin, denke ich darüber nach, ob ich Hussein irgendwann einmal wiedersehen werde. In unserer gemeinsamen Zeit in Batusangkar habe ich in ihm einen echten Freund gewonnen.

Aber die Reise muss weitergehen. Als wir alle anderen Fahrgäste eingesammelt haben, wir sind jetzt zu viert, geht die Diskussion um den Sicherheitsgurt erneut los. Die anderen Fahrgäste lachen mich aus. Ich bestehe darauf! Was nun geschieht, wundert mich zugegebenermaßen. Der Fahrer lenkt den Wagen zu sich nach Hause und baut mir tatsächlich den Gurt ein. Ich bedanke mich gebührend beim Fahrer und erkläre den anderen Fahrgästen, dass ich das zu meiner Sicherheit, nicht aus Furcht vor einer Polizeikontrolle mache.

Stunden später wird die Luft zu gelbem Dunst. Um Pekanbaru herum wird überall der Regenwald brandgerodet, um Platz für noch mehr Plantagen für Palmöl zu schaffen, das man sich bei uns in Deutschland dann aufs Brot schmiert oder womöglich mit Benzin vermischt als E10 fürs gute Gewissen und einen »nachhaltigen Beitrag« zur Erhaltung der Natur tanken kann. Die Nachhaltigkeitsrichtlinien hierzu sind zwar streng, aber Palmöl nicht generell verboten. Gerodete Flächen können mehrmals über Strohmänner verkauft und in ihrer Nutzung umgewidmet werden. Die Löschung aus einem Register und schon war an dieser Stelle nie ein Regenwald. Machen wir uns nichts vor, diese Länder sind total korrupt. Die Stadt befindet sich dauerhaft unter einer gelben Dunstglocke, dem Profit sei Dank.

Schildkröten können dir mehr über den Weg erzählen als Hasen. (Aus China)

Nach einem Jahr und einem Monat auf Reisen stelle ich einmal mehr fest, dass ich deutlich langsamer vorwärtskomme, als ursprünglich geplant. In Deutschland würde man mir womöglich vorwerfen, es mangele mir an Disziplin und Reisestruktur. Ich reise tatsächlich kreuz und quer durch die Gegend. Aber es gefällt mir, als Schildkröte unterwegs zu sein. Es gibt einfach so viel zu sehen und zu erleben, dass ich mir ein anderes Tempo gar nicht mehr vorstellen kann. Ich bin vor drei Tagen endlich in

Jakarta angekommen. Ein herrlicher Moloch! Hier gönne ich mir den alles andere als klimaneutralen Spaß, bei 37 Grad Außentemperatur in einem Einkaufszentrum zum Eislaufen zu gehen.

Oft sehe ich Touristen zu, wie sie emsig ihre Reisetagebücher schreiben oder das Erlebte fast täglich bei Facebook posten. Das muss man erst mal durchhalten, wenn man länger als drei Wochen Urlaub in solch exotischen Ländern macht. Vieles, was über simple Beschreibungen dessen, was man gerade so gesehen hat, hinaus geht, lässt sich auch gar nicht so leicht wiedergeben. Das Erlebte ist oft sehr persönlich. Man lernt sich wirklich gut kennen, wenn man als Schildkröte reist. Von äußerst peinlichen Gesichtsverlusten bis himmeltrabenden Triumphen ist einfach alles dabei. Fettnäpfchen stehen fast jeden Tag irgendwo bereit. Interessant ist, an sich selbst Veränderungen in der Wahrnehmung anderer und am eigenen Verhalten zu beobachten. Das stellt sich nach etwa einem Jahr ganz von selbst ein. Man verändert sich nicht nur äußerlich, sondern auch innerlich. Das bedeutet glücklicherweise nicht, dass man nicht mehr bemerkt, wenn etwas schief geht.

Die Visa–Extension in Yokjakarta

Indonesien ist ein großes Land und in zwei Monaten, der regulären Dauer eines Touristenvisums, kommt man nicht sehr weit. In meinem Fall bis Yokjakarta. Von meinem Freund Hussein aus Batusangkar habe ich die Telefonnummer eines verlässlichen Freundes namens Suparman, der mir bei der Visa-Extension helfen soll. Ich rufe an, er meldet sich tatsächlich mit diesem Namen. Dann bin ich mal gespannt. Wir verabreden uns. Ich sage ihm, was er alles mitbringen muss. Also seinen Ausweis, die ID-Card. Laut eigenen Angaben sei er schon bei einigen anderen Touristen als Bürge für ein verlängertes Visum aufgetreten. Er macht den Eindruck, als wisse er über alles Bescheid. Ich bin jedenfalls beunruhigt.

Am Morgen, wir sind um 7:30 Uhr vor meinem Hostel verabredet, stehe ich mit Papieren, Pass und Passfotos vor dem Haus und warte. Nach einer halben Stunde rufe ich mal an. Gut, dass ich die Verabredung eine halbe Stunde zu früh angesetzt habe, um Suparmans Verspätung auszugleichen. Leider scheint er zu wissen, dass sich Deutsche trickreich verhalten, wenn sie wichtige Termine haben, bei denen man nicht zu spät sein darf. Er hat meine halbe Stunde einfach mit seiner halben Stunde Verspätung addiert und kommt eine Stunde nach der verabredeten Zeit an. Er will mir selbstverständlich erst mal seinen Kumpel Putu vorstellen, der uns heute Vormittag begleiten wird. Ich lasse mir nichts von meiner Eile anmerken. Es bringt ja auch nichts, wenn ich jetzt noch Pferde scheu mache. Wichtig ist, dass wir endlich loskommen. Zu meiner Überraschung fahren wir irgendwo hin, aber nicht in Richtung Immigrationsbüro. Ich lasse mir den Grund für den Umweg erklären und verstehe so etwas wie: die Freundin vom Kumpel, die wir vorher noch abholen. Als wir endlich zu viert im Auto sind und ich Suparman zur Sicherheit frage, ob er seine ID-Card dabei hat, fällt ihm auf, dass er sie zu Hause vergessen hat. War klar. Macht ja nichts. Also fahren wir wieder nicht zum Immigrationsbüro, sondern erst mal zu Suparman nach Hause. Es liegt fast auf dem Weg. Als wir vor dem Haus angekommen sind, verschwindet er darin und kommt nicht wieder. Stattdessen höre ich, wie er aus dem Haus herausruft und Putu vom Auto aus durchs offene Fenster hineinruft. Das geht eine ganze Weile so. Als ich ungeduldig die beiden bei mir im Auto frage, was los ist, geht die Freundin von Putu hinterher. Es dauert wieder. Und wieder Rufe von drinnen und Putu antwortet vom Auto aus durchs offene Fenster. Dann steigt auch er aus und verschwindet im Haus. Ich bleibe allein im Auto sitzen und schiele auf die Uhr. Jetzt höre ich alle drei im Haus rufen. Während ich darüber nachdenke, ob wir es rechtzeitig schaffen, höre ich, wie die Haustür zuschlägt und sehe meine drei Visahelfer zurück zum Auto kommen. Ich frage erleichtert, ob nun alles in Ordnung sei. Alle drei nicken ab. Wir fahren los.

Ich kam, sah und ging wieder!

Wie zu erwarten, sind wir zu spät. Es ist 12:03 Uhr. Das Büro öffnet nach der Mittagspause wieder. Ich beschließe, alle auf einen Kaffee im

7eleven einzuladen. Ich denke mir, jetzt bloß nicht übermütig werden und wieder wegfahren. Also sitzen wir vor dem weitläufigen Parkplatz auf Blechstühlen an einem wackeligen Blechtisch, der so stark die Sonne spiegelt, dass man Sonnenbrillen braucht. Hinter uns das ewige »Ding Dong« der automatischen 7eleven-Tür, die in ganz Asien wegen jedem vorbeifliegenden Staubkorn aufgeht. Wir schlürfen Eiskaffee. Unsere Unterhaltung wird alle fünf Minuten durch das Geratter eines Güterzugs, der hinter dem Laden über die Schienen rumpelt, unterbrochen.

Nach eineinhalb Stunden sind wir wieder im Immigrationsbüro. Diesmal klappt alles. Es stellt sich heraus, das nicht Suparman mein Bürge werden soll, sondern sein Freund Putu. Ich frage mich, wieso wir solange nach Suparmans ID-Card gesucht haben, aber man muss ja auch nicht immer alles verstehen. Jedenfalls kommen wir an die Reihe. Ich gebe meine Formulare ab und bekomme ein anderes, das Putu unterschreiben und zusammen mit seiner ID-Card einreichen muss. Dann das Ganze retour und über den kleinen Umweg, einer Art Briefmarkenautomaten, zu einem weiteren Schalter, wo wir schließlich alles abgeben und bezahlen. Die Briefmarke vom Automaten ist recht teuer und so etwas wie ein Siegel. Verstanden habe ich es nicht ganz, aber wenn man das für eine Visaverlängerung braucht... Dafür werden meine nagelneuen Passbilder abgelehnt. Kein roter Hintergrund. Ich sage, dass davon nichts in den Papieren stand. Aber Hintergrund ist Hintergrund. Und Passbilder muss man im Passbild-Büro machen lassen. Auf meine Frage »Where?«, kommt die Antwort: »Tomorrow!«

Heute ist der Fotoshop schon geschlossen. Also lasse ich mir sagen, wann ich da sein muss, um nicht zu spät zu sein, und vergewissere mich beim Beamten, dass ich für diesen letzten Gang zu einem vollständigen Antrag meine drei Helfer nicht mehr brauche. So ist es.

»Dann schaffe ich es auch.«

Ich kann mein Grinsen nicht zurückhalten. Nun haben alle großen Hunger, und ich lade meine drei Helfer zum Essen ein. Jetzt dämmert es mir allmählich, warum wir für die dämliche Visaverlängerung eigentlich zu viert sein müssen. So Gott will, trennen mich von meinem neuen Visasticker nur noch ein Fototermin und ein letzter Gang zur Abholung.

Doch Gott hat andere Pläne mit mir.

Am nächsten Morgen – es muss an diesem Tag über die Bühne gehen, denn ich will nicht ewig in Yokja bleiben und mein Visum läuft in einigen Tagen ab – stehe ich im Immigrationsbüro vor dem Fotoshop und erfahre, dass ich zu spät sei.

»You come tomorrow.«

»I´m sorry. I can not!«, protestiere ich sehr behutsam, verweise auf den gestrigen Beamten, der mir diese Uhrzeit sagte, und erzähle irgendeine Geschichte, die wegen Dringlichkeit eine Ausnahme herbeiführen soll. Schließlich darf ich warten. Außer mir wartet noch ein Halbindonesier, der zur anderen Hälfte Deutscher ist. Wir unterhalten uns. Er erzählt mir seine Geschichte und ich erzähle ihm meine. Um ein Foto geht es bei ihm nicht. Er lebt hier und hatte wegen eines Krankenhausaufenthalts sein Visum überzogen, wofür er jetzt viel Geld nachzahlen muss. Ich hab »Extension«, er hat »Overstay«. Er muss in ein anderes Büro zum Vorsprechen. Durch die Lamellen der geschlossenen Jalousie kann ich den Fotobeamten, der keine Zeit hat, an seinem Computer Spidersolitär auf grünem Hintergrund spielen sehen. Immer, wenn er zum Rauchen aus dem Büro geht, öffnet er das Bildbearbeitungsprogramm. Roter Hintergrund. Nach etwa einer Stunde hat er endlich Zeit. Ich darf eintreten. »Klick«, fertig! Mein Bild auf rotem Hintergrund erscheint auf dem dafür vorgesehenen Feld neben meinen Daten auf dem Monitor. Er speichert es ab, und ich kann gehen. Für den Halbindonesier läuft es heute nicht so rund. Er muss erneut in einem anderen Büro vorsprechen. Wir verabschieden uns. Ich wünsche ihm viel Glück!

Es wird noch einmal Morgen in Yokja und in meinem Pass klebt endlich der Sticker mit verlängertem Datum.

Kunde werden bei Telcomsell

Einige Wochen und zwei Vulkanbesteigungen später bin ich mit einer Fähre von Javas östlichstem Zipfel nach Bali übergesetzt. Der dritte Tag an der Nordküste Balis fängt vielversprechend an. Nachdem ich mich auf den Weg gemacht habe, stehe ich an der Straße. Der Bus kommt. Für 20.000 Rupiah fahre ich nach Gilimanuk. Dort habe ich direkten Anschluss nach Denpasar. Ich feilsche. Als wir bei 40.000 sind, steige ich ein. Natürlich zu viel, aber als Tourist muss man realistisch bleiben. Wenn man nicht zu sehr feilscht, hat man bessere Chancen, bis zum Ziel zu kommen und nicht an der erstbesten »Bemo-Ecke« – Bemo heißen hier die nach einer Seite offenen Kleinbusse – »finish, finish« zu hören. Die Antwort auf meine Frage, wie lange die Fahrt dauert, habe ich wieder einmal falsch verstehen wollen. »Three hours« heißt nämlich nicht nur drei Stunden, sondern auch um drei Uhr. Das weiß ich, aber ich falle immer wieder darauf herein. Egal, etwa pünktlich um »three hours« stehe ich sechs Stunden später in Denpasar am Busterminal. Hussein hat mir, wie versprochen, 10.000 Rupiah Telefonguthaben auf meine Nummer überwiesen. Ich bin also wieder in der Lage zu telefonieren. Ein toller Tag!

Husseins Cousin holt mich mit dem Motorroller exakt fünf Minuten nach unserem Telefonat ab. Genau wie angekündigt, kaum zu glauben! Wie gewöhnlich werfe ich einen heimlichen Blick auf die Tankanzeige. Voll! Ich bin begeistert.

Der Junge könnte in Deutschland bestehen.

Eine kleine Erklärung zur Sache. Üblich wäre eine Situation wie diese: Abholung erfolgt mit wesentlicher Verspätung, aber bei bester Laune. Wer will schon einen schlecht gelaunten Fahrer? Die Fahrt beginnt, für einen Kilometer geht alles gut. Dann geht der Motor aus. An irgendeinem Haus fragt der Fahrer dann, wo der nächste Benzinladen ist – nicht zu verwechseln mit einer Tankstelle. Ein Benzinladen kann jedes Haus sein, solange in alten Flaschen Benzin vor dem Haus in einem Regal mit der Aufschrift »Bensin« angeboten wird. Es kostet pro Liter zwischen 7.000

und 8.000 Rupiah, je nach Entfernung zur nächsten richtigen Tankstelle, wo der Liter nur 6.500 Rupiah kostet. Mit einem Trichter wird das Benzin dann in den Tank gekippt, und je nachdem, wie sehr gepanscht wurde, steht der Fahrer nach drei bis zehn Kilometern wieder an einem Benzinladen. Der Besitzer des Hauses deutet dann in eine Richtung und gibt die Entfernung zum nächsten Benzinladen an. Der Fahrer borgt sich das Moped des Hausbesitzers, um damit zum Benzinladen zu fahren. Man selbst wartet so lange vor dem Haus auf den Fahrer und wundert sich, warum es so lange dauert, bis er wieder zurück ist. Wenn der Fahrer dann endlich wieder da ist, verlangt er vom Mopedverleiher Geld, denn dessen Moped ist ebenfalls mit leerem Tank auf der Strecke geblieben, musste geschoben und gleich mitbetankt werden. Dann wird noch gestritten, denn dem Mopedverleiher fällt bei der Gelegenheit ein, dass der geleistete Gefallen unter den neuen vorteilhaften Umständen eben doch kein Gefallen sein soll, sondern vielmehr ein Geschäft.

Ich werde übermütig und frage Bobby, so heißt Husseins Cousin, ob er an einem »Telcomsell Sim Padi«-Geschäft halten könne. Ich möchte ein Prepaid-Internet-Paket kaufen.

»Yes, sure!«

Ich verweise noch mal auf Sim Padi, also nicht irgendeinen Höker, der auch SIM-Karten verschachert. Nach einer Weile stehen wir vor einem Laden. Ich bin sehr skeptisch. Das ist so ein Allerlei-Telefonladen. Ob die Frau hinter dem Tresen einem Internet-Paket gewachsen ist, bezweifle ich. Aber man muss auf die Beteuerungen seines Helfers hören, und man darf sich den Einheimischen gegenüber nicht so überheblich und ignorant verhalten. Ich wiederhole also haargenau, was ich kaufen will. Bisher halten sich Tops und Flops beim Internet-Paket-Kauf in Indonesien die Waage. Der erste war völlig schiefgegangen, der zweite hat geklappt. Beim ersten hatte ich auch einen einheimischen Helfer. Ich werde wieder nervös. Das Problem in diesen Ländern ist, dass man, sobald das Geld überreicht ist, alleine dasteht. Bezahlen muss man immer zuerst.

Die Verkäuferin beteuert, dass sie das jeden Tag macht und sich noch nie jemand beschwert habe. Es sieht so aus, als haben wir zumindest vorübergehend die Nase vorn. Das Geld ist bezahlt und der entsprechende Wert meiner SIM-Karte zugebucht, aber nichts funktioniert. Sie tippt noch kurz auf dem Handy herum, dann schiebt sie es wortlos über die Ladentheke. Da ich das Guthaben erfolgreich aufgebucht bekommen habe, will die Verkäuferin nichts mehr mit der Sache zu tun haben. Ich sehe ein, ich bin selber schuld. Ich hätte ja vor meiner Einreise Indonesisch lernen können, um selbst durchs Menü zu finden. Bobby gelingt es allerdings auch nicht, obwohl er Indonesier ist. Aus Prinzip streite ich noch ein bisschen mit der Verkäuferin, gebe dann aber auf. Sie kann nichts dafür, dass sie nichts kann. Sie kassiert ja nur. Ich bin mal wieder »lost in translation«. Ich bereue es schon, dass ich mir von Bobby habe helfen lassen, und überrede ihn, mich jetzt doch zu einem Telcomsell Sim Padi-Geschäft zu bringen. Wir fahren hin und lassen mein Internet-Paket dort einstellen. Bobby muss dem Verkäufer erzählt haben, was zuvor geschehen ist, denn ich bekomme vom Verkäufer noch eine Lektion erteilt, wie man sich im Erwachsenenleben verhält.

»Wenn man etwas kaufen will, dann muss man es auch bezahlen. So sind hier die Regeln!«

Das mit den Regeln habe ich in solchen Situationen schon oft gehört. Ich antworte:

»Würde es irgendwelche Regeln geben, könnte man sie selbst als Europäer erkennen und einhalten.«

Nach ein paar Minuten ist zum Glück alles erledigt. Der dritte Versuch, ein Internet-Paket zu kaufen, endet unerwartet mit einem Erfolg.

Australien

Nachdem ich mich eineinhalb Monate später von Bali, Lombok und den Gili-Inseln losgesagt habe, geht die Reise weiter nach Australien.

Ich habe lange nachgerechnet, ob ich es mir überhaupt noch leisten kann, Australien zu bereisen. Die Idee, die Welt einmal komplett zu umrunden, die sich in der Anfangszeit meiner Reise zu einem Plan verdichtet hat, wird unwahrscheinlicher, je länger ich im Tempo einer Schildkröte unterwegs bin. Interkontinentalflüge auf der Südhalbkugel sind um ein Vielfaches teurer als auf der Nordhalbkugel. Die Möglichkeiten, auf Schiffen zu reisen, sind vielfältig. Als Passagier auf einem Frachtschiff zu reisen, ist teuer und nicht besonders attraktiv. Auf Privatjachten mitzufahren, ist oft davon abhängig, welche Fähigkeiten man mitbringt, und darüber hinaus unkalkulierbar. Unter Skippern gibt es viele schwarze Schafe. Da gibt es Geschichten, wo sich Skipper mit ihrer Mannschaft derart zerstritten haben, dass alle vorzeitig von Bord gingen. Sollte ich auf den Fidschi-Inseln stranden, wäre das der denkbar ungünstigste Ausgangspunkt, die Reise für wenig Geld fortzuführen.

Wie auch immer, es wird schon weitergehen. Mit HelpX, Cash-Jobs, Couchsurfing und per Anhalter fahren werde ich schon durchkommen, ohne allzu viel auszugeben. Allerdings will ich wirklich reisen und nicht, wie viele andere, monatelang irgendwo im Outback hart arbeiten, um viel Geld zu verdienen.

In Darwin betrete ich zum ersten Mal australischen Boden. Unweit der Stadt helfe ich für eine Woche beim Bau einer Busch-Toilette auf einer kleinen Farm. Danach geht es weiter nach Süden.

The Rules of Cricket

Katherine ist ein kleiner verschlafener Ort mit einer vierspurigen Durchgangsstraße, daneben befinden sich breite Gehwege und eine Vielzahl von Läden. Weder auf der Straße noch auf den Gehwegen ist besonders viel los. Ab und zu rauscht hier einer dieser fünfzig Meter langen Roadtrains durch. Sonst sieht man fast nur Aborigines. Bei meiner Ankunft im Hostel, wo ich meinen nächsten HelpX-Aufenthalt habe und Weihnachten verbringen werde, sitzen einige Leute im Schatten der überdachten Terrasse und sehen sich ein Cricket-Spiel an, das im Fernsehen übertragen wird. Als ich nach Mr. Robinson, dem Besitzer, frage, werde ich von einem hageren Mann mit Schnurrbart energisch dazu aufgerufen, mich zu ihnen zu setzen. Er raunzt mich regelrecht an:
»Take a seat! Take it easy!«
Ich folge, setze mich und nehme es leicht. Nichts anderes hatte ich vor. Dann sagt er noch:
»I'm Adam.«
»Hi Adam«, antworte ich schnell. Ich sehe wie die anderen Anwesenden auf den Bildschirm und schaue Cricket. Ich verstehe absolut nichts. Als Einziger! Es erinnert ein wenig an Baseball, scheint aber noch langweiliger zu sein. Hin und wieder kommt es zu euphorischem Gejubel, wenn ein paar Klötzchen umfallen. Seltsame Spiele haben die in ihrem Commonwealth. Nach einer Weile ist Werbepause und ich frage mal nach, worum

es beim Spiel geht. Wenn ich gewusst hätte, was mich erwartet, hätte ich mich mit meiner Neugierde zurückgehalten und nicht gefragt. Adam scheint etwas genervt, dass ich mich schon wieder melde. Aber er nimmt sich die Zeit. Adams Ausführungen beginnen mit den allgemeinen Regeln des Spiels. Nachdem er mir die Cricket-Regeln in Kurzform erklärt hat, lehnt er sich zufrieden zurück und verfolgt gespannt die Fortsetzung des Spiels. Ich starre auf den Bildschirm und versuche die Regeln am laufenden Spiel nachzuvollziehen.

Wir befinden uns also im ersten Inning des Spiels Indien gegen Australien. Australien steht als Feldmannschaft auf dem Feld. Insgesamt zähle ich elf Spieler. Indien hingegen ist mit nur zwei Spielern vertreten, die beide im Zentrum des Geschehens an den Enden einer Sandbahn, die sie Pitch nennen, stehen. Beide haben Schläger in der Hand. Meistens ist nur der eine aktiv am Spiel beteiligt. Der andere steht bloß herum. Außer wenn sie rennen. Manchmal rennen beide hin und her. Aber nur, wenn am Tisch keiner jubelt. Es sind die sogenannten »Batsmen«. Der »Bowler«, ein Werfer aus dem Team der Australier, wirft mit einer total bescheuerten Technik den Ball dem Batsman vor die Füße, dieser versucht den Ball mit dem Schläger zu treffen und wegzuschlagen. Soweit hab ich es verstanden. In diesem »Inning«, so nennt man offenbar die Spielphasen in einem Spiel, können nur die Inder Punkte erzielen. Die Australier versuchen, dies zu verhindern. Die Inder bleiben so lange mit ihren Batsmen auf dem Spielfeld, bis sie keinen Batsman mehr haben, hat Adam gesagt. Währenddessen können sie Punkte erzielen. Dauernd muss ein Inder vom Feld und ein anderer kommt. Ich kapiere nicht, warum.

Als wieder Werbepause ist, frage ich Adam noch mal nach den Regeln. Adam, der zuvor noch etwas verkrätzt auf mich zu sprechen schien, hat offenbar einen Funken Hoffnung in mir entdeckt. Anknüpfend an die vorangegangene Belehrung erfahre ich mehr über das Spiel.

Einen Punkt gibt es, wenn der Batsman den Ball trifft und es beiden Batsmen gelingt, auf die andere Seite zu laufen, bevor ein gegnerischer

Spieler den Ball fängt. Gelingt es ihnen sogar, auf die ursprüngliche Position zurückzukehren, bevor der Ball vom Gegner gefangen wird, gibt es zwei Punkte und so weiter. Wenn der Ball so weit geschlagen wird, dass er am Zaun abprallt, nennen sie es »Out of Bounds« und das gibt automatisch vier Punkte, also vier »Runs«, ohne dass die Batsmen überhaupt noch rennen müssen. Fliegt der Ball in die Zuschauertribüne oder aus dem Stadion, ist ihnen das sogar sechs Punkte, also Runs, wert. Auch ganz ohne herumrennen. So weit, so gut. Aber es können auch Fehler passieren. Passiert ein Fehler beim Werfen des Balles, bekommt das Team mit den Batsmen auch einen Punkt, also Run. Das ist der Fall, wenn der Ball zu hoch oder zu weit links oder rechts vom Batsman geworfen wird, sodass er ihn mit seinem Schläger nicht mehr erreichen kann. Oder durch Übertritt. Da ist nämlich auch eine Linie. Das heißt dann »Foot over the crease«, ist ein »No Ball« und gibt auch einen Punkt, also Run, für die Batsmen. In diesem Inning versuchen die Australier, die indischen Batsmen ausscheiden zu lassen. Dazu haben sie zahlreiche Möglichkeiten. Adam erklärt mir, es gäbe insgesamt zehn Wege, einen Batsman ausscheiden zu lassen. Da ist der »Bowled Out«: Der Bowler wirft den Ball, der vom Batsman verfehlt wird und die Klötzchen, die hinter dem Batsman aufgebaut sind, abräumt. Die Klötzchenkonstruktion, von denen es zwei gibt, die sich gegenüberstehen, heißen Wickets. »Caught Out«: Ist, wenn ein Spieler des gegnerischen Teams den vom Batsman geschlagenen Ball aus der Luft fängt. »Run Out«: Wenn die Gegner den Ball sichern können, bevor der Batsman die gegenüberliegende Linie erreicht hat. »LBW = Leg Before Wicket«: Wenn der Ball das Bein des Batsman berührt und dann die Klötzchen abräumt. »Stumped Out«: Ein Spieler der Wicket Keeper, fängt den Ball in unmittelbarer Nähe des Wickets ab und schubst die Klötzchen runter bevor der Batsman, die Line of Crease auf der eigenen Seite überquert hat. »Partner is Out«: Wenn der Batsman den Ball versehentlich gegen das gegenüberliegende Wicket schlägt und die Klötzchen runterfallen.

»Ganz schön viel für einen Anfänger«, denke ich mir. Als Adam noch mal ausholen und mir zu diesen sechs üblichen Möglichkeiten einen Batsman ausscheiden zu lassen, noch vier weitere erklären will, die aber nie vorkommen, kommt ihm zum Glück die Fortsetzung des Spiels dazwischen.

Am nächsten Tag habe ich auch Mr. Robinson kennengelernt, ein Bett zugewiesen bekommen und meine ersten Stunden gearbeitet. Als ich eine Pause mache, treffe ich die Cricketrunde erneut vor dem Fernsehgerät auf der Terrasse an. Ich frage mit gespieltem Interesse, wer heute spielt.

»The same teams«, antwortet Adam in der mir inzwischen vertrauter werdenden abweisenden Art. Er scheint immer so zu sein.

»The same teams again?«, will ich wissen.

»Yes, that's still the same match«, antwortet Adam. Verwundert setze ich mich dazu und frage Adam weiter.

»How can they play that long?«

»It's a test match.«

»Aha! What's that?

Noch mal nimmt sich Adam Zeit, dem begriffstutzigen Deutschen das mitreißendste Spiel der Welt zu erklären. Im folgenden Teil der Erklärung kommt bei mir der Verdacht auf, Cricket sei von Verwaltungsbeamten entwickelt worden. Bei einer Fußballweltmeisterschaft zum Beispiel gelingt es auch dem sonst uninteressierten Laien, sich in den leicht verfangenden Begeisterungsrausch hineinziehen zu lassen, den diese schnelle und abwechslungsreiche Sportart ausmacht. Tore können einfach zusammengezählt, gegeneinander aufgerechnet werden und schon hat man das Spielergebnis. Toll!

Der ermüdende Teil von: »The rules of Cricket«

Adam erklärt: Die Test Matches sind die höchste Form der Ausübung des Cricket Sports. Sogenannte Test Matches werden nur von Nationalmannschaften ausgetragen, die laut Status Test Match berechtigt sind.

»Das müssen sich Beamte ausgedacht haben«, schießt es mir durch den Kopf. Ein Test Match zieht sich in der Regel über fünf Tage hin, bis es entschieden ist.

»Gott, ist das spannend.«

Ein Test Match kann aber auch mal sieben Tage dauern oder nur vier, bis es entschieden ist. Nur einmal sei es vorgekommen, dass ein Spiel nach neun Tagen abgebrochen werden musste, weil eine Mannschaft nicht aus der Teepause zurückgekehrt ist.
»Ihr habt einen Knall, die machen nicht wirklich Teepause mitten im Spiel?«, frage ich nach.
»Of course they have tea. After lunch.«
Ich muss lachen, das meint er doch wohl nicht ernst? Doch, meint er. Ein Test Match wird in drei Innings zu je zwei Stunden gespielt, die Pausen heißen offiziell »lunch« und »tea«.

Ich lasse das Thema Cricket für einige Tage ruhen, konzentriere mich auf meine Arbeit und verbringe meine Freizeit mit sinnvolleren Beschäftigungen. Inzwischen ist auch das Spiel zu Ende gegangen. Australia won by 48 runs. Doch eines Nachmittags geht es auf einmal wieder von vorne los. Dieselben Teams in denselben Trikots. Ich gehe sofort zu Adam und frage ihn, ob mit den 48 runs etwas nicht stimmte.

Der ermüdende Teil von: »The Rules of Cricket – level 2«

Test Matches werden meist als Serie von zwei bis sechs Tests ausgetragen. Im Duell Indien gegen Australien beginnt heute das zweite Test Match. Es gibt aber auch »One-Day Cricket«, eine neuere Art des Crickets, die auch auf internationaler Ebene gespielt wird. Aber das gefällt Adam überhaupt nicht. Das sei ihm zu nervenaufreibend.

Das zweite Test Match dauerte noch bis kurz vor Weihnachten. Australia won by 4 wickets. Im Laufe der Tage lernte ich noch einiges dazu. Zum Beispiel nennt man das Ausscheiden des Batsman »Wicket«, egal ob das Wicket daran beteiligt ist oder nicht. Eine eingängige Regel ist auch, dass, wenn ein Bowler einen »No Ball« bowlt, der Schlagmann nicht »Out« gegeben werden kann, außer wenn er »Run Out« ist. Am besten finde ich als Grund für ein Wicket, also ein Ausscheiden jedoch, wenn der neu auf den Platz kommende Batsman, nachdem gerade ein

Batsman ausgeschieden ist, länger als drei Minuten braucht, um auf das Spielfeld zu kommen.

Heute ist der zweite Weihnachtsfeiertag. Ich reise mit einigen Gästen des Hostels aus Katherine ab. Es ist der Beginn des dritten Test Matches im Duell Indien gegen Australien. Bestimmt wird es genauso spannend wie die letzten beiden Spiele.

Stuart Highway

Die Australier sind glücklicherweise ein recht kommunikatives Volk. Die Strecken sind oft so weit, dass es früher oder später jedem Autofahrer langweilig wird. Dann ist es eben gut, wenn man jemanden für eine Unterhaltung dabei hat. Per Anhalter komme ich erstaunlich schnell vorwärts. Manchmal warte ich weniger als eine Stunde auf eine Mitfahrgelegenheit und manchmal bis zu drei Stunden und länger. Aber ich komme jedes Mal weiter! Das Gute auf dem Stuart Highway ist eben, dass die Entfernungen riesig sind. Wenn ich zwei Stunden in irgendeinem Nest stehe, kommen vielleicht nur fünf Autos vorbei, aber eines davon hält und nimmt mich mit. Dafür komme ich aber gleich Hunderte Kilometer weit. Sechs bis achthundert Kilometer mit einem einzigen Ride sind locker drin, und am Tag bis zu 1500 Kilometer per Anhalter zu fahren, ist durchaus möglich. Seit ich in Darwin erstmals australischen Boden betreten habe, bin ich alle Strecken außerhalb Darwins per Anhalter gefahren. Oft sehen Ortschaften, die auf Australiens Landkarten als Town eingezeichnet sind, in Wirklichkeit so aus: eine Tankstelle mit Laden, fünf bis sechs Häuser entlang der Straße, fertig. Ein gutes Beispiel hierfür ist Mataranka. Mit drei anderen Hostelbewohnern aus Katherine bin ich auf einem Angelausflug in Mataranka. In den schwefelhaltigen »Bitter-Springs« sind wir zum Baden, und gegessen wird, was wir aus dem Fluss fischen. Angelplätze sind hier klug auszusuchen, will man nicht selbst »geangelt« werden. Es wimmelt von Krokodilen.

Die nächste Etappe soll das 600 Kilometer südlich inmitten des australischen Outbacks liegende Tennant Creek sein. Von dort aus will ich weiter nach Alice Springs. Mein Plan ist es, von Darwin bis nach Adelaide möglichst alles per Anhalter zu fahren, um nicht mit den teuren Greyhound Bussen fahren zu müssen. Das sind eben mal 2616 Kilometer. Den Abstecher zum Ayers Rock will ich mir natürlich nicht entgehen lassen. Der liegt zum Glück gleich neben Alice Springs – schlappe 470 Kilometer der einfache Weg.

Outback & Outlaws

Seit Mataranka sind wir zu zweit. Meine neue Begleiterin ist eine chinesische Studentin mit dem Spitznamen Kangaroo. Wir kennen uns aus Katherine. Wir stehen bereits um 6:30 Uhr in Tennant Creek am Stuart Highway. Wer hier aufwächst, hat verloren. So wie der geschätzt 18-Jährige in seinem goldfarbenen Sport Coupé, der schon zum siebten Mal an uns vorbeidröhnt und mit seinem Gaspedal unverkennbar signalisiert: »Leute, ich komm vom Dorf!«

In Tennant Creek, das 988 Kilometer entfernt von Darwin und immerhin noch 510 Kilometer nach Alice Springs liegt, ist morgens um halb sieben auf dem Stuart Highway, der durch die Town führt, erstaunlich viel Verkehr. So ähnlich habe ich es mir gewünscht. Das Dumme ist nur, es sind immer wieder dieselben Autos, die an uns vorbeifahren – verschiedene »Black Fellows«, wie Aborigines hier genannt werden, in ihren Rostlauben, manche sogar in nagelneuen Pick-ups, der 18-Jährige in seinem Coupé, die Country Polizei im Streifenwagen und die Hundertschaften der Gemeindearbeiter in ihren weißen Pick-ups mit allerlei Gerätschaften hinten drauf. Ich habe mir das eigentlich anders vorgestellt. Wo sind die Camper, die ich gestern Abend klargemacht habe, die uns bis Alice mitnehmen wollten? Aus Tennant Creek führt nur der Stuart Highway Richtung Süden hinaus.

»Bleiben die jetzt alle in diesem Nest, oder wie sind die mir durch die Lappen gegangen?«

Jedenfalls kommt kein Auto den Highway entlang, das die Town verlässt. Und dafür habe ich das Zelt bei Sonnenaufgang abgebaut! Die Nacht haben wir im Busch verbracht, ein paar hundert Meter außerhalb der Town.

Meine unerfahrene chinesische Begleiterin stoppt erfolgreich die Müllabfuhr und merkt es erst, als der automatische Arm die Mülltonne greift.

»Bravo, Kangaroo! Du bist mir echt eine Hilfe.«

Mittags um ein Uhr stehen wir immer noch an derselben Stelle. Jetzt wird's langsam unerträglich. Die Sonne brennt vom Himmel, es gibt keinen Schatten und die Temperatur steigt und steigt. Ich bin längst zu Plan B übergegangen. Das heißt, den vorbeifahrenden Autos keinerlei Aufmerksamkeit mehr zu schenken. Sich mit irgendwas wie Lesen, Schnitzen oder Sonstigem beschäftigen. Das funktioniert erstaunlicherweise. Es erregt entweder die Aufmerksamkeit der Autofahrer oder ihr Mitleid. Wie auch immer, es funktioniert. Ein weißer Pick-up hält unvermittelt vor mir an. Ich schaue auf. Sieht nach Gemeindearbeiter aus. Im Outback sehen allerdings alle wie Gemeindearbeiter aus. Jeder trägt diese fürchterlichen Blaumänner mit neongelbem Oberteil und fährt einen Pick-up mit Gerätschaften hinten drauf. In Katherine traf ich einen Kerl mit mobiler Brauerei auf dem Wagen. Sehr sympathisch! Der hier hat eine Säufernase mit Vollbart drum herum und fragt mich, ohne Hallo zu sagen:

»Can you drive?«

»Yes!«, antworte ich.

»Do you have a driver's licence?«

Ich antworte wieder mit Ja und muss lachen. Dann packt er aus: er fahre heute Nacht nach Alice Springs, um dort etwas zu erledigen. Er habe noch einen Kleinwagen für seine Nichte, die 18 Jahre alt wird. Da er aber nicht mit zwei Wagen gleichzeitig nach Alice Springs fahren könne, würde ich den anderen Wagen fahren. Er bietet uns an, bei ihm zu Hause zu duschen und auszuruhen. Wir können auch Wäsche waschen, wenn wir wollen. In der Nacht um halb vier soll es losgehen. Wir überlegen kurz und schlagen ein. Ich gebe mir also selbst einen Ride nach Alice Springs.

Als wir in die Hofeinfahrt seines Grundstückes einbiegen, sieht alles ganz typisch australisch aus. Überall am Zaun liegt Schrott. Die Einfahrt und der Carport sind zentnerweise mit Getränkedosen, die in Säcke und Netze verschnürt sind, zugestellt.

Im Haus ist es angenehm kühl. In den folgenden Stunden nutzen wir alle seine Angebote.

Als wir geduscht sind, die schmutzige Wäsche in die Maschine gesteckt und uns umgezogen haben, sitzen wir mit unserem seltsamen Gastgeber, der sich inzwischen als Ralph vorgestellt hat, auf der Terrasse unter einem Vordach am Tisch. Er beginnt zu trinken und wird redseliger. Im Laufe des Abends erwähnt er heikle Details aus seinem Leben. Das Kangaroo und ich werfen uns immer öfter Blicke wachsenden Misstrauens gegenüber unserem Gastgeber zu. Wie er so über sein Leben und sein zweifelhaftes Recyclingbusiness mit Getränkedosen spricht, die er in Alice Springs zum Recyceln bringen will, erwähnt er beiläufig, dass er zehn Jahre wegen Drogenschmuggels im Bau gesessen habe. Seine Schwester und andere Verwandte helfen ihm dabei, ein normales Leben zu führen. Sein Einkommen bekommt er von seinem Bruder in Taschengeldrationen ausbezahlt, sodass er keinen Mist damit anstellen kann, wie ins Kasino zu gehen und zu zocken. Wie ich ihm so zuhöre, stelle ich fest, dass er mir ziemlich unsympathisch ist. Unter dem Tisch versteckt, beginnen wir eine konspirative Lagebesprechung per WhatsApp.

»Ich kann unmöglich sein Auto nach Alice Springs fahren«, texte ich dem Kangaroo. Hektisch schreiben wir heimlich hin und her. Gut, dass er schon ziemlich blau ist, da merkt er nicht, was bei uns mit Blicken und Tippen läuft. Dass er nicht ganz sauber sein kann, hatte ich schon vorher im Gefühl, aber jetzt wird er mir langsam unheimlich. Er murmelt etwas Unverständliches, steht auf und verschüttet dabei seine Bierdose. Dann verkündet er, er gehe seine Schwester abholen.

Als er aus der Hofeinfahrt hinausgefahren ist und um die Ecke biegt, überschlagen sich unsere Zweifel lautstark. Aufgeregt diskutieren wir die Lage. Ich hab echt die Hosen voll, mit dem Kerl zu fahren. Das Kangaroo beschwichtigt, er ist kein guter Mensch, aber so schlecht sei er auch nicht. Was hilft mir das, wenn ich ihm irgendwelche versteckten Drogen nach Alice Springs fahre und wir erwischt werden? Ich kündige an, nicht mitzufahren. Das Kangaroo wirft ein, dass um diese Zeit niemand mehr die weite Strecke fahren wird. Dummerweise muss ich ihr diesmal zustimmen. Ich gehe zum Auto, das für die Nichte bestimmt ist, und untersuche es oberflächlich. Das Handschuhfach, die Fächer in den Türen, unter den Sitzen, den Zigarettenanzünder und den Kofferraum. Alles ganz normal. Natürlich finde ich nichts, er will sich das Zeug ja nicht von seinem Fahrer klauen lassen. Ich schicke das Kangaroo zur Straße vor, Schmiere stehen. Dann nehme ich einen Schraubendreher aus einer Werkzeugkiste, die neben den Säcken von Recyclingdosen steht, und öffne damit die Türverkleidung. Nichts! Dann arbeite ich mich durch alle abnehmbaren Teile der Mittelkonsole bis zur linken Tür. Ich bin so nervös, als wäre ich der Schmuggler. Ich will vom Kangaroo wissen, ob die Luft noch rein ist.

»Yes, all good!«, lässt sie mich lachend wissen.

Wenigstens einer von uns beiden scheint die Sache lustig zu finden. Dann geht es im Kofferraum weiter, in den Seitentaschen für Warndreieck und Erste-Hilfe-Tasche bis unter das Ersatzrad. Nichts! Er hat das Kokain bestimmt im aufgezogenen Ersatzrad versteckt, aber da komme ich unmöglich dran. Je länger ich den Kleinwagen absuche, umso mehr ausgebuffte Verstecke zum Schmuggeln von Kokain fallen mir ein. Ich sollte mit meinem neuen Wissen bei der Polizei anheuern. Dann kommt das Kangaroo. Erschöpft lasse ich von dem Auto ab und setze mich mit ihr zurück an den Tisch. Sie beruhigt mich, da sei schon nichts, und ich beginne ihr zu glauben. Immerhin hatten wir vorhin »nur« den Verdacht, dass der Kerl mit unserer Hilfe Drogen durchs Outback schmuggeln will. Jetzt spreche ich nur noch vom Kokain. Ich habe mich da wohl in etwas verrannt. Schließlich lege ich mich in eines der Zimmer aufs Bett und schaue dem Deckenventilator zu. Es vergeht noch eine ruhige vom Deckenventilator bestimmte Viertelstunde, bis sich der Tisch auf der Terrasse wieder mit saufenden, lauten, fragwürdigen Australiern füllt. Ich stehe auf und gehe hinaus. Mittendrin sitzt das Kangaroo und amüsiert sich prächtig mit den Chaoten. Als man mich bemerkt, werde ich aufgefordert, mich dazuzusetzen. Ich bekomme die Neuzugänge vorgestellt. Alle sehen aus wie aus einer Assi-Doku-Soap. Da ist seine Schwester. Sie hat glattes, fettiges, strähniges Haar blonder Farbe, das auf ihren Schultern aufliegt. Sie trägt ein Tanktop und ein hässliches Tattoo auf dem Arm. Zur Rechten neben ihr sitzt »Mick«, er wird mir als mein Mitfahrer vorgestellt. Auch er trägt Tattoos auf den Armen, hat schwarze Zähne und von Ohrringen durchlöcherte Ohren, die aussehen, als hätte jemand mit Schrot hindurchgeschossen. Dann ein unauffälliger Typ links von Ralphs Schwester. Er geht einigermaßen als Zivilist durch. Er wird mir als der Mann der Schwester vorgestellt.

Ich setze mich an den Tisch, um die neue Gemengelage zu analysieren. Mit der Hilfe des Kangaroos kann ich nicht mehr rechnen, die bekommt einen Shot nach dem anderen hingestellt. Ich nehme ein Bier an, lehne aber sämtliche anderen alkoholischen Getränke ab. Sie sehen es mir nach, da ich als Fahrer eine gute Ausrede habe. Inzwischen sehe ich der Fahrt ganz entspannt entgegen. Da dieser Mick bei mir im Auto mitfahren soll, brauche ich mir nicht allzu große Sorgen zu machen. Jetzt muss ich ihn nur noch dazu bringen, dass er fährt, dann bin ich fein raus. Allerdings glaube ich nicht, dass er um halb vier in der Nacht fahren kann. Wenn ich recht darüber nachdenke, ist bis dahin niemand außer mir in der Lage, ein Auto zu fahren. Sie kippen einen nach dem anderen, bis endlich ein ersehnter Gast auftaucht. Ein weiterer kaputter Typ. Er hat einen Beutel Gras dabei. Jetzt kiffen sie auch noch. Ich melde mich ab und gehe wieder unter meinen Deckenventilator. Der dreht sich auch nur um sich selbst. Verpassen werde ich also nichts.

Irgendwann rüttelt mich jemand am Arm. Ich wache auf und sehe das runde Gesicht des Kangaroos, das im Zentrum der rotierenden Blätter des Ventilators steht. Das Kangaroo teilt mir mit, sie seien noch bis zwei Uhr gesessen, und wir hätten verschlafen. Es ist kurz vor fünf. Ich stehe auf und sehe Ralph an derselben Stelle sitzen, an der er saß, als ich die Runde verlassen habe. Um ihn herum ein Gebirge aus Bierdosen, Zigarettenstummeln und sonstigem Müll. Jetzt glaube ich, dass sich leere Bierdosen nach Alice Springs zum Recycling fahren lohnen kann. Er will tatsächlich fahren. Na gut! Ich sitze schließlich in einem anderen Auto. Außer ihm, dem Kangaroo und mir ist niemand mehr da. Er greift zu seinem Telefon. Er muss Mick anrufen. Der geht, wie zu erwarten ist, nicht dran. Er ordert an, uns bereit zur Abfahrt zu machen, wir hätten es jetzt eilig, da es schon so spät ist und man in der Mittagshitze nicht mehr fahren könne. Er werde Mick wecken gehen. Ich bin beruhigt. Der ist einfach zu dumm, um Drogen zu schmuggeln. Allerdings wurde er auch schon dabei erwischt. Beim Beladen des Autos untersuche ich es noch mal flüchtig. Als unser Gastgeber wiederkommt, meldet er, er hätte beinahe die Tür eingetreten, aber Mick würde weiter schlafen. Soll mir recht sein, dann muss ich mich nicht mit ihm unterhalten. Schließlich wird es eine lange Fahrt. Der Kleinwagen ist mit meinem und Kangaroos Gepäck beladen. Nun stapeln wir die Säcke mit den Bierdosen auf den Pick-up. Dann geht die Fahrt los. Auf Ralphs Begehren fährt das Kangaroo bei ihm mit. Finde ich ganz schön leichtsinnig von ihr. Sie scheint sein Pfand zu sein, dass ich nicht einfach irgendwo abbiege. Egal, ich will nach Alice Springs, das ist das Wichtigste.

Wie leichtsinnig es ist, bei unserem besoffenen Gastgeber mitzufahren, offenbart sich kurz nach dem Ortsschild, das er nur knapp verfehlt hat. Der Stuart Highway ist zweispurig. Jede der beiden Spuren ist breit genug, dass sich zwei tonnenschwere Roadtrains problemlos begegnen können und aneinander vorbeikommen, ohne auf der geschätzt acht Meter breiten Sandpiste, die sich auf beiden Seiten neben der Fahrbahn befindet, den Staub aufzuwirbeln. Der Besoffene vor mir schlingert wie in einem Film von links nach rechts und zurück. Dann kommt er auf den Sandstreifen und schleudert zurück auf die Fahrbahn. Wenn ich nur überholen könnte, ohne einen Unfall zu provozieren, ihn zum Anhalten zwingen und das Beuteltier aus seinen Fängen befreien könnte! Eindringlich auf das Kangaroo einreden kann ich erst, als wir die »Devil's Marbles« erreichen und anhalten. Eilig springen wir von einem Felsbrocken auf den anderen, die wie riesige Murmeln in der Wüste liegen, und machen ein paar Fotos von dem beeindruckenden Naturwunder. Ralph drängelt. Meine Versuche, Kangaroo davon zu überzeugen, bei mir mitzufahren, wiegelt sie ab, er habe sein Fahrzeug doch gut unter Kontrolle. Es geht genauso weiter wie bisher. Ich vergrößere den Abstand, damit ich nicht mehr zusehen muss, was sich da vorne abspielt. Außer einigen Pinkelpausen, die Ralph einlegen muss, halten wir nur ein einziges Mal an einem Roadhouse an, um etwas zu essen. In Alice Springs angekommen, fahre ich so dicht wie möglich hinter Ralph her, um ihn nicht zu verlieren. Als ich den Kleinwagen hinter den Pick-up in die Hofeinfahrt des Hauses seines Bruders stelle, ist es für mich gelaufen. Ich hole mein Gepäck aus dem Auto und will gehen. Der besoffene Ralph hat sich tatsächlich noch die Hosen vollgepinkelt. Was für ein Anblick. Ich verabschiede mich von Kangaroo, die direkt nach Adelaide weiterfahren will, und lasse Ralph ohne Worte in seinen verpinkelten Hosen stehen.

Ein gastfreundliches Volk

Robert Graham ist ein groß gewachsener Mann, dessen hohe Stirn von einem ausladenden Cowboyhut bedeckt ist. Wir treffen uns in der zuvor am Telefon verabredeten Mall und machen uns auf die Suche nach seiner Frau Jane. Als wir sie in einer Parfümerie ausfindig machen, werde ich ihr vorgestellt. Sie lässt uns wissen, dass ihre Einkaufstour noch nicht beendet sei. Es bleibt für mich noch genug Zeit, um etwas zu essen. Auf dem Weg in eines der Schnellrestaurants lerne ich meinen neuen HelpX-Host ein wenig kennen. Meine bisherigen Erfahrungen in Australien mit HelpX sind überaus gut. Ich wurde in beiden Fällen fast überschwänglich begrüßt und sofort gefragt, ob ich hungrig sei oder sonst irgendetwas brauche. Diesmal werde ich immerhin noch abgeholt, was sich nicht vermeiden lässt. Mein HelpX-Aufenthalt findet über hundert Kilometer entfernt von Alice Springs inmitten der West Mac Donnell Ranges statt, wohin ich auf eigene

Faust nicht kommen würde. Sonst kommt nicht viel Freude über meine Ankunft bei mir an. Robert begleitet mich zwar zum Schnellrestaurant, aber ich spüre gleich, dass er nicht gewillt ist, mich einzuladen. Ich mache mir keine Gedanken darüber. Allerdings trügt der erste Eindruck selten. Nach der beeindruckenden Fahrt durch spektakuläre Natur kommen wir in der Lodge an. Jane führt mich herum, gibt mir aus einem Lagerraum Bettwäsche mit und zeigt mir meine Unterkunft. Ich werde in einem Wohncontainer hinter den Gästehäusern wohnen. In den insgesamt vier Wohncontainern sind auch die Angestellten untergebracht. Mein Teil besteht aus einem kleinen Raum von etwa sechs Quadratmetern und einem noch kleineren Badezimmerchen. Ich habe elektrisches Licht, fließendes Wasser und eine Klimaanlage. Was will man mehr! Allerdings muss ich gründlich putzen. Jane beschwert sich bei dieser Gelegenheit in Abwesenheit des Verursachers über den Zustand, in dem der meine Unterkunft zurückgelassen hat. Eine halbe Stunde später ist alles sauber und ich trete zum Dienst in der Lodge an. Es muss noch viel vorbereitet werden, denn morgen Nacht feiern wir hier draußen mit den Gästen Neujahr. Ich baue mit anderen eine kleine Bühne auf, dekoriere den Außenbereich sowie den Innenbereich und begleite Robert bei der Installation seines Feuerwerkes. Er hat sich dieses Feuerwerk – sage und schreibe – achthundert Dollar kosten lassen. Man darf also gespannt sein. So ein Arbeitstag macht Hunger und Durst. Jetzt fällt mir allmählich auf, was hier anders ist als bei allen meinen HelpX-Aufenthalten zuvor. Mein Hunger kommt zur falschen Zeit. Ich muss für meine Verpflegung hier draußen weitgehend selber aufkommen. Zu essen gibt es für die Belegschaft zweimal am Tag, um Getränke muss sich jeder selbst kümmern. Gefiltertes Leitungswasser kann man gratis abzapfen. Eine kleine Flasche Bier kostet hier draußen zwischen neun und elf Dollar, und alles andere ist auch nicht gerade günstig. Mitarbeiter erhalten das günstigere Bier für fünf Dollar, erzählt mir der Barmann. Ob das bei mir auch gilt, kann er nicht entscheiden.

Na dann, Prost Neujahr!

Am nächsten Tag versuche ich in einem günstigen Augenblick mein Glück bei Jane und bekomme die Erlaubnis, in der Neujahrsnacht auf Kosten des Hauses zu trinken. Hätten sie mir vorher etwas davon erzählt, hätte ich mich in der Mall noch eindecken können, so wie es die anderen Angestellten machen. Von meinen Nachbarn im Container höre ich, dass alle hier draußen achtzig Dollar im Monat für ihre Unterkunft von ihrem Arbeitslohn direkt abgeben müssen.

In der Nacht wird es lustig, obwohl ich mich mit meinem Freibier zurückhalte. Zwar lädt die Stimmung der Angestellten nicht zum ausgelassenen Feiern ein, aber ich lerne die Musiker kennen und feiere das neue Jahr einfach mit ihnen. Um Mitternacht brennen auf eindrucksvolle Weise 800 Dollar in weniger als zehn Minuten ab. Robert lässt sich von seinen Gästen für das großzügige Feuerwerk feiern und verschwindet gleich darauf in seinem Büro. Vermutlich errechnet er den Aufschlag, den er von seinen Angestellten für diese Nacht einbehalten muss.

King, der Percussionist der Band, lädt mich in sein Haus in Alice Springs ein. Für den Fall, dass ich noch mal dorthin zurückkomme, solle ich ihn und seine Verlobte Beth unbedingt besuchen. Ich könne bei ihnen im Garten zelten, so lange ich möchte.

Am Abend des ersten Januars bemerke ich einen stärker werdenden Schmerz in meinem linken Ohr. Ich denke an die Bitter-Springs von Mataranka und die vielen Flughunde zurück, die kopfüber in den Bäumen darüber hängen. Bestimmt habe ich mir da etwas eingefangen. Im Laufe des Abends wird der Schmerz stärker. Ich vermute eine Gehörgangentzündung und werde wohl einen Arzt brauchen. Ich frage Jane, die gerade an der Rezeption steht, wie ich in die Stadt kommen könne. Ich müsse unbedingt morgen früh zu einem Ohrenarzt. Jetzt macht sich bemerkbar, dass ich meinen Willkommensbonus in der Neujahrsnacht bereits ausgetrunken habe. Sie macht keinerlei Anstalten, mich in die Stadt zu bringen, was ich eigentlich von meinen Gastgebern erwartet hätte. Stattdessen bekomme ich zu hören, dass Robert erst in zwei Tagen in die Stadt fährt. Da ich wohl nicht so lange warten kann, will sie sehen, ob morgen früh Gäste auschecken, die mich mitnehmen können. Ein Ehepaar reist morgen ab, allerdings in Richtung Ayers Rock. Es tut ihr leid. Leider keine

Möglichkeit! Aber sie will sich noch umhören. Auweia! Wo bin ich denn hier gelandet? Später am Abend, inzwischen habe ich große Schmerzen, erreicht mich die Nachricht, dass am Morgen eine Kollegin einen der beiden Köche zum Flughafen fährt. Er höre hier auf und sie führe ihn zum Flughafen und danach in die Stadt, wo sie für eine Nacht bei Freunden übernachtet. Da könne ich mitfahren.

Ich bin heilfroh, dass ich nach Alice Springs zu einem Arzt gehen kann. Die Nacht schlage ich mir unter Schmerzen um die Ohren. Am frühen Morgen geht die Fahrt los. Den Umweg zum Flughafen muss ich in Kauf nehmen, bevor ich in der Innenstadt abgesetzt werde und mich behandeln lassen kann. Die Nacht kann ich bei King und Beth verbringen, wo ich auch Kings Schwiegereltern wiedersehe. Mein Schmerzmittel erlaubt mir, den Abend einigermaßen zu genießen. Im Gespräch stellt sich heraus, dass ich nicht alleine bin mit meiner Meinung über meine Gastgeber. Auch im Umgang mit der Band gab es wohl einiges zu kritisieren. Charles und Carla, erzählen mir, wie sie zu HelpX und Workaway stehen. Sie verraten mir, dass viele Hosts ihre freiwilligen Helfer ausnutzen und auf diese Weise viel Geld sparen, da Arbeitskräfte in Australien teuer sind. So habe ich es bis jetzt noch nicht erlebt, kann es mir nun aber gut vorstellen.

Am nächsten Morgen stehe ich zur verabredeten Uhrzeit an verabredeter Stelle und habe vorsorglich vorher eingekauft. Wird sicher toll, mal etwas anderes zu trinken als das gefilterte Leitungswasser. Mit einiger Verspätung und dafür umso größerer Eile kommt meine Fahrerin und gibt mir, kaum bin ich eingestiegen bekannt, dass wir jetzt tanken fahren und ich die Füllung zu zahlen habe. Ähm, ach so?! Wieso das jetzt? Na, sie musste für die Tankfüllung für den Hinweg aus eigener Tasche aufkommen. Jetzt sei ich dran. Ich beginne zu diskutieren. Für die Strecke brauchen wir doch unmöglich eine ganze Tankfüllung. Ich kann gern anteilig etwas zuzahlen, biete ich an. Selbstverteidigend erzählt sie mir, dass Robert und Jane nicht für die Benzinkosten aufkommen, obwohl sie einen Mitarbeiter zum Flughafen gefahren und mich, einen Freiwilligen, zum Ohrenarzt gebracht hat. Aber jetzt holen wir erst noch frisches Gemüse für die Lodge beim

Großhändler ab. Selbstverständlich bin ich als Mann dafür eingeplant, das Gemüse, Kiste für Kiste, ins Auto zu tragen.

Gleich nach meiner Rückkehr in der Lodge packe ich meine Sachen. Ich will mich umgehend um eine Mitfahrgelegenheit bemühen. Bei Jane kündige ich an, dass ich in den nächsten Tagen weiterreisen will.

Am Nachmittag jäte ich irgendeine wild wuchernde, parasitäre Pflanze – auf einem Gelände von gut zwölf Ar Fläche. Als ich etliche Eimer mit der Pflanze zum Abtransport gefüllt habe, holt mich Robert ab. Er will mir seinen Lieblingskakadu zeigen. Versucht er jetzt, »schön Wetter« um meine Arbeitskraft zu machen, um mich auf der Lodge zu halten? Ich gehe trotzdem mit. Eine Pause und etwas Schatten tun mir gut. Er zeigt mir die Käfige und die Vögel darin.

Zu seinem kleinen Zoo gehören auch Spinnen. Mit einem kleinen Stock schabt Robert am Holzrahmen eines Käfigs entlang. Hier wohnen einige »Redback Spiders«. Eine der etwa einen Zentimeter kleinen, aber sehr giftigen Spinnen lässt sich tatsächlich aus ihrem Nest locken und ich kann sie mir aus nächster Nähe ansehen. Auffällig ist der rote Strich auf ihrem Rücken. Robert erzählt mir, sie sei nicht so giftig, wie alle meinen. Wer bei guter Gesundheit und Fitness ist, überlebt einen Biss leicht. Aber es schmerzt sehr, und man brauche auf jeden Fall schnell ärztliche Hilfe.

Ich schlussfolgere, wer auf seiner Lodge gebissen wird, stirbt.

Dann geht es weiter mit seinem Lieblingskakadu, den er für mich aus dem Käfig holt. Kaum sitzt der ihm auf der Schulter, nahen Gäste der Lodge aus der Schlucht heran. Er fragt sie, ob es ihnen gefallen hat. Ab jetzt würdigt er mich keines Blickes mehr. Sie plaudern über die Schlucht. Dann geht er, mit ihnen über seinen Kakadu erzählend, in Richtung Homestead und lässt mich stehen.

Eine halbe Stunde später geschieht das Wunder.

An der Zapfsäule vor dem Homestead tanken zwei junge Männer ihren Jeep. Ich höre Schwyzerdütsch. Jane steht wachend daneben.

»Grüezi mitenand! Kann ich bei euch mitfahren?«

»Viel Platz hömma nüt.«
»Ich habe ein eigenes Zelt und die besten Geschichten.«
»Guad. Komm!«
Fünf Minuten später sitze ich im Jeep. Ich rufe Jane zu, die ihre Dollars zählt:
»Schlüssel steckt! Tschüss!«
Janes Gesichtsausdruck spricht Bände. Was für ein Fest! Mitten im Nirgendwo finde ich eine Mitfahrgelegenheit für die drei großen Highlights Australiens. Und das, während die Jungs nur zum Tanken hielten. Ich bin schneller weg, als die Geizhälse gucken können. Bestimmt können sie sich nicht erklären, weshalb ich nicht bei ihnen bleiben wollte.

Es folgen ein paar aufregende Tage in der Natur und Nächte unter freiem Himmel. Wir sehen Wildpferde, Adler und besuchen die mächtigen Naturwunder Kings Canyon, Ayers Rock und die Olgas.

Nach dem Loop geht es zurück auf den Stuart Highway, wo sich unsere Wege trennen und ich mich absetzen lasse. Mein nächstes Ziel ist Coober Pedy. Da stehe ich und bin gut gelaunt. Aber ich bin zu spät dran. An diesem Tag komme ich hier nicht mehr weg. Also mache ich mich in entgegengesetzter Richtung auf den Weg zurück in die Stadt, in die es nicht weit ist, und werde sofort mitgenommen. Ich rufe bei King an und nehme seine herzliche Einladung an, noch einmal zu ihm zu Besuch zu kommen. Wieder in Alice Springs, besorge ich Bier für alle und klopfe an der Haustür.

Am Morgen nach einem gemeinsamen Frühstück verabschiede ich mich von meinen neuen Freunden und darf erst gehen, als ich fest verspreche, die Einladung von Beths Eltern anzunehmen, sie in Ballarat zu besuchen. Sie wollen es sich nicht entgehen lassen, mich auf einen Ausflug auf der Great Ocean Road mitzunehmen. Einstimmig bestehen sie darauf, dass mich King noch zum Stuart Highway bringt, da er die beste Stelle zum Trampen kennt.

Als ich am Highway unter einem Schatten spendenden Baum mein Schild stehen habe, geht es auch bald weiter. Von Alice Springs bis Kulgera komme ich mit einem Mann, der in Reservaten der Aborigines arbeitet. Die Unterhaltung mit ihm ist so interessant, dass ich nicht bemerke, wie die Zeit vergeht. Wie weit wir gefahren sind, merke ich vor allem an der Vegetation. Je weiter man nach Süden kommt, desto weniger wächst. In Kulgera werde ich nach drei langen Stunden Wartezeit nach Coober Pedy mitgenommen.

Weißer Mann im Loch

Coober Pedy ist einer der unwirklichsten Orte, die ich je gesehen habe. Ich komme bei Dunkelheit an und übernachte sechs Meter unter der Erde in einem Underground Hostel. Bei angenehm kühler Temperatur lässt es sich gut schlafen und man vergisst für eine Weile die Hitze an der Oberfläche. Erst am anderen Morgen sehe ich Coober Pedy bei Tageslicht. Ich komme mir vor wie auf Luke Skywalkers Heimatplaneten Tatooine. Bei manchen der verrosteten Geräte, die hier herumstehen, weiß ich auf den ersten Blick nicht, ob es sich um etwas handelt, was tatsächlich in Opalminen verwendet wurde oder ob es eher auf Tatooine gehört und nur zum Spaß zusammengeschweißt und aufgestellt wurde. Auf einem meiner Rundgänge durch die Stadt, von der man oberirdisch nicht allzu viel sieht, entdecke ich sogar ein Raumschiff. Es könnte zum Kampfstern Galaktika gehört haben. Blickt man ins Umland, sieht man überall tiefe Löcher, die Opalminen, im Wüstenboden. Von einem Einheimischen erfahre ich, dass Coober Pedy aus der Sprache der Aborigines stammt und »Weißer Mann im Loch« bedeutet.

Der Jäger der nicht gefundenen Opale

Wieder auf dem Stuart Highway in der sengenden Sonne, verbrauche ich die vier Liter Wasser, die ich dabei habe, noch bevor ein Auto hält. Zwanzig Meter vor mir erhebt sich organisch aus dem trockenen Boden das kunstvolle Ortsschild von Coober Pedy in Erdfarben. Es ist nicht hoch genug, um mir Schatten zu spenden. Die Sonne steht bereits hoch am Himmel, mit einem Handtuch versuche ich meine Schultern dort zu bedecken, wo der Schatten meines Huts nicht mehr hinreicht. Unter der einzigen Straßenlaterne, die bei Nacht die Einmündung vom Highway zur Stadt ausleuchtet, suche ich meinen Platz so aus, dass mich der winzige Schattenfleck der Lampe trifft. Es dauert über drei Stunden, bis es für mich weitergeht.

Ich werde für die Strecke von Coober Pedy nach Port Augusta von einem Miner mitgenommen und erfahre auf dieser 540 Kilometer langen Etappe so einiges an Hintergrundwissen über das Geschäft mit den Opalen. Um es kurz zu machen, in Coober Pedy bescheißt jeder jeden, und wer noch kein Krimineller war, bevor er in Coober Pedy zum Glücksritter wurde, wird es spätestens dann. Auf meine Frage, ob es sich denn lohne, nach Opalen zu suchen, bekomme ich die Antwort, dass es sich für kleine Opalschürfer wie ihn weder lohnt danach zu suchen noch es aufzugeben. Glücksritter zu sein ist eine Lebensart. Unterwegs zahlen wir noch einen Dollar Wegegeld an einen Glücksbaum, der sichere Fahrt verspricht. Am späten Abend erreichen wir Port Augusta. Der Miner erzählt mir, es sei sehr unsicher. Ich solle lieber nicht zelten. Das einzige Hotel in der Stadt, vor dem er mich absetzt, ist mit 65 Dollar für die Nacht viel zu teuer. Die Australier erzählen sich gerne allerlei Gruselgeschichten, aber man muss das nicht so ernst nehmen. Ich überlege mir, wo ich sicher zelten könnte. In der Nähe des Gefängnisses, außerhalb der Stadt, wird es am sichersten sein. Es sei denn, es bricht einer aus, was unwahrscheinlich ist. Freiwillig hingehen wird schon keiner der angeblich so zahlreichen Ganoven. Auf dem Weg höre ich die Geschichte von den unsicheren Nächten in Port Augusta noch einmal von einem einheimischen Rentner, der mir vorschlägt, auf dem

Parkplatz der katholischen Kirche zu zelten. Kurz darauf steht mein Zelt neben der Kirche auf dem Kirchhof. Der Pfarrer scheint nichts dagegen zu haben, aber beim HERRN bin ich mir nicht so sicher. Ein Sturm kommt auf. Da ich mein Zelt auf dem harten Kieselboden nicht verankern konnte, fliege ich in der Nacht in meinem Zelt davon! Direkt nach Adelaide!

Good bye Kitty

Wenn man Südostasien gen Südosten verlässt und sich nach Australien aufmacht, hat man das Gefühl, einem Fluch zu entkommen. In Darwin keine Spur davon und auch nicht in Alice Spings und anderen Orten im australischen Outback. Es ist endlich vorbei! Die vom »Hello Kitty«-Wahn befallenen Länder habe ich wohl endgültig hinter mir gelassen und gehe einer unbeschwerten Zeit ohne Kätzchen mit rosa Schleife entgegen. Es fühlt sich wunderbar an. Und dann das!

Ein Fluch kehrt zurück! Dem mächtigen Bannstrahl dieser böswilligen Katze entkommt man nicht. Ich weiß nicht, was ich machen soll. Mein Hautwiderstand ändert sich, ich beginne zu schwitzen, das Herz rast. Wie gehe ich mit dieser Heimsuchung um? Ich stehe in Adelaide vor einem Hello-Kitty-Café und traue meinen Augen nicht. Das gab es nicht mal in der Gefahrenzone. Aber es ist wahr. In Südostasien hat mich dieses Kätzchen in seinen verschiedensten Erscheinungsformen verfolgt. Mal kam es subtil als Kitty-Flip-Flop, mal als Sticker, Smartphonehülle, T-Shirt, sogar als Rollkoffer stellte mir diese Katze nach. Wirklich jeder Südostasiate unter 30 trägt zu dieser schlimmen Heimsuchung nach Kräften bei.

Wenn eine Niederlage bevorsteht, ist es besser, keinen Widerstand mehr zu leisten. Ich übe mich in Demut, gesenkten Hauptes gehe hinein und trinke einen Kaffee, um mich der Katze mit der rosa Schleife zu unterwerfen.

The Dipper

Auch den restlichen Weg von Adelaide bis Melbourne schaffe ich per Anhalter. In Melbourne verbringe ich eine Woche und nehme die Einladung von Charles und Carla an, sie in Ballarat, was nicht weit entfernt ist, zu besuchen. Ich beschließe, von Melbourne per Anhalter nach Sydney zu fahren. Bisher hat das Trampen in Australien zuverlässig funktioniert. Immerhin habe ich die gesamte Wüste inklusive Kings Canyon, Ayers Rock und Olgas ohne eigenes Vehikel hinbekommen. Ich fahre mit der Tram bis zur Endstation und gehe von dort bis zur nächstbesten Tankstelle nahe des Freeways zu Fuß. Alles klappt prima. Bald will mich eine Familie mitnehmen. Die Fahrt beginnt. Allerdings durch die Waschanlage. Aussteigen kann ich jetzt nicht mehr. Man lernt sich kennen und unterhält sich. Noch Abwaschen und Föhnen, dann geht's los. Die Leute sind aus Wagga Wagga. Ob sie mich bis dorthin mitnehmen sollen oder nur bis Albury, wo ich immerhin am Freeway wäre? Ich muss erst mal auf meiner Karte nachsehen, bevor ich mich entscheide. Auch so ein Nest, aber ungünstiger gelegen. Ich entscheide, bis Albury mitzufahren, und lasse mich an einer Service-Station, die mir gut gelegen scheint, absetzen. Es dauert keine zehn Minuten, da sitze ich schon im nächsten Auto. Bisschen runtergekommen, die Kiste, aber sie passt zu Australien. Der Fahrer ist ein junger Ausi. Er muss aus dem Outback kommen, spricht zwar Englisch, aber ich verstehe nicht viel von dem, was er mir erzählt. Ich nicke einfach alles ab. Klappt! Er merkt nichts – oder ist einfach nur froh, jemanden zum Quatschen zu haben. Nach 60 Kilometern lässt er mich aussteigen. Jetzt stehe ich in Holbrook an einer Caltex-Station, 200 Meter von der Auffahrt zum Freeway nach Sydney. Ich gehe das ganz gelassen an. Bin ja erfolgsverwöhnt. Ich kümmere mich erst mal um mich selbst und krame dann mein Schild raus, streiche Albury durch und lasse Sydney alleine stehen. Dann fange ich an, die Trucks zu beobachten, die hereinkommen. Dabei darf ich die Autos beim Tanken nicht verpassen. Es vergeht Zeit. Viel Zeit. Ich habe da noch eine kleine Wette am Laufen. Gabriele, den ich seit Lombok kenne und bei dem ich in Melbourne übernachtet habe, hat zweieinhalb Tage von Sydney nach Melbourne gebraucht. Ich will es ihm an einem Tag in der umgekehrten Richtung zeigen. Aber es vergeht noch mehr Zeit. Nichts passiert. Dann kommt auch noch die Pächterin der Caltex heraus und teilt mir freundlich, aber bestimmt mit, dass ich »Out of the Boundary« weitermachen muss. Die Leute würden sich beschweren. Das habe ich zwar noch nie gehört, aber in Ordnung. Ich halte nur noch mein Schild hin und hoffe, dass irgendwann jemand nicht tankt, aber trotzdem hält. Und zwar außerhalb der Grundstücksgrenze! Ich richte mich schon aufs Zelten in Holbrook ein. Es passiert wirklich nichts. Manchmal rufe ich den Leuten doch zu und frage nach, ohne das Gelände zu betreten. Mein Glück scheint mich verlassen zu haben. Ich wende den bewährten Trick an, den Autofahrern keinerlei Aufmerksamkeit zu schenken, was zuverlässig deren Aufmerksamkeit erregt. Jedenfalls habe ich mir das bisher mit Erfolg eingebildet. Und es klappt wieder! Ein Truck kommt herein und hält auf dem langen Schotterstreifen außerhalb der verfluchten Boundary an. Ich stürze ihm entgegen und spreche den Fahrer an, als der von seinem Führerhaus heruntergeklettert ist. Es sind keine Logos auf der Tür, auch nicht auf den Aufliegern. Die Chancen stehen gut, dass es sich um einen selbstständigen Fahrer handelt. Das

Problem mit den Trucks ist, die meisten gehören Speditionen, die aus Versicherungsgründen keine Passagiere erlauben. Die Fahrer würden einen gerne mitnehmen, aber sie dürfen es nicht. Road Trains in voller Fahrt halten generell nie für Anhalter. Abgesehen von dem vielen Diesel, den sie fürs erneute Anfahren verbrauchen würden, ist mir auch der Weg zu weit, den ich in der nicht enden wollenden Staubwolke hinter ihnen herrennen müsste, bis die 50 Meter langen Ungetüme endlich zum Stehen kommen. Ich spreche den Fahrer an und ohne zu überlegen, willigt er ein. Allerdings geht es nicht sofort weiter. Die Bedingungen, die mir Sam, so heißt der Fahrer, stellt, sind: zwei Stunden Fahrpause einhalten, mit seiner Frau telefonieren, mit ihm essen gehen und ihn während der Fahrt unterhalten. Kurz darauf bin ich in ein mir endlos erscheinendes Telefonat mit seiner Frau verwickelt. Sie hat Spaß daran, mich alles Mögliche zu fragen. Zum Beispiel, wie man im Outback zelten kann, ohne von giftigen Schlangen gebissen zu werden? Naja, ich mache das Zelt zu. Ich erzähle ihr von der Geschichte mit dem Salz, das man um seinen Schlafplatz herum ausstreut. Klingt irgendwie mystisch und mehr nach Überlebenskünstler. Als das Telefonat beendet ist, bin ich auf die Reaktion der Caltex-Tante gespannt. Immerhin halte ich mich schon seit dem Telefonat ununterbrochen auf dem Grundstück auf. Wir bestellen, und sie hält den Mund. Ich bestehe alle »Prüfungen« mühelos. Die Fahrt kann beginnen.

Bei offener Tür kann ich gerade so auf den Fußraum des Führerhauses sehen. Ganz schön hoch. Man muss klettern. Hinter der Tür sind ein paar Tritte und Haltestangen angebracht. Drinnen ist es geräumig. Wir sitzen gefühlte drei Meter voneinander entfernt. Es sind tatsächlich fast drei Meter. Ein richtiger Roadtrain ist der Truck nicht. Die sind in Victoria und New South Wales nicht zugelassen. Aber verglichen mit Trucks in Deutschland ist das Fahrzeug ein Riese. Sam startet den Frightliner. 550 Horse Powers, 60 Tonnen schwer und 30 Meter lang. Zwei Auflieger hängen in ganzer Länge hintereinander an der roten Zugmaschine. Wir fahren im fünften Gang an, dann schaltet er automatisch alle drei Sekunden hoch, bis wir 50 Kilometer pro Stunde schnell sind. So hoppeln wir mit dem Ungetüm auf den Freeway. Dass das keine gemütliche Fahrt wird, merke ich schon auf den ersten 100 Metern. Aber Spaß macht es! Wir fahren bis in die Nacht hinein. Gegen ein Uhr nachts sollen wir in einem Vorort von Sydney ankommen, wo Sam seine Ladung löschen wird. Wir fahren und fahren. Schnell ist man nicht mit einem 60 Tonnen schweren Truck. Nach stundenlanger Fahrt erzählt mir Sam, dass jetzt bald das Highlight der Strecke kommt. Etwa fünf Minuten bevor wir die besagte Stelle erreichen, nimmt er zum ersten Mal das Mic von seinem CB-Funkgerät in die Hand und setzt einen Spruch ab. Wenig später rauscht es aus dem Lautsprecher: »The dipper is cold!« Sam reibt sich die Hände und erzählt mir, was wir jetzt gleich machen werden. »The Dipper« ist eine mehrere Kilometer lange schnurgerade Talfahrt. Da wird man richtig schnell. Er wird immer nervöser, je näher wir kommen. Die Polizei weiß natürlich auch, was »The Dipper is cold!« bedeutet, und wenn sie in der Nähe ist, macht sie »The dipper is hot!« daraus. Wer's dann krachen lässt, war mal Truckie. Aber die Vorfreude auf den Spaß ist größer als die Furcht vor der Polizei. Wir kommen über die Kuppe, und da sehe ich die Strecke vor uns liegen. Sieht aus wie eine Sprungschanze. Wir werden immer schneller. Sam erklärt mir, dass wir bis unten 150 Kilometer pro Stunde draufhaben werden, weil wir voll beladen sind. 110, 125, 130, und wir werden immer noch schneller. Es hoppelt jetzt noch viel stärker als sonst. Wir sitzen ja direkt über der Achse. Wir überholen sogar Autos, die alle schön brav links fahren. Am Ende donnern wir tatsächlich mit dem 60 Tonnen schweren Ungetüm mit 150 Kilometern pro Stunde den Hang hinunter. Ein unglaubliches Gefühl!

Auf der anderen Seite rollen wir einfach aus, haben aber noch lange überhöhte Geschwindigkeit. Die Masse schiebt uns spürbar den Hügel hinauf. Ich frage ihn nach dem Fahrtenschreiber. In Australien haben sie keinen. Nur ein Logbuch. Und da steht vom Dipper hinterher einfach nichts drin.

Das war zwar meine erste, aber auf jeden Fall meine aufregendste Fahrt nach Sydney! Und meine Wette habe ich gewonnen.

Port Maquarie und der Australia Day

Die Busse in Australien kosten zwar nicht gerade wenig, aber Sydney per Anhalter zu verlassen, ist mir zu umständlich. Ich habe eine Fahrkarte bis nach Port Maquarie, von wo es wieder per Anhalter weitergehen soll. Ich stelle den Sitz zurück und sehe dabei zu, wie die Metropole am Fenster vorüberzieht. Ich bin gespannt auf diesen kleinen Ort an der Ostküste. Mal sehen, was er am morgigen Australia Day zu bieten hat. Als die Harbourbridge längst hinter mir liegt, wird es dunkel und ich schlafe ein. Die Fahrt dauert noch einige Stunden.

Mitten in der Nacht nehme ich eine in Watte gepackte Stimme wahr und mich packt was am Arm. Es ist der Fahrer.

»Port Maquarie!«, flüstert er mir zu, um die anderen Fahrgäste nicht aufzuwecken. Schlaftrunken packe ich meine Sachen und verlasse meinen Platz. Draußen hat der Fahrer schon meinen Rucksack stehen und schließt fast lautlos die Klappe zum Gepäckraum. Er fragt mich, ob ich denn wüsste, wo ich um die Zeit hin will? Er hat recht in der Annahme, dass ich keinen Schimmer habe, wo ich bin und in welche Richtung der Ort eigentlich liegt. Er zeigt mir noch die Richtung, in die ich gehen soll, und wünscht mir eine gute Zeit. Dann fährt der Bus davon. Außer mir ist hier niemand aus dem Bus gestiegen. Ich mache erst mal eine Orientierungspause und setze mich an der Bushaltestelle auf die Bank. Als ich die Gegend ausreichend beobachtet habe – hier stehen kaum Häuser –, meldet sich die Müdigkeit zurück und zwingt mich, bald einen Schlafplatz zu finden. Ich schleppe mich ein Stück die Straße hinunter bis zu einem schmalen Weg, den ich nach einer Stelle absuche, um mein Zelt aufzustellen, ohne dass es am anderen Morgen von der Straße aus gesehen werden kann. Ich biege mal rechts ab, mal links, aber ich finde keine geeignete Stelle. Von einem Ort sehe ich nichts. Ich schleppe mich weiter. An einer Kreuzung biege ich ab und sehe Schiffsmasten und das Meer. Als ich am Wasser stehe, befindet sich links neben mir eine kleine Marina mit schaukelnden Segelbooten. Vor mir liegen Felsen, die das Meer daran hindern, Port Maquarie Land abzutrotzen, und rechts neben mir sind auch endlich ein paar Häuser. Vor den Häusern geht ein Fußweg mit Parkbänken am Wasser entlang. Leider sind alle von Enten und Gänsen besetzt. Ich habe Glück und finde eine, die noch frei ist. Sie steht zwischen Bäumen und nur zehn Meter vom Wasser entfernt. Ich hätte es nicht besser erwischen können. Das Zelt aufzubauen spare ich mir. Ich packe meine Decke aus, trage dick Mückenschutz auf, schiebe den Rucksack unter die Bank und lege mich hin. Ein paar Minuten lausche ich den Gesprächen der Angler auf einem nahe gelegenen Steg, dann bin ich wieder im Land der Träume.

Wieder höre ich in Watte gepackte Stimmen, aber diesmal packt mich nichts am Arm. Der klemmt zwischen den Brettern der Bank und meinem Oberkörper. Die Parkbank meldet sich in aller Härte. Ich drehe mich auf den Rücken, um meinen Arm zu befreien, und schlage die Augen auf. Um mich herum wurden Tische aufgestellt, von denen Kabel herunterhängen. Unter den Tischplatten stehen Pappkartons und dahinter sehe ich überall Beine in Hosen und Röcken. Ich sehe nach oben. Über mir lächeln altersmilde Gesichter zu mir herab.

»Good morning. Happy Australia Day«, sagt ein älterer Mann mit Vollbart zu mir. Eine Frau gleichen Alters steht neben ihm. Sie begrüßt mich mit einem Lächeln und den Worten:

»Welcome to Port Maquarie.«

Dann bietet sie mir Kaffee an. Ich richte mich auf, um richtig zu mir zu kommen, und sehe mich um. Die Tischplatten um mich herum sind jetzt mit mir auf Augenhöhe. Es sieht hier aus wie auf einem Flohmarkt. Noch kann ich nicht genau erkennen, was da alles um mich herum aufgebaut wurde. Muss alles geschehen sein, während ich schlief. Als ich endlich stehe, sehe ich mich inmitten eines Marktes. Überall um meinen Schlafplatz spazieren gut gelaunte Menschen. Das nette Ehepaar mit Kaffee betreibt direkt vor meiner Parkbank einen Verkaufsstand. Ich sehe mir die vielen kleinen Fläschchen an, auf deren Ettiketten »Essential Herbs« steht. Ich frage nach und die beiden erklären mir, dass sie Rentner sind und auf ihrem Stück Land Kräuter ziehen, aus denen sie ätherische Öle aller Art herstellen. Der Markt, dessen ruhender Mittelpunkt ich bis vor wenigen Minuten war, findet alljährlich am Australia Day statt. Ich muss lachen.

Ich hätte überall schlafen können, aber ich finde intuitiv den Ort, der eine Anekdote hergibt. Ich sehe mich noch eine Weile auf dem Markt um. Von überall her werde ich gegrüßt. Alle scheinen mich zu kennen. Klar, ich war dieses Jahr der Erste, der hier seinen Platz hatte. Bei der zweiten Tasse Kaffee erzählen sie mir, dass nur zweihundert Meter weiter ein Campingplatz sei. Ich mache mich auf den Weg. Fünf Minuten später erreiche ich den Campingplatz und will einchecken. Das Büro ist geschlossen und kein Mensch in der Nähe, der nicht nach Camper aussieht. Ich streife über den Platz und finde eine freie Stelle, die mir gefällt. Ich frage die Leute, die hier campen, ob sie wissen, wo ich mich anmelden kann. Ich solle einfach mal loszelten, morgen seien die bestimmt wieder zurück. Kaum steht mein Zelt, ziehen dunkle Wolken auf. Ein Gewitter macht meinen Zeltboden zum Wasserbett. Nach wenigen Minuten regnet es drinnen genauso stark wie draußen. Ich türme gerade noch rechtzeitig und bringe meine Habseligkeiten unter das nächstgelegene feste Dach, wo eigentlich gekocht und gegessen wird. Dort lerne ich sämtliche Mitcamper kennen. Man wartet gemeinsam ab, bis der Regen nachlässt. Jetzt steht mein Zelt inmitten eines hundert Quadratmeter großen Sees. Ich hätte einfach auf eine weitere Tasse Kaffee bei den Marktleuten bleiben sollen.

Ausflug nach Rom

Will ich per Anhalter zurück nach Darwin, muss ich die unglaubliche Distanz von 3565 Kilometern durch das Outback von Queensland und des Northern Territory zurücklegen. Das ist viel weiter, als der Stuart Highway lang ist. Die Distanzen zwischen den Gemeinden sind im Osten Queenslands viel kürzer als auf dem Stuart Highway. Ob das funktioniert? Ich plane vorsorglich vier bis sechs Tage ein, um Darwin zu erreichen. Spätestens dann muss ich dort sein, um meinen Flug zurück nach Bali zu erreichen. Die geplante Strecke führt von Brisbane über Longreach und Mount Isa zurück nach Tennant Creek. Von dort aus nach Darwin.

Ich fahre mit dem öffentlichen Nahverkehr in einen Suburb, wo der

Freeway entlang geht, und fange dort an, nach Westen ins Landesinnere zu trampen.

An der Tankstelle werde ich vom Caltex-Personal des Geländes verwiesen, noch bevor ich den ersten Tankenden an der Zapfsäule fragen kann, habe aber Glück. Ein Mann hat meinen Platzverweis mitbekommen und bietet mir spontan einen Ride an. Er bringt mich auf eine Inspectionbay am Freeway, wo Trucker ihre Fahrzeuge inspizieren, bevor die Straße ins Endlose führt. Es dauert nicht lange, und ich habe meine nächste Mitfahrgelegenheit. Diesmal sind es zwei ehemalige Farmer aus Zimbabwe. Die Zeit vergeht wie im Flug. Wir führen eine interessante Unterhaltung über Zimbabwe, die dortigen Lebensumstände und was diese Leute bewogen hat, ihrer Heimat den Rücken zuzukehren und nach Australien auszuwandern. In Toowoomba angekommen, decke ich mich mit neuem Trinkwasser und frischen Früchten ein, die ich auf dem Weg zum Ortsausgang esse. Ich will keine Zeit verlieren. Toowoomba ist größer als gedacht. Die rund vier Kilometer bis zum Ortsausgang bin ich eine ganze Stunde zu Fuß unterwegs. Nahe dem Ortsausgang habe ich noch einen kleinen Sportflugplatz zu passieren, bis ich die letzte Tankstelle vor dem Ortsschild erreiche. Es ist wieder eine Caltex. Um abzukürzen, gehe ich die Böschung hinunter über einen Parkplatz, wo mir ein mit Pommes frites und Bier beladenes Paar entgegenkommt. Sieht nach einem etwas schrägen Paar aus, aber ich frage, bevor ich zur Tankstelle weitergehe, ob sie zufällig in Richtung Dalby, der nächsten Ortschaft auf meinem Weg, unterwegs sind. Ich habe Glück, sie fahren nach Dalby.

Kaum sitze ich auf der Rückbank, dreht sich der Mann mit Pommes im Mund zu mir um und fragt:

»Are you a murderer?«

Sie verfallen in derbes Gelächter und erinnern mich sofort an die Typen von Tennant Creek. Was soll ich auf so eine Frage antworten? Ich entscheide mich für ein Entschiedenes:

»No, I'm not!«, und frage eindringlich zurück:

»Are you?«

Darauf folgt erneut derbes Lachen. Beide sind vermutlich Mitte 40, sehen aber wie alte Leute aus. Ziemlich abgenutzt und heruntergekommen.

Die Fahrt geht los. Er säuft, sie fährt. Nach einer Weile erreichen wir einen winzigen Ort namens Oakey. Hier fällt ihnen ein, noch schnell jemanden besuchen zu gehen. Der Besuch bei einem alten, kränkelnden Mann, der an einem Sauerstoffgerät hängt, zieht sich hin. Zu drängeln steht mir als Anhalter nicht zu, und hier eine andere Mitfahrgelegenheit zu finden, erscheint mir unmöglich. Ich warte also geduldig und beschäftige mich damit, mich ein bisschen über meine Fahrer in Gedanken lustig zu machen. Es vergehen 37 lange Minuten, bis die beiden auf eine meiner vorsichtigen Bemerkungen eingehen und wir endlich wieder unterwegs sind. Dalby ist nicht mehr weit. Dort angekommen, hat der Mann die Idee, mich etwas weiter zu bringen. Nämlich an einen richtigen Truckstopp. So komme ich nach Warra!

Das schräge Paar ist weg und ich stehe in einem Fünfzig-Seelen-Kaff am Arsch der Welt. Dieses Hotel und Gasthaus, von dem die Rede war, gibt es tatsächlich. Ein Truckstopp ist es allerdings nicht. Das große dreistöckige Holzhaus steht am Ende einer 50 Meter langen Seitenstraße. Die Fenster sind großteils mit Brettern verbarrikadiert. Drinnen ist niemand. Auch kein Personal. Ich verliere mehrere Stunden in Warra. Es gibt kaum Schatten an der Durchgangsstraße und ich sehe die ganze Zeit über keine Menschen – bis endlich ein schwarzer Pick-up anhält. Ein junger Countryboy steigt aus und stellt sich als Jason vor, während er seinen Hunden auf der Pritsche frisches Wasser aus einem Kanister eingießt. Der größere der beiden Hunde hat eine schlimme Fleischwunde am hinteren Schenkel. Ich spreche ihn darauf an. Jason erzählt, der Hund sei von einem Wildschwein bei der Jagd gebissen worden. Meine Frage, ob er ihn denn zum Tierarzt fahren würde, verneint er. Es sei ja nicht so schlimm. Für mich sieht die Wunde aus, als müsste sie unbedingt desinfiziert und genäht werden. Leider ist es mit dem Tierschutz Down Under nicht weit her.

Jason fährt mich bis Chinchilla, der nächsten kleinen Town auf dem Weg. Wenn das so weitergeht, brauche ich Monate bis Darwin. In Chinchilla gibt es eine Servicestation. Es ist keine Caltex. Nachdem der Countryboy weg ist, suche ich die Gegend nach einem neuen Ride ab. Nach einer Weile treffe ich Daniel, einen weiteren Trucker, der mich nach Miles mitnehmen will. Das sind zwar wieder nur 40 Kilometer, aber immerhin. Dieser Truck ist ein Kenworth, auch 30 Meter lang und 60 Tonnen schwer. Morgens leistet er 500 PS und nachmittags nur noch 400. »Auch Motoren werden müde«, erzählt mir Daniel. In Miles muss er abladen und auf neue Ladung warten. Da seine neue Ladung in meine Richtung muss, verspricht mir Daniel, bevor ich aussteige, mich weiterzutransportieren, falls ich morgen Nachmittag noch dastehen sollte. Da bereits die Dämmerung einsetzt, suche ich mir nach der Ankunft in Miles zuerst eine Stelle, wo ich unbemerkt zelten kann. Ich gehe bis zum Ortsrand und baue mein Zelt zwischen hohen Büschen auf. Als ich alles drin habe und das Zelt zu ist, sind etwa dreißig Moskitos im Zelt, die ich einzeln umbringen muss. Als ich fertig bin, ist der Zeltboden übersät mit zerquetschten Moskitos. Das reinste Schlachtfeld. So ein Kampf macht hungrig. Ich versuche, in der Stadt etwas zu essen aufzutreiben. Ich kaufe mir mein Abendessen und gehe über einige Umwege zurück, um mir noch ein bisschen die Ortschaft anzusehen. Mehr als zwei Tankstellen, zwei Pubs und einige Motels und Läden gibt es in Miles nicht.

Am nächsten Morgen stehe ich um sechs Uhr auf, um ja keinen Truck oder Reisenden im Auto zu verpassen. Wäre ich mal bis 9 Uhr liegen geblieben. Außer diesen dämlich angezogenen Arbeitern der Gasminen sehe ich niemanden, der Miles in meiner Richtung verlassen hätte. Es dauert noch Stunden, bis ich weiterkomme. Es fällt mir auf, wie anders die Leute hier mit Anhaltern umgehen. Ein Ehepaar kommt zum Tanken. Als der Wagen betankt ist, gehen sie in das Restaurant. Ich spreche die Frau an. Sie ist sehr freundlich zu mir und sogar die Richtung, in der sie unterwegs sind, stimmt, aber sie nehmen eigentlich keine Anhalter mit. Ich sage noch, sie könne ja darüber nachdenken und ihren Mann fragen. Als sie nach 20 Minuten aus dem Restaurant kommen, marschieren sie, mich ignorierend, vorbei. Die Frau wirft mir wortlos einen verachtenden Blick zu, dann verschwinden sie in ihrem Auto. Schließlich nimmt mich ein junges Paar mit in die nächste Kleinstadt, Roma. Während der Fahrt kommt gute Laune auf und wir unterhalten uns gut. Die beiden sind erst kürzlich hierher gezogen, um das einzig wahre Leben zu leben, das

Landleben. Ob sie sich das auch gut überlegt haben, frage ich. Sie betreuen eine kleine Caddle Station. Vor zwei Wochen sind sie aus Holbrook hierhergezogen, erzählen sie.

»Moment mal, Holbrook? Da war ich auch vor zwei Wochen!«, werfe ich ein. Ich erzähle die Geschichte, wie mir die Betreiber der Caltex-Tankstelle verboten hatten, auf Ihrem Gelände die Truckies anzusprechen und ich nicht mehr weiter kam. Im Gespräch stellt sich heraus, dass wir uns schon mal gesehen haben. Die beiden sind mit dem gleichen Wagen an ihrem Umzugstag in entgegengesetzter Richtung an mir vorbeigefahren. Sie hätten mich mitgenommen, wären sie in Richtung Norden unterwegs gewesen. Was für ein merkwürdiger Zufall, dass ich jetzt doch bei ihnen im Auto sitze.

Da stehe ich nun in einer Kleinstadt namens Roma. Die beiden haben mir vom Rindermarkt erzählt und dass ich schnell einen Roadtrain kriegen würde. Aber es geht erneut nichts. Stunden später, nachdem ich wieder viel gelaufen bin und meine Haut in der Hitze brennt, beginne ich neue Pläne zu schmieden. Wenn ich also umkehre und doch fliege, komme ich wenigstens pünktlich an. Aber jetzt muss Internet her, um zu sehen, ob ich es mir leisten kann. Noch ist diese Option ein Notnagel, falls sich auch am späteren Nachmittag kein Truck findet. Personenverkehr gibt es hier draußen so gut wie gar nicht.

Ich hätte nie gedacht, dass der Tag kommt, an dem ich es gut finden würde, dass es McDonald´s gibt. Ich habe freies Internet und keiner stört sich daran, dass ich nichts esse oder trinke. »McDonald´s ist einfach gut«, muss ich mir eingestehen. Ich habe Glück und finde einigermaßen günstige Flüge. Dann muss ich noch nach dem Greyhound sehen. Es gibt eine Agentur in Roma, wo ich mich erkundigen und eine Fahrkarte kaufen kann. Vor der Agentur spricht mich eine Frau an. Sie stellt sich mir als Yve vor und meint, ich sehe aus, als ob ich eine Dusche brauchen könnte. Und einen Platz zum Ausruhen. Dann lacht sie. Recht hat sie ja, aber ich will das Angebot zuerst nicht annehmen. Schließlich bin ich selber hier hergekommen und werde auch selber wieder wegkommen. Sie versucht mich zu überreden und hat eine Art, die mir gefällt, sodass ich schließlich einwillige. Sie scheint der Gegenentwurf zu den anderen Menschen in dieser Gegend zu sein. Sie bietet mir an, meinen Rucksack in ihr Auto zu packen, während sie einkaufen geht. Fragt mich, ob ich Bier mag und welches? Ich merke, dass ich wieder einem von diesen unglaublich gastfreundlichen Australiern begegnet bin. Sie bringt ein Sixpack Beck's heraus und bereitet mir damit eine große Freude. Ich habe seit eineinhalb Jahren keines mehr getrunken. Sie meint, ich müsse unbedingt mitkommen. Dann bringt sie mich zum Verkäufer im Bottleshop und erzählt mir, sie habe ihm gesagt, dass sie mich getroffen habe, und wolle deutsches Bier für mich kaufen. Diese Geste scheint ihm so gefallen zu haben, dass er das Sixpack bezahlt hat. Welchem Ausländer ist in Deutschland je so etwas passiert? Ich schüttle dem jungen Mann die Hand und bedanke mich. Was geschieht hier? Ich hatte mich doch nur in einem klitzekleinen Abenteuer verfranzt.

Ich sitze an ihrem Tisch und wir lernen uns kennen. Sie stellt mir ihre Mutter vor, um die sie sich kümmert. Myrtle ist 84 Jahre alt und noch einigermaßen fit. Nach dem Duschen und einem Lunch muss Yve zu ihren Pferden. Ich gehe mit und erzähle, dass mein Vater früher geritten ist und ein Pferd hatte, ich mich als Kind aber nie besonders fürs Reiten interessiert habe und einmal fast vom Pferd abgeworfen wurde. Minuten später sitze ich im Sattel und soll reiten lernen.

»Jeder kann das hier! Los!«

Genau in dieser Gangart vergehen drei Tage. Reiten, einen Cutting-Wettbewerb besuchen und eine private Stadtrundfahrt durchs langweilige, kleine Roma. Den ältesten und größten Bottle Tree, auch als Affenbrotbaum bekannt, besichtigen und jede Menge Geschichten über die Römer von Queensland.

Ich verbringe ganz unverhofft ein paar wunderbare Tage in einer Kleinstadt, an die ich mich kaum erinnert hätte, wäre alles so gelaufen, wie ich es mir vorgestellt hatte. Nach drei Tagen kehre ich mit dem Bus nach Brisbane zurück, um nach Darwin zu fliegen, und verbuche das Ganze als »Ausflug nach Rom«. Pläne sind eben etwas zum Verändern.

Allein reisende Teddybären

Noch ahne ich nicht, wie es gleich weitergehen wird. Ich sitze im Greyhound und warte auf die Abfahrt. Die kühle Luft im Bus ist ein angenehmer Kontrast zur heißen Luft der vergangenen drei Tage in Roma. Dann nähert sich der Busfahrer mit etwas im Arm. Er hält an meiner Sitzreihe an und liest laut, wie er es bei einigen Fahrgästen, die nach mir zugestiegen sind, auch gemacht hat, die Sitzplatznummer vor. Dann drückt er, was er gerade noch im Arm gehalten hat, in den Sitz neben mir. Was da neben mir sitzt und von ihm angeschnallt wird, ist ein mittelgroßer Teddybär. Der Fahrer lacht mich an, während er dem Teddy alle wichtigen Details zur Fahrt nach Brisbane mitteilt. Dann lacht er wieder und erzählt mir die Geschichte über meinen flauschigen Sitznachbarn.

Ein Besuch bei Verwandten im 500 Kilometer entfernten Roma. Beim Entladen des Wagens in Brisbane fehlt Emelys Teddy. Vergessen in Roma? Das Kind läuft Sturm. Ohne Teddy geht sie nicht ins Bett. Die ganze Strecke zurückfahren, um einen Teddy abzuholen? Unmöglich! Bleibt nur die Post oder ein Expressdienst, die aber zu teuer sind für Sperrgut wie einen Teddybären. Bleibt noch der Greyhound. Allerdings gibt es eine Verordnung, die Greyhound verbietet, Gepäckstücke ohne Passagier aufzugeben. Die kostengünstigste und schnellste Lösung ist eine einfache Passagierfahrkarte zu kaufen und den Bären im Fahrgastraum zurück zu Emely reisen zu lassen.

Auf der Fahrt zurück nach Brisbane lauscht Emelys Teddy gespannt meinen neuesten Geschichten aus Miles und Warra.

Ogoh Ogoh

Ich bin zurück auf Bali und ziehe wieder bei meinen Freunden ein. In meinem Pass klebt ein neues Visum für Indonesien. Ich kann wieder für zwei Monate bleiben. Zeit für eine weitere Runde Alltagsleben. Meine neue Planung sieht Nepal und Indien vor, dann irgendwie weiter nach Europa.

In diese Zeit fällt auch die balinesische Neujahrsnacht. »Nyepi« heißt dieses Fest bei den Balinesen. Nach dem Umzug, bei dem schaurige Gestalten, die »Ogoh-Ogohs« durch die Straßen getragen und anschließend verbrannt werden, kommt die dunkle Nacht. Damit die vertriebenen bösen Geister den Weg auf die Insel nicht zurückfinden, muss die ganze Nacht über Stille und absolute Dunkelheit herrschen. Es besteht Ausgangsverbot. Wer dagegen verstößt, riskiert von der Religionspolizei, den »Pecalang«, verhaftet und in Gewahrsam genommen zu werden. Wir verbringen einen Teil der Nacht auf dem Hausdach, von wo aus man gut in die Straßen sehen kann. Hier und da sieht man die nächtlichen Aufpasser. Wir müssen uns auch auf dem Hausdach im Verborgenen halten, denn auch das ist in dieser Nacht verboten. So klar war der Nachthimmel über uns noch nie zu sehen. Im Haus haben wir alles so verhängt, dass unser spärliches Kerzenlicht von draußen nicht zu sehen ist. Die Nacht hat etwas Magisches, was natürlich auch der Sinn dieser besonderen Nacht ist. Ich muss an die vielen Touristen in Kuta denken, die wohl nicht schlecht darüber staunen, mit welcher Entschlossenheit man ihnen eine ihrer Partynächte zunichte macht.

Nepal

Der Abschied von Bali, meinen Freunden und dem WG-Leben in Sanur fielen mir nicht leicht. Aber die Reise muss weitergehen. Ich habe mich in Deutschland um eine Stelle als Lehrer beworben und will mich auf den Rückweg machen.

Als ich höre, wie das Fahrwerk des Airbus A340 ausfährt, sehe ich zum Fenster hinaus und sehe mich umgeben von hohen Gebirgsketten. Da wollen wir landen? Geht das denn? Das Tal in dem Kathmandu liegt, sieht aus dem Flugzeug eng aus. Dann setzt die Maschine auch schon auf. Ich hätte nie gedacht, einmal auf einem Flugzeugträger zu landen, aber genauso muss es sich anfühlen. Dass Flugzeuge direkt nach dem alle Räder den Boden berührt haben eine Vollbremsung machen habe ich oft genug erlebt, aber das hier übertrifft alles, was ich bisher erlebt habe. Dieses wirklich große Flugzeug wackelt und vibriert als würde es jeden Moment auseinanderbrechen, unangeschnallt hätte es mich vom Sitz gerissen. Nach gefühlt, zweihundert Metern biegen wir in einen Taxiway ein und verlassen die Landebahn.

In Thamel, dem Touristenviertel von Kathmandu riecht es nach tausend exotischen Gerüchen. Die Stadt lässt mich glauben, in einer Zeitmaschine Hunderte von Jahren in die Vergangenheit gereist zu sein. Thamel kann man nicht beschreiben, man muss es riechen. Jeder Stein, jedes Gebälk der uralten Häuser trägt mit seinem jahrhundertealten Geruch zur Symphonie mit bei, lässt einen eintauchen in eine unbekannte Welt und macht das Erlebnis unvergesslich. Hier bin ich in einer völlig anderen Welt angekommen. Keine Strandurlauber oder Backpacker in Hängematten. Hier sind Bergsteiger, wohin man sieht.

In einem Geschäft an der Straße sehe ich einem Handwerker bei der Arbeit zu. Er schnitzt mit Schneidewerkzeugen Buddhafiguren und buddhistische Symbole in eine Art Schiefersteinplatten. Ich will ihm eines seiner Kunstwerke abkaufen und sehe mich in seinem Laden um. Wir kommen schnell ins Gespräch. Ich suche mir eine runde Scheibe mit einem Buddha darauf und buddhistischem Kalender ringsherum aus. Der Handwerker lädt mich zu Chai ein und wir freunden uns an.

Ich erzähle ihm von meinem Vorhaben, den Annapurna Circuit zu gehen. Prashant empfiehlt mir, die Wanderstrecke zum Everest-Basecamp zu gehen. Die sei besser. Ob das denn für Nichtbergsteiger machbar ist, will ich wissen. Er meint ja. Fit müsse man schon sein, aber machbar. Wie viele Tage der Weg dauert, frage ich. Zwischen fünf und sechs Tage der Hinweg. Aber es ist besser, gleich zwei bis drei Tage länger einzuplanen, wegen der enormen Höhe. Es kommt oft vor, dass Wanderer Höhenkrankheit erleiden und die Tour unmöglich wird. Zwei Ruhetage sind ungeschriebenes Gesetz. Zwei Wochen müsste ich für das Unternehmen einplanen. Ich werde jedenfalls nicht beide Bergwanderungen machen können. Dafür reicht meine Zeit nicht.

Ich lasse es mir ein paar Tage durch den Kopf gehen. Währenddessen sehe ich mir Kathmandu, die Umgebung und die vielen Sehenswürdigkeiten an.

Da ich auch mein Indien-Visum beantragen muss, suche ich die Botschaft auf. Dort lerne ich einen Australier kennen, der mir vom Treck zum Everest-Basecamp erzählt. Sein Bericht ist spannend und informativ. Wir gehen, nachdem jeder seine Sachen bei der Botschaft erledigt hat, gemeinsam essen und er erklärt mir alles ganz genau. Das wird eine anspruchsvolle und aufwendige Tour, wenn ich mich dafür entscheide. Natürlich brauche ich entsprechende Kleidung. Nicht, dass es die in Thamel nicht zu kaufen gäbe. Hier sind Hunderte Läden, wo man von der Daunenjacke bis zu Eispickeln alles kriegt. Sogar die Qualität scheint meistens zu stimmen. Aber billig wird das nicht für einen wie mich, der nur Tropenklamotten hat. Ich müsste mir alles neu zulegen. Und was mache ich danach damit? Ich reise nach Indien weiter, wo die heißeste Jahreszeit anbricht. Dort ist mit bis zu 50 °C zu rechnen. Dort eine Thermohose und Daunenjacke loszuwerden, stelle ich mir als ambitioniert vor. Der Australier hat die Lösung meines Problems. Da er zufällig gerade zurückgekehrt ist, verkauft er mir gern seine Ausrüstung zum Freundschaftspreis. Ach daher weht der Wind. Scheint also nicht leicht zu sein, das Zeug wieder loszuwerden.

In den nächsten Tagen sehe ich mich in den Läden um und frage nach, ob sie die Ausrüstungen auch vermieten. Manche machen das. Allerdings zu Preisen, dass es sich eher lohnt, die neue, bessere Ausrüstung, nach Gebrauch einfach zu verschenken. Ich überlege hin und her.

Ich unternehme eine zweitägige Bergwanderung von Dhulikhel nach Nagarkot in der Umgebung von Kathmandu.

Aber eine Entscheidung, ob ich die Wanderung zum Everest-Basecamp machen soll, treffe ich nicht. Immerhin habe ich es geschafft, eine warme Mütze zu kaufen. Aber die Vorbereitungen kommen einfach nicht richtig in Gang. So kenne ich mich überhaupt nicht. Ich bin völlig ambivalent und verstehe nicht warum. Dann bin ich unpässlich. In Nepal scheine ich kein Glück zu haben.

Ich beschließe, nach Pokhara weiterzureisen. Vielleicht fügt sich dort, was mir hier nicht gelingt. Ich werde statt des Everest-Basecamps den Annapurna machen.

In Pokhara dasselbe. Mal fühle ich mich nicht fit, mal bin ich unpässlich, die Ausrüstung ist auch hier teuer und mir begegnet niemand, der mir seine Ausrüstung zu einem günstigen Preis weiterverkauft. Zwei Wochen sind auch für den Annapurna zu kalkulieren. Ich hätte dann Eile mit der Ausreise. Aber vor allem stört mich meine unerklärbare Ambivalenz.

Als mein Visum allmählich ausläuft, beschließe ich einfach, irgendwann wieder nach Nepal zu kommen und die Bergwanderungen dann nachzuholen.

Als sich endlich alle in den Bus nach Lumbini, an der Grenze zu Indien gequetscht haben, passiert erstmal nichts. Ich sehe den Fahrer noch draußen stehen, wie er mit anderen Fahrern quatscht.

Plötzlich ein Rütteln. Der Bus bewegt sich, aber ich höre den Motor nicht. Der Fahrersitz ist leer, aber der Bus bewegt sich, als würde er über einen hohen Bordstein anfahren und es nicht darüberschaffen. Ich sehe aus dem Fenster auf eine Pfütze. Kreisförmige Wellen bewegen sich vom Zentrum der Pfütze nach außen und sogleich zurück dem Zentrum zu.

»Erdbeben!«, entfährt es mir und anderen zeitgleich. Fluchtartig verlassen wir den Bus, der jetzt noch heftiger schaukelt. Auf dem weitläufigen Busparkplatz bringen wir uns in Sicherheit vor möglicherweise umstürzenden Strommasten. Wir erleben ein Erdbeben. Der Boden bewegt sich, wie ich es mir zuvor nicht vorstellen konnte. Es vergehen gefühlt Minuten, in denen das so weitergeht. Da wir uns in Sicherheit befinden, weicht meine Angst einem Gefühl des Etwas-Erlebens. Ich sehe zu, wie einen Meter hohe Stahlstangen, die auf einem unvollendeten Gebäude aus dem Beton ragen, wie Blumen im Wind hin- und herschwingen. Dann fallen in der Umgebung Ziegel. Kurz darauf ebbt das Beben ab.

In unserer Nähe bricht ein Tumult aus. Menschen laufen hinter ein Haus. Nach einer Weile kommen sie mit einem Verletzten wieder zum Vorschein. Sonst scheint nichts passiert zu sein. Um uns herum steht noch alles. Nach einer Weile sollen wir zurück in den Bus. Wir fahren ab.

Viele Stunden später erreichen wir unser Ziel Lumbini. Als ich den Bus verlassen habe und in dem kleinen Ort in die Straße mit den Pensionen einbiege, ist die Stimmung gedrückt. Hat vielleicht mit dem Beben heute zu tun. Von Reisenden, die schon länger im Ort sind, erfahre ich, dass hier

kein Telefon und auch sonst nichts funktioniere, aber das Internet geht. Ich verbinde mich. Ohne dass ich irgendwo drücke, meldet sich WhatsApp und Facebook mit einer Notfallfunktion, von der ich noch nie gehört habe. Die Dienste erkennen meinen Standort in einem Katastrophengebiet. Ich werde aufgefordert, falls es mir gut geht, mich per Tastendruck als in Sicherheit zu markieren.
»Was ist da nur los?«
Über Spiegel-Online erfahre ich es. Da steht etwas vom schwersten Erdbeben seit langer Zeit. Zwischenzeitlich ist von der Stärke neun auf der Richterskala die Rede. Von Tausenden Toten und verletzten wird berichtet. Ich kann nicht glauben, was ich lese. Im Minutentakt kommen neue Eilmeldungen. Das Everest-Basecamp sei von einer Lawine verschüttet worden und der Weg dorthin von Geröll. Viele Täler sind unerreichbar. Das Epizentrum lag 80 Kilometer entfernt von Kathmandu. In Pokhara seien zahlreiche Gebäude kollabiert, Kathmandu ist nahezu dem Erdboden gleich. Ich kann Prashant nicht erreichen und mache mir Sorgen um ihn und seine Familie.

In den nächsten Stunden erfahren wir immer mehr über die Geschehnisse des heutigen Tages und erzählen die Nachrichten, die trotz des Chaos ihren Weg bis zu uns finden, der einheimischen Bevölkerung weiter, die deutlich weniger Informationen hat als wir Fremde.

Es kommt noch zu mehreren Nachbeben, solange ich in Lumbini bin. Wieder bebt die Erde, dass sich alles bewegt. Die Einheimischen haben ihre Lager auf der Straße aufgeschlagen und wir Fremden wechseln uns mit dem Schlafen in den Häusern ab und halten Wache.

Reisende, die gerade erst ins Land eingereist sind, wissen nicht was sie machen sollen. Aus den Nachrichten erfahren wir, dass viele Straßen unpassierbar sind. Wieder ausreisen wollen viele auch nicht. Ich kann in weniger als einer Stunde das Land verlassen, aber ich bleibe. Der Gedanke auszureisen fühlt sich inzwischen, wo das Ausmaß des Bebens deutlich wird, an wie »abhauen«. Als würde ich andere im Stich lassen. Soll ich nach Kathmandu zurück und nach Prashant suchen? Soll ich dort helfen verschüttete Menschen zu bergen? Geht das überhaupt? Komme ich überhaupt in die Stadt hinein? Ich fürchte, es ist auch viel zu gefährlich.

Ich erinnere mich an sämtliche Umstände und meine unerklärliche Ambivalenz, die mich abhielt, eine der geplanten Bergwanderungen zu machen. Ich rechne nach, wo ich jetzt ungefähr wäre. Dann kommen mir die Tränen.

Welcome to incredible India

Nach ereignisreichen Wochen in Nepal erreiche ich den Grenzübergang Sunauli im Süden des Landes. Ich habe vor einiger Zeit irgendwo gelesen, dass diese Grenze ihre Tücken haben soll. Irgendwas ist mir noch in Erinnerung von einer unscheinbaren Grenze, die man beim Passieren kaum bemerkt. Zuerst sehe ich aus einiger Entfernung nur einen offenen Schlagbaum. Als ich näherkomme, taucht auch ein gemauerter Durchgang auf. 50 Meter weiter steht ein Grenzhäuschen mit einem richtigem Gate. Das ist bereits auf der indischen Seite. Grenzbeamte werfen einen flüchtigen Blick auf meinen Pass und winken mich durch. Ich bin in Indien. Jetzt fällt mir auf, was hier falsch ist. »Unscheinbare Grenze« Ich habe noch keinen Ausreisestempel, bin aber bereits in ein anderes Land eingereist. Zum Glück fällt mir das rechtzeitig auf. Das mit der Einreise scheinen sie hier nicht so genau zu nehmen. Allerdings möchte ich mir die Schwierigkeiten, die dann bei der Ausreise entstehen, nicht ausmalen. Ich gehe zurück und suche. Das Immigrationsbüro von Nepal ist ein kleines einstöckiges

Haus mit einer noch viel kleineren Aufschrift auf der Fassade. Drinnen geht's entspannt zu. Ich gebe meine Departure Card ab und überreiche meinen Pass. Kurz darauf halte ich ihn wieder in den Händen mit dem Ausreisestempel drin. Dann geht alles von vorne los. Unterm Schlagbaum durch, den gemauerten Durchgang passieren, keinen nepalesischen Zollbeamten sehen. Die indischen Beamte sehen sich meinen Pass erneut an und winken mich durch. Ich frage vorsichtshalber nach, wo das indische Immigrationsbüro ist.

»Fifty, fifty, left side!«, sagt der Grenzer und fuchtelt wild in die einzige Richtung, die es außer zurück gibt.

Jetzt noch ein Foto machen. Ich drehe mich um und versuche, das Gate zu knipsen. Ein Mann, der in der Nähe steht, hat sich offenbar fest vorgenommen, genau auf diesem Foto sein zu müssen. Ich versuche vergebens, den Mann nicht auf meinem Bild zu haben. Aber er hat großes Durchhaltevermögen und erscheint immer wieder auf dem linken Rand des Bildschirms meiner Kamera. Alles nach rechts Ausweichen hilft nichts. Irgendwann bleibt er stehen. Leider ist jetzt auch mein Motiv nicht mehr drauf. Ich gebe auf und drücke den Auslöser. Wer auch immer der Mann war, er hat sich auf meinem Foto vom Grenzübertritt verewigt.

Ich gehe die 50 Meter. Bisher gibt es nur einen Unterschied zur nepalesischen Seite. Es liegt noch viel mehr Müll auf der Straße als vorher. Auch an diesem Immigrationsbüro gehe ich fast vorbei, ohne es zu bemerken. Ein Passant erkennt meine suchenden Blicke und zeigt mit dem Finger darauf. Es besteht aus einem unscheinbaren Schild über einer Tür und davor ein Tisch. Sieht aus wie ein Essensstand, mit Blümchentischdecke aus Plastikfolie drauf. Alles im Freien. Dahinter ein indischer Beamter und ein weiterer an einem anderen kleineren Tisch mit Computer darauf. Auch der Computer steht im Freien. Ich gebe meinen Pass ab und fange ein Gespräch an. Dabei esse ich meine letzte Banane. Als ich fertig bin, frage ich etwas verlegen, wo der Mülleimer sei. Er sieht mich ungläubig an, sein Gesicht verrät in etwa seinen Gedankengang:

»Was soll man denn auf so eine Frage antworten?«

Darauf zeigt er mir mit einer Kopfbewegung eine Stelle zum Abwurf meiner Bananenschale direkt neben ihm vor der Hauswand. Da ist noch eine kleine Stelle weitgehend unvermüllt geblieben. Ich sehe die alleinreisende Niederländerin an, die zeitgleich mit mir am Büro angekommen ist. Wir beginnen unisono zu kichern, während ich einen neuen Müllplatz auf dem Boden eröffne. Das Eis ist gebrochen. Wir stellen uns einander vor. Sie heißt Antje und ist aus Nordholland.

Was für eine dumme Bemerkung von mir, ich hätte mir denken können, dass »Frau Antje aus Holland« in den Niederlanden völlig unbekannt ist. Über welche Zeiträume uns Werbung doch beeinflusst. Erschreckend! Mit Einreisestempel geht es weiter, die Straße entlang bis zum Geldwechsler. Über diese Leute habe ich so viel Schlechtes gehört. Von wegen! Der Geldwechsler lässt mich in aller Ruhe nachrechnen und drängelt kein bisschen. Sein Wechselkurs ist nicht mal schlecht. Mit frischem Geld gehe ich mit der Niederländerin, die dasselbe Ziel hat, zum Bus. Für einen Chai-Tee und eine kleine Unterhaltung dazu reicht die Zeit vor der Abfahrt nach Gorakhpur.

Die Hupe, die nach dem Betätigen eine halbe Minute lang weiterdudelt, erinnert mich an Vietnam. Der Fahrstil des Fahrers ebenso. Nachdem wir den Grenzort Sunauli verlassen haben, ist die Landstraße von einer unendlich scheinenden Häuserkette gesäumt, dahinter nur Felder, Bäume und Kühe. So geht es etwa 20 Kilometer bis zur nächsten Stadt weiter. In Gorakhpur werden wir direkt vor dem Bahnhof abgeladen. Die Bahnhöfe in Indien sind wunderschöne Gebäude aus der Kolonialzeit. Als wir versuchen herauszubekommen, wann der nächste Zug nach Varanasi fährt, stolpern wir unversehens ins nächste Abenteuer.

Zug fahren in Indien

Man liest es, und man hört es. Es muss ein ganz besonderes Erlebnis sein, in Indien mit dem Zug zu reisen. Da ich es richtig machen will, kaufe ich uns ein unreserved Ticket für zwei. Die Strecke von Gorakhpur nach Varanasi kostet gerade mal 85 Rupia – das ist ein kleines bisschen mehr

als ein Euro. »Fulltime-Entertainment« inbegriffen. Das Entertainmentprogramm läuft ab Erreichen des Bahnhofes:
  In der Bahnhofshalle liegen und campieren überall Menschen. Es gibt ja so viele Inder in Indien, aber dass sie heute an meinem ersten Tag in Indien alle in Gorakhpur im Bahnhof zusammengekommen sind, erstaunt mich doch. Indien ist ein unheimlich mobiles Land, muss ich feststellen! Alle scheinen pausenlos unterwegs zu sein. Oder sie liegen in der Bahnhofshalle, so wie die Kuh da.
  »Eine Kuh in der Bahnhofshalle?«, entfährt es mir. Antje dreht sich zu mir um und muss lachen. Gut eine Minute stehen wir vor der Kuh und lachen über deren Anblick. Die Kuh schaut nur gelangweilt zurück. Das ist das Beste! Bis jetzt. Noch kann ich mir nicht vorstellen, dass »das Beste« an Indien fast stündlich passiert. Ich mache erst mal ein Foto von der Kuh. Die Inder um mich herum sehen mich entgeistert an. Wie kann man nur so etwas Triviales fotografieren? Dann versuche ich herauszubekommen, von welchem Gleis unser Zug fährt. In indischen Bahnhöfen gibt es für alles einen Schalter, und die Bediensteten wissen immer ganz genau – nur – das, wofür sie zuständig sind. Das heißt aber nicht unbedingt, dass sie Lust haben, es einem mitzuteilen. Oder sie halten sich dermaßen knapp, dass man noch mal fragen muss. Eigentlich alles genauso wie zu Hause, nur deutlicher. Hier jedoch wird das »Nichts-Wissen« so unglaublich konsequent gehandhabt, dass man nur staunen kann. Der Ticketverkäufer weiß keine Abfahrtszeit und kein Gleis. Fragt man ihn nach seinem Namen, muss er erst nachsehen. An der »Enquiry« bekommt man in extrem knappen Worten heraus, um wie viel Uhr, und an der Anzeigetafel liest man, von welchem Gleis der Zug fahren soll, es aber nicht tun wird. Daher muss man die Lautsprecherdurchsagen beachten, die man trotz Durchsagen auf Englisch unmöglich versteht. Nach einigen erfolglosen Versuchen, jemanden zu finden, der mir die Anzeigetafel erklären kann, habe ich jemanden mit passablen Englischkenntnissen gefunden. Es stehen meist nur die Namen der Züge angeschrieben, nicht aber wo sie hinfahren, oder deren Nummer, die ich mir am Schalter ohnehin nicht merken konnte bei der knappen Schnellsprechauskunft mit viel Akzent. Der Mann beginnt zu erklären, verheddert sich aber sofort

mit einem anderen in einen hitzigen Streit. Es geht wohl darum, wer für mein Anliegen der besser – nicht – Geeignete ist. Der eine weist den anderen scharf zurück, er scheint seiner Kleidung nach ein Bediensteter zu sein. Hinter mir hat sich inzwischen eine Menschentraube gebildet, die allesamt, aus leeren Gesichtern blickend, mit offenen Mündern das Geschehen verfolgen, als ob gerade ein Außerirdischer gelandet sei.

»This is incredible India!«, ruft mir Antje zu, die inzwischen die Kuh streichelt. Immerhin bekomme ich von dem netten Herrn, als er den anderen verjagt hat, mitgeteilt, welcher »Express« mein Zug ist. Lustigerweise heißen in Indien irgendwie alle Züge irgendwas mit Express, haben dann aber schon am Startbahnhof nicht selten drei Stunden Verspätung und dümpeln durchschnittlich mit ca. 40 Kilometern in der Stunde übers flache Land. Ich wundere mich, wie man das hinbekommt. Zum Abschied muss ich mich natürlich mit dem Mann fotografieren lassen.

Auf dem Bahngleis entdecke ich eine Art Eisenbahnschrein mit roten Glocken, die an einem eisernen Gestell hängen. Beten ist jetzt sicher kein Fehler. Wie ich da also für einen günstigen Ausgang unserer ersten Zugreise in Indien bete, sagt mir Antje, dass es sich um rote Eimer handelt. Ich bete gerade die Bahnhofsfeuerwehr an.

Als wir im Zug endlich Sitzplätze für uns gefunden haben, fährt der Zug los. Und wieder werden wir von unzähligen Menschen völlig regungslos und ausdauernd angeglotzt. Die glotzen zehn Minuten und länger, ohne dabei zu blinzeln. Mir gegenüber sitzen sechs Personen, neben mir auf der Bank fünf und Antje, dann stehen weitere zehn in dem schmalen Gangabschnitt, von dem aus man freie Sicht auf ET – so komme ich mir gerade vor – und ETs Begleiterin hat. Manche sitzen auf der Gepäckladefläche und starren von oben auf uns herab. Selbst auf dem Gitter, das die offenen Abteile trennt, drücken sie sich die Gesichter beim Anstarren platt. Ich glotze erst mal zurück und da das hier überhaupt nichts bringt, glotze ich für eine halbe Stunde durchgehend aus dem vergitterten Fenster.

Nach einiger Zeit und einigen Bahnhöfen, an denen der Zug anhält, verändert sich die Konstellation der Menschen um uns herum. Zum Positiven. Es hat sich vielleicht herumgesprochen, dass da weiße Menschen sitzen. Weiße Menschen sind in Indien übrigens ausnahmslos Engländer. Farbige, außer Inder, sind ausnahmslos Afrikaner. In Indien unterscheidet man also nur zwei Kategorien von Ausländern. Jetzt setzen sich zunehmend Leute zu uns, die Englisch sprechen können. Und der Spaß fängt an. Leider ist es nahezu unmöglich, das wiederzugeben, was sich in den nächsten zwei Stunden Zugfahrt abspielt. Ich habe mir nach fünf Einladungen zu einem Chai-Tee die ungeheuerliche Unverschämtheit erlaubt, keinen mehr anzunehmen. Antje hat währenddessen keinen einzigen angeboten bekommen. Frauen haben sich hier selbst zu versorgen, wenn sie etwas brauchen. Einer der Männer versucht dauernd ihre Telefonnummer herauszubekommen. Sonst gebührt ihr keinerlei Aufmerksamkeit. Nachdem der Vorhang einige Male gefallen und wieder aufgegangen ist, sitzt uns ein 20-jähriger »Musterinder« gegenüber. Er ist schick angezogen und an seinem Verhalten kann man sehen, dass er an sich selbst den Anspruch hat, westkompatibel zu sein und sich nun mit uns eloquent auf Augenhöhe unterhalten will.

Er legt los. Er erzählt uns sein halbes Leben und was er noch alles vor hat. Das alles ohne Punkt und Komma, in unglaublichem Tempo, und gewürzt mit viel Akzent. In jeden seiner Sätze verbaut er etwa vier- bis fünfmal ein »actually« und strahlt dabei eine Begeisterung aus, die ihresgleichen sucht. Eine Stunde Dauerlachen ist unglaublich anstrengend. Die Tränen kullern uns aus den Augen. Wir sind völlig platt von seinem offenen und emotionsgeladenen Monolog. Ihm bleibt unser Gelächter natürlich nicht verborgen. Aber er macht weiter. In seinen Gesichtszügen lässt sich seine Irritation über unser Verhalten erkennen. Er muss annehmen, er sei genial komisch. Dann verrät er uns den Grund seiner Reise. Er besucht seine Freundin. Er hat insgesamt vier, aber keine von ihnen wird er heiraten. Fürs Heiraten hat er wiederum eine andere. Aber die trifft er nicht, weil sie ihm ja bereits versprochen ist. Und so geht es weiter, bis wir in Varanasi sind.

Varanasi sehen und sterben

Dieser Satz, der allgemein mit Rom in Verbindung gebracht wird, trifft viel eher auf Varanasi, den wohl bizarrsten Ort in Indien, zu. Oder welcher Italiener zieht schon zum Sterben nach Rom? In Indien ist das bei Varanasi jedenfalls so üblich. Viele Hindus kommen in die heilige Stadt am Ganges, um dort ihre letzten Jahre zu verbringen. Spätestens wird jedoch zum Schlussakt der Totenzeremonie in der Kiste angereist, um dort am Manikarnika Ghat eingeäschert zu werden. An diesem Ort ist der Tod allgegenwärtig. Ob einem am Manikarnika Ghat der Rauch brennender, gesalbter Körper in die Nase steigt, der Leichnam eines heiligen Mannes im Ganges treibt oder am Ufer liegt und dort verwest – man sieht und erlebt täglich jede Menge makabre Dinge, wie streunende Hunde, die sich am faulen Fleisch eines angeschwemmten Leichnams laben, es im Maul aus Futterneid vor anderen Hunden quer übers Ghat tragen. Mit jedem Tag in Varanasi wird all das mehr zur Normalität! Wie normal zeigt sich, als ich mit einigen Leuten, die mit mir in derselben Pension wohnen, eines Morgens beschließe, von nun an ebenfalls im Ganges zu baden. Lediglich den Kopf behalte ich stets über Wasser, um keine neue Ohrentzündung zu riskieren. Am Ufer liegt ein merkwürdiger Sack im Wasser. Ich berühre eine Stelle mit dem Fuß. Tatsächlich, auch das ist der Leichnam eines Sadhus. Wir lassen uns davon nicht weiter stören und setzen unser Bad fort.

Ich denke in diesen Tagen viel an Deutschland und wie man dort über die Vergänglichkeit des körperlichen Seins denkt. Sehr oft gar nicht. Viele Menschen setzen sich keine Minute ihres Lebens freiwillig mit der Vergänglichkeit des Lebens auseinander und werden dann vom völlig unerwarteten Tod 90-jähriger Menschen überrascht. Die Sterblichkeit der anderen ist eine Sache. Die eigene? Gibt's doch gar nicht! Ja, in Deutschland ist der Tod etwas, was nur den anderen passiert.

Auf der Gasse bettelt mich jedes Mal, wenn ich zur Pension gehe, eine bucklige, alte Frau zum Kauf eines ihrer Besen an. Was soll's? Dann fege ich halt mal mein Zimmer. Es geschieht ja zu einem guten Zweck. Ich kaufe ihr für umgerechnet zwei Euro einen ab und ihr Tag ist gerettet. Mit Besen kehre ich zurück zur Pension.

Interessant ist ein Aufenthalt in Varanasi in jedem Fall. Gerade Unterhaltungen mit alten Menschen können sehr amüsieren. So der Besitzer des Gästehauses, in dem ich wohne. Auf die Frage, wo er her ist, kommt die Antwort:
»Na vom Universum.«
Ich meine, welcher sein Geburtsort ist? Er darauf:
»Es gibt keine Geburtsorte, wir sind alle vom Universum und ich gehe bald wieder dorthin zurück.«
Dann erzählt er mir, das Haus habe er schon vor 50 Jahren gekauft. Es gehöre ihm aber nicht. Es gehört dem Universum. Er sei hier auch nur zu Gast. Genau wie ich. An einem anderen Tag erzähle ich ihm, dass die Ghats für den Besuch des Ministerpräsidenten gereinigt werden. Ob er denn wüsste, wann der Ministerpräsident nach Varanasi kommt? Er weiß

es nicht, antwortet er mir und fügt hinzu, es sei auch unwichtig, weil er ja auch der Ministerpräsident sei und ich ebenfalls. Wir sind alle Ministerpräsident. Ach so, ich weiß schon, Universum, stimmt's?

Dass überall heilige Kühe unterwegs sind, weiß man ja von Indien. Hier in Varanasi muss ich jeden Tag um sie herum gehen oder, wenn sie in der nur einen Meter schmalen Gasse, die zu meinem Gästehaus führt, quer im Weg liegen, vorsichtig darübersteigen. Auf Kreuzungen stehen sie auch mal zu mehreren im Weg, sodass der Verkehr von der Polizei umgeleitet werden muss. In Läden suchen sie Schatten oder blockieren direkt einen Ladeneingang. Als heilige Kuh hat man schließlich nicht allzu viel zu tun. Also stellt man eben auch mal was an. In den Gassen sieht man häufig, wie Frauen vor den Tieren auf die Knie gehen und ihnen die Hufe küssen. Die Verehrung der Heiligkeit kennt aber auch ihre Grenzen. Weitaus weltlicher geht es zu, wenn eines dieser Tiere vor dem Stand eines eifrigen Gemüsehändlers stehen bleibt, dann setzt es Stockhiebe, bis die Kuh den Stand wieder freigibt.

An einem anderen Tag bin ich mit ein paar Freunden unterwegs in den Gassen der Altstadt. Wir wollen einen Ausflug zu einem alten Fort machen, das etwa zehn Kilometer entfernt am Ganges liegt. Wir suchen uns ein Tuk-Tuk. Als wir mit einem Fahrer am Verhandeln sind, hören wir, wie etwas durch die Gasse galoppiert. Dann sehen wir sie auch schon. Es sind vier ausgewachsene Wasserbüffel, die übers Pflaster donnern. Ihre Hörner gefährlich spitz, ihre Leiber beängstigend groß und schwer. Haarbreit galoppieren sie an uns vorbei. Etwas später kommt der Hirte. Der lacht nur vergnügt.

In Indien muss man gut auf sich aufpassen. Passieren darf einem hier nichts. Dem Hirten sieht man es im Gesicht an. Er ist fein raus. Er treibt ja nur sein Vieh. Sollte doch mal was passieren, ist es gottgewollt und wird als gegeben hingenommen.

Nach einer Woche in Varanasi breche ich auf. Zwei meiner inzwischen drei Besen schenke ich meiner Pensionswirtin. Einen bekommt einer meiner

Freunde, der noch länger bleibt. Auf dem Weg durch die Gasse begegnet mir eine alte Bekannte.

»Besen?«

Nicht mit den Schuhen in die Küche!

Ich dachte immer, mit der rechten Hand essen und die Wasserflasche beim Trinken nicht an der Unterlippe aufsetzen, sei erst mal genug, um in Indien nicht unangenehm aufzufallen. In Allahabad habe ich mein erstes Erlebnis mit Couchsurfing in Indien und mache wirklich alles falsch.

Ansh, ein Einheimischer mit guten Englischkenntnissen, der mir beim Zugfahren geholfen hat – in Indien brauche ich für fast alles wohlwollende Hilfe –, übernimmt mein Telefongespräch am Bahnhof von Allahabad. Am anderen Ende der Leitung mein Gastgeber, Mohamed. Es scheint etwas unklar zu sein mit dem Bahnhof, an dem er mich abholen wollte. Er scheint am falschen Bahnhof auf mich zu warten und zu erwarten, dass ich – ohne jegliche Ortskenntnisse – dorthin komme. Die beiden telefonieren hitzig. Dann legt Ansh auf und der erste Kommentar, den ich über meinen Gastgeber zu hören bekomme, ist:

»He is an idiot!«

Ich solle mich auf etwas gefasst machen.

Das Zuhause meines Gastgebers stellt sich als nüchterner Raum ohne jegliche Möbel heraus. Auf dem Steinboden liegt eine Bastmatte und auf der Bastmatte eine Tagesdecke. Dazu zwei Kopfkissen. An der Wand steht eine niedrige Holzbank und ein bisschen Gerümpel hier und da. In eine der Wände sind Regalflächen eingelassen. Hier bewahrt er zusammengelegt seine Kleider auf.

Wir kommen herein und ziehen die Flip-Flops aus. Zur Toilette und Dusche, zwei kleine Räume ohne Decke im Innenhof des Hauses, kommt man über eine andere Tür. Wenn man dahin will, muss man die Flip-Flops wieder anziehen. Das sind unhygienische Orte, lerne ich.

»Ich weiß das doch«, antworte ich. Meine deutschen Hygienevorstellungen habe ich schon vor knapp zwei Jahren abgelegt, aber in Indien muss ich mich wirklich nicht darum kümmern, was täglich von den Knien an abwärts so alles an meinen Beinen kleben bleibt. Verunreinigungen aller Art lassen sich hier nicht vermeiden.

Als wir ein weiteres Mal über seine Haustür von der Gasse aus hereinkommen, mache ich in Flip-Flops ein paar Schritte nach rechts, da ist ein Haken an der Wand, an den ich etwas aufhängen will.

»Nicht mit den Schuhen in die Küche!«, staucht mich Mohamed zusammen. Erschocken erwidere ich:

»Da ist eine Küche?«

Mit ernster Mine zeigt er auf ein Häuflein ineinander gestellte Töpfchen und ein Elektrostövchen darunter, die allesamt wie ein kleines Kunstwerk in der Ecke stehen. Jetzt verstehe ich. Es ist nicht etwa Gerümpel hier und da, die Ecken im Zimmer sind vergleichbar mit den verschiedenen Funktionsräumen einer Wohnung.

Ich bin ihm also mit meinen Flip-Flops mitten in die Küche gelatscht. Ich entschuldige mich, muss mir aber ein Lachen verkneifen. Die Ecke des Raumes mit der Haustür, die mit Schuhen betreten werden darf, ist genau zweieinhalb Meter von der Küche entfernt. Öffnet man die Haustür, wird der Staub aus der unhygienischen Ecke über das »Bett« und über alles hinweg in jede der vier Funktionsecken im Raum geweht. Also auch in die Küche. Mir passiert wenig später noch so ein Ausrutscher. Wieder werde ich zurechtgewiesen. Diesmal lasse ich ihn jedoch wissen, dass ich in Indien beim besten Willen nicht zwischen hygienischen und unhygienischen Orten unterscheiden kann. Er kann nicht verstehen, wie ich so dämlich sein kann, dass mir das nicht selber auffällt.

Ein riesen Aufruhr

Allein sitze ich in Mohameds Zimmer und durchstöbere meinen Rucksack nach angemessener Kleidung. Auf eine Hochzeit bin ich beim besten Willen nicht vorbereitet. Dafür stoße ich, wie ich mir durchs Haar fahre, auf neue verfilzte Stellen.

Plötzlich wird es laut. Frauen brüllen durcheinander, Kinder heulen, dann stimmen auch noch ein paar Männer mit ein. Auch Mohameds aufgeregte Stimme kann ich hören. Lauthals verteidigt er irgendetwas. Ich stehe hinter der Tür und höre, wie der Mob in der Gasse näherkommt. Irgendwas sagt mir, das wird nichts Gutes. Dann höre ich heraus, dass es um mich geht. Der Mob ist vor der Tür, hinter der ich stehe, angekommen. Es wird laut gestritten. Vorsichtshalber packe ich schnell meine Sachen in den Rucksack, um alles beisammen zu haben, falls es ernst wird. Ich bin zum ersten Mal, seit ich in Indien bin, beunruhigt, dass mir etwas zustoßen könnte, abgesehen von den ganz normalen Gefahren, wie beim Straßeüberqueren überfahren zu werden. Plötzlich springt die Tür auf. Unzählige keifende Weiber und Männer zeigen mit Fingern auf mich. Ich habe keinen Hauch einer Ahnung, was das Problem sein soll. Aber mir wird noch mulmiger zumute. Mohamed steht in der Tür und hindert die Meute daran, hereinzukommen. Fluchtbereit stehe ich im Raum, aber ohne Fluchtmöglichkeit. Vom Innenhof aus gibt es noch eine Tür nach draußen, aber die führt ebenfalls zur Gasse, auf der der Mob versammelt ist. Vielleicht gibt es einen Weg über die Dächer? Dann taucht auch noch ein Polizist auf.

Wie wird es in der Zelle sein, in der ich mich gleich wiederfinden werde? Bestimmt werfen sie mich mit zehn anderen in einen dunklen Kerker, wo die Exkremente in Plastiktüten gesammelt werden. Und auf welchem Markt landen meine Sachen?

»Passport please!«

Jetzt ist es gelaufen, den bin ich los. Der Polizist blättert vor, bis er das Visum findet, und wirft einen flüchtigen Blick darauf. Dann gibt er mir meinen Pass zurück. Er nimmt mich nicht fest. Stattdessen weist er den aufgebrachten Mob mit scharfen Worten zurecht. Er zeigt ihnen, wer hier das Sagen hat. Ich entspanne mich ein wenig. Es sieht so aus, als ob mir der Polizist beisteht.

»You no worry! You can stay«, beruhigt er mich und winkt zwei Kollegen herbei, die mit geschulterten Karabinern im Laufschritt dazukommen. Dann lösen sie den Tumult vor der Tür auf. Es kommt noch zu vereinzelten Flüchen, doch dann wird es still.

Leider habe ich nie erfahren, worum es bei der Sache eigentlich ging.

Zur Hochzeit in Allahabad

Der Schrecken sitzt mir noch in den Gliedern, als sich der Fokus erneut auf meine Garderobe richtet.

Ich zeige Mohamed meine besten Anziehsachen. Nichts davon könnte man auf einer Hochzeit tragen. Ich besitze nur ein einziges Hemd mit Kragen. Kariert ist es und mit Loch. Er kann nicht fassen, dass die Garderobe eines Deutschen nur aus Lumpen besteht. Auch hab ich nur diese eine kurze Hose übrig. Ich habe sie von meinem indonesischen Mitbewohner aus Bali, der damals befand, dass man mit mir nicht auf die Straße gehen könne. Die Hose war mal weiß, sieht aber noch einigermaßen gut aus. Ich versuche ihm zu erklären, dass mein Reisestil eben keinen Anzug vorsieht. Dann bekomme ich Hemden von ihm angeboten. Die sind mir alle viel zu weit.

»Keine Chance! Entweder ich darf im karierten Hemd mit Loch gehen oder ich komme nicht mit.«

Schließlich bin ich noch immer in Alarmbereitschaft, nach dem, was sich vorhin ereignet hat. Da verhandle ich nicht.

Wir steigen direkt vor dem Gelände, wo die Hochzeitsfeier steigen soll, aus dem Tuk-Tuk aus. Ich trage mein Karohemd und meine kurze Hose. Das Festgelände ist nicht wiederzuerkennen.

Als wir am Mittag hier waren, um beim Aufbau zu helfen, deutete nichts darauf hin, dass man mit dem Aufbau tatsächlich fertig werden würde. Wir waren eigentlich nur anwesend und sahen anderen in der Mittagshitze beim Arbeiten zu. Zu essen gab es, was bereits fertig war. Die Köche müssten beaufsichtigt werden, damit sie nichts stehlen, hieß es. In Indien hat man für jede Kleinigkeit eine Firma, und damit die Angestellten der Firmen gut arbeiten, braucht man Personal zu deren Aufsicht. Mohamed erzählte mir, unsere Aufgabe sei die Organisation des Ganzen.

Während ich die vielen Köstlichkeiten probierte, sprang Mohamed energisch auf und sagte, wir müssten jetzt auch wieder etwas tun. Was er damit wohl meinte? Es gäbe noch einiges für uns zu tun, prahlte er großspurig. Kurz darauf ließ er sich auf einem anderen Stuhl nieder. Um nicht als einziger untätig zu bleiben, suchte ich mir ebenfalls ein neues Plätzchen im Schatten, von wo aus ich organisierte.

So verlief der Mittag auf dem Festgelände. Einen einzigen Tisch, erinnere ich mich, bewegten wir von einem Ort an einen anderen. Mehr nicht. Die anderen Helfer bewegten sich aber auch kaum, weshalb ich jetzt umso erstaunter darüber bin, dass doch noch alles rechtzeitig fertig wurde.

Mohamed rühmt sich auf seinem Profil bei Couchsurfing damit, fließend Arabisch, Sanskrit, Urdu, Hindi und Englisch zu sprechen. Außerdem lernt er gerade Fanzösisch. Nicht, dass überhaupt irgend ein Buch bei ihm zu Hause zu finden ist, aber alle Achtung. Er hat auch tolle Berufe wie »Journalist« im Profil stehen.

Mir fällt Ansh, mein Zughelfer, ein, und ich sage leise zu mir selbst: »He is an idiot!«

Auf dem Fest lerne ich jede Menge Leute kennen. Als einziger weißer Besucher werde ich von jedem zur Hochzeitsfeier mitgebrachten Tablet und Smartphone abfotografiert. Mohamed stellt mich einer Gruppe junger Männer vor und lässt mich mit ihnen allein. Einer davon, der ein gelbes Hemd trägt, kann gebrochen Englisch. Die anderen sehen nicht so aus, als ob sie jemals eine Schule von innen gesehen hätten. Unter ihnen steht einer, den ich während des wenig anspruchsvollen Gesprächs mit dem

Gelbhemd beobachte. Sein Mund öffnet sich langsam, die Zunge legt sich nach vorn auf die Unterlippe und langsam gerät der Kopf immer weiter in Schiefstellung. Er starrt mich an, als habe er einen Außerirdischen vor sich. Das Gelbhemd erklärt mir, der Junge habe noch nie zuvor einen Engländer gesehen. »Ich bin aus Deutschland!«, berichtige ich. Das Gelbhemd übersetzt und antwortet mir, dass er noch nie von solch einem Land gehört habe. Als sich allmählich ein langer Speichelfaden an dessen Mundwinkel bildet und in Richtung Boden wächst, beende ich das Gespräch mit dem Gelbhemd und arbeite mich weiter durchs Buffet.

Indische Hochzeiten haben die Eigenart, dass Braut und Bräutigam getrennt voneinander feiern und getrennt von den vielen eingeladenen Gästen. Das Brautpaar ist weit und breit nicht zu sehen. Erst als fast alles aufgegessen ist und zu meiner Überraschung die ersten Gäste schon wieder gehen, kommen Braut und Bräutigam auf das eigentliche Fest. Begleitet werden sie von einem Zug, von mit Bimmeln behangenen Musikern in billigen Papierkostümen. Die Musiker sind ein verlässlicher Indikator, zu welcher sozialen Schicht die Familien gehören, deren Kinder sich vermählen. Die übrigen Gäste versammeln sich nun in einem aufwändig mit Girlanden und Blumen geschmückten Zelt auf der bestuhlten Fläche vor dem großen Sofa, das ganz hinten in der Mitte steht. Ob die sich da das »Jawort« geben? Ich sitze schon einige Zeit da und langweile mich. Als die Erwachsenen die Kinder vom Sofa und der Tanzfläche vertreiben, scheint es loszugehen. Das Brautpaar wird hineingeführt. Die Braut sieht nicht gerade glücklich aus. Wenn man bedenkt, wie lange so eine hinduistische Hochzeit dauert, wundert es mich nicht. Jetzt werden die Hochzeitsfotos gemacht. Hoffentlich muss ich nicht schon wieder aufs Bild mit wildfremden Menschen. Zum Glück ignorieren sie mich. Mohamed hingegen drängelt sich auf sämtliche Hochzeitsfotos. Es macht den Anschein, dass er dabei nicht sonderlich willkommen ist. Einem Wichtigtuer wie ihm ist das jedoch gleichgültig.

Die eigentliche Trauung findet mitten in der Nacht nur im Beisein der engsten Verwandten und des Priesters statt.

»Das bedeutet ja, dass wir bald gehen können!«, stoße ich vor. Darauf bedeutet er mir, noch das Geldgeschenk abzuliefern.

»Ach ja, unser Geldgeschenk!«

Natürlich fällt das in meinen Aufgabenbereich. Immerhin weiß ich jetzt, warum es ihm so wichtig war, dass ich zur Hochzeit mitkomme. Und ich sage leise zu mir selbst:

»He is an idiot!«

Lucknow

Am Tag nach der Hochzeit frage ich meinen nächsten Couchsurfing-Host per WhatsApp, ob ich einen Tag früher anreisen könnte. Er willigt ein und erwartet mich wenige Stunden später am Bahnhof von Lucknow. Ich bin froh, aus Allahabad weg zu sein. Dieser Tag soll zur Entschädigung für die beiden vorangegangenen richtig gut werden. Mod Saad und sein Cousin Faisal sind erst 16 Jahre alt und ich ihr erster Couchsurfer. Auf ihren Mopeds fahren sie schon genauso verrückt wie Verkehrsteilnehmer mit Führerschein. Aber wir kommen an. Zu Hause werde ich von der ganzen Familie wie ein Staatsgast in Empfang genommen. Ich fühle mich gut aufgehoben. Das Sightseeingprogramm, das die beiden mit mir abarbeiten, zeigt wirklich alles Sehenswerte von Lucknow. Von der Bara Imambra mit ihrem eindrucksvollen, mehrstöckigen Labyrinth geht es zur Chhota Imambra, auch »Palast der Lichter« genannt, und einem Uhrturm mit Museum, in dem wir eine Führung erhalten und von Ölgemälde zu Ölgemälde schreiten, die Herrscher, deren Söhne und die Söhne der Söhne zeigen. Abschließend fahren wir zu einem riesigen, modernen Monument, mit dem sich die Ministerpräsidentin von Uttar Pradesh ein Denkmal gesetzt hat und nebenbei den Staatshaushalt ruinierte. In der Altstadt von Lucknow wird mir eine Spezialität, deren Namen ich nicht aussprechen kann, angeboten. Es ist so etwas ähnliches wie Betelnuss, auch in ein Blatt eingerollt, aber mit echtem Blattgold belegt. Ich glaube, die beiden haben sich einen Scherz erlaubt und wussten bereits vorher, dass diese Köstlichkeit nichts für europäische Gaumen ist. Sie lachen mich mit sichtbarem Vergnügen aus. Auch der Verkäufer hat seinen Spaß. Dann bieten sie mir an, das Zeug auszuspucken. Mit angewidertem Gesicht spucke ich es in den Rinnstein und habe für die nächste halbe Stunde das sprichwörtliche »Gold im Mund«.

Den ganzen Tag über gelingt es mir nicht, den beiden auch einmal etwas zu spendieren. Jeder Versuch, sie zu irgendetwas einzuladen, um mich für ihre Gastfreundschaft erkenntlich zu zeigen, wird freundlich, aber bestimmt zurückgewiesen. Sie tricksen mich regelrecht aus. Jedes Mal, wenn ich bezahlen will, sagt man mir, es sei bereits bezahlt worden. Erst am Abend, als wir mit der ganzen Familie zum Essen sind, gelingt es mir, wenigstens die Getränke zu bezahlen.

Nach einer Nacht und einem sehr kompakten Tag soll die Reise weitergehen. Die beiden helfen mir noch beim Kauf meiner Fahrkarte und bringen mich zum Bus, der mich nach Agra bringen soll. Die Freude, einen chaosfreien Tag erlebt zu haben, geht abrupt vorbei. Der Busbahnhof, an dem mein Bus abfahren soll, ist nicht zu finden. Dafür ein riesiges Loch in der Erde. Passanten versichern uns, dass er da mal war. Nur, wo ist er jetzt? Das steht auch nicht auf der Fahrkarte. Die letzte halbe Stunde in Lucknow wird noch einmal richtig spannend. Von nun an bekomme ich nicht mehr viel mit, da ich ja die Gespräche nicht verstehe. Ich höre immer nur, dass ich mir keine Sorgen machen soll. Wie das, bei den Fahrmanövern, die jetzt folgen? Kreuz und quer geht es durch die Stadt, immer wieder nach dem verschwundenen Busbahnhof fragend. Irgendwann stehe ich sogar alleine irgendwo auf einem Parkplatz und die beiden Jungs suchen und fragen sich durch. Agra kann ich wohl vergessen.

So sollte es kommen, aber nicht wie von mir erwartet. Endlich kommen Mod Saad und Faisal wieder. Sie wissen, wo der Bus abfährt. Wir fahren dorthin zurück, wo wir die Fahrkarte gekauft haben, rennen um das Gebäude herum und da steht der Bus. Es ist ein nagelneuer Volvo Reisebus. Ich verabschiede mich herzlich von Mod Saad und Faisal und nehme Platz im Volvo. Der Bus ist echt gut. Der beste Bus seit Sumatra, wo ich auch schon einmal, ohne es vorher zu ahnen, ganz luxuriös in einem nagelneuen Reisebus gereist bin. Ich schlafe sofort ein. Als ich aufwache, sind wir Delhi verdächtig nahe. Ich sehe mir die Straßenschilder der Gegenrichtung an und lese, 90 Meilen bis Agra. Zum Glück bin ich schon lange den Anspruch an meine Reise los, dass meine Pläne auch wahr werden müssen, und nehme es demütig und ohne mich zu ärgern an, eben nach Delhi zu fahren.

Indian queue

Im »richtig Drängeln« habe ich schon einige Erfahrung, dank der anderen Länder, die ich bereist habe. Allerdings ist auch in Sachen Drängeln Indien der Maßstab. Mit Rucksack geht's auch richtig effektiv voran und die Inder rechnen bei einem Weißen nicht mit so viel Durchsetzungsvermögen, was mir den Überraschungsmoment sichert. Um ehrlich zu sein, wenn man sich an die Umstände gewöhnt hat, macht es riesigen Spaß! Hier kann man alles machen, was bei uns in Deutschland völlig undenkbar wäre. Die nächstgelegene Metrostation hat einen echt tollen Namen: »Rama Krishna Ashram Marg«. Ich gehe die Rolltreppe hinab zum Bahnsteig der Metro. Der Untergrund von Delhi ist richtig modern. Ich freue mich schon aufs rücksichtslose Drängeln. Und dann das! Alles geht hier völlig geordnet vonstatten. Ich bin gleichermaßen enttäuscht, erstaunt und begeistert über diese Parallelwelt, die in Delhi unter der Erde existiert. Auf dem Boden sind Linien eingezeichnet, die den Weg weisen. Was bleibt mir anderes übrig, als mich brav hinten anzustellen? Als alle Fahrgäste aus dem Zug ausgestiegen sind, steigen alle Wartenden samt mir wohlgeordnet von den Seiten aus ein. Wie langweilig! Die Türen schließen und los geht's. Ich muss einmal umsteigen, um zu meinem Ziel, dem Red Fort, zu gelangen. An der Umsteigestation ist alles so, wie ich es mir wünsche. Menschenmassen drücken und drängeln sich aus dem Zug und gleichzeitig hinein. Ich werde im Menschenstrom aus dem Zug geschoben. Vor dem nächsten hereinkommenden Zug mache ich mich startbereit. Kurz überlege ich, ob ich den Rucksack vorn aufsetzen soll. Als Rammsporn. Aber ich fühle mich auch so unumschubsbar. Wie Siegfried einst habe ich eine einzige verwundbare Stelle: Flip-Flops an den Füßen! In Indien sollte man ordentliche Schuhe tragen, wenn man an einer »Indian queue« teilnehmen will. Neben mir starten einige Jugendliche als meine Fellow-Drängler ebenfalls zum Indian queueing durch. Wir zollen uns per Blickkontakt als Competitors gegenseitig Respekt und los geht's. Herrlich! Wir lachen und drücken und drängeln wie die Verrückten. Ellenbogen raus, nicht verletzen, nur wegdrücken und schubsen. Ich stehe drin und stelle fest, dass mein linker Flip-Flop nicht überlebt hat. Das ist der Preis. Er hängt mir immerhin noch am Fuß. Als die Bahn meine Station erreicht, gehe ich barfuß weiter. Wie praktisch, keine 50 Meter hinter dem Metroausgang sitzt schon der erste Flickschuster bereit. Ich freue mich, sein Kunde zu werden. Das Ganze dauert keine fünf Minuten und kostet mich gerade mal 30 Rupia. Mit meinen frisch geflickten Flip-Flops gehe ich weiter zum Red Fort.

Leid ist des Menschen liebster Lehrer

Unter seinem Sitz vibriert der kraftvolle Motor des goldfarbenen Tata Lasters. Rote und blaue Streifen zieren das Führerhaus. Das große Lenkrad ist vom Schweiß der Hände feucht, und der Schmutz der Hände steckt tief im Leder. Hinter der zweigeteilten Windschutzscheibe baumelt ein kurzer Vorhang, von dem kleine rote Bommeln an geflochtener Wolle herabhängen. Das Radio spielt indische Volksmusik und ab und zu ächzt das Getriebe, wenn mit dem langen Hebel gewaltsam ein anderer Gang eingelegt wird. Der Fahrer sitzt seit vielen Stunden gelangweilt in seinem kitschig geschmückten Führerhaus. Von Aufputschmitteln zugedröhnt, um nicht einzuschlafen, sehnt er sich nach Abwechslung. Das monotone Geräusch der abgefahrenen Zwillingsreifen, die mit hoher Drehzahl über den nächtlichen staubenden Asphalt rubbeln, wiegt den Fahrer in Gleichgültigkeit.

Aus dem Nichts ertönt ein ohrenbetäubender stumpfer Knall! Ich wache aus meinem Halbschlaf auf und sehe auf die Rückseite des Sitzes vor mir. Die eingeklappte Tischplatte ist aufgefallen.

»Das ist Semi Volvo!«, denke ich und hebe die Platte von meinem Schoß auf, um sie wieder einzuklappen. Der Riegel ist hin, aber ich finde eine Stellung, in der er einigermaßen hält. In Indien lassen sich Reisebusse in drei Kategorien einteilen, die sogar von Nicht-Indern gut voneinander zu unterscheiden sind. Da gibt es Luxusbusse, die auch die teuerste Möglichkeit zu reisen sind. Genannt werden sie »Volvo« und es handelt sich dabei auch tatsächlich um nagelneue Volvo Reisebusse. Die zweite Kategorie sind die sogenannten »Semi Volvo«. In solch einem sitze ich. Hierbei handelt es sich um Reisebusse die einmal »Volvo« waren, inzwischen deutlich ramponiert, aber für indische Verhältnisse immer noch recht luxuriös sind. Die dritte Kategorie von Reisebussen beinhaltet alles, was irgendwie fährt und Menschen transportieren kann. Diese Kategorie ist in mindestens drei weitere unterteilt und unterscheidet sich auch im Preis. Aber genug. Zurück in den Semi Volvo mit dem kaputten Klapptisch.

Der Reisebus wird langsamer und kommt zum Stehen. Ich versuche vorne hinauszusehen. Es scheint, als stünden wir in einem Stau. Ein Stau mitten in der Nacht auf einer abgelegenen Landstraße irgendwo bei Haldwani auf dem umständlichen Weg nach Haridwar im Bundesstaat Uttarakhand?

Der Fahrer öffnet die Tür. Ich höre ein Gespräch zwischen dem Fahrer und jemandem, der draußen steht. Sehen kann ich nichts, denn der Fahrgastraum ist durch eine eingezogene Wand mit getönten Scheiben und einer Tür von der Fahrerkabine abgetrennt. Als wir eine Weile stehen und sich nichts tut, werden die ersten Fahrgäste ungeduldig. Einige stehen auf und gehen durch die Tür zur Fahrerkabine, von wo aus man aus dem Bus gelangt. Ich versuche weiterzuschlafen, aber es gelingt mir nicht. Also beschließe ich, auch hinauszugehen. Draußen gehe ich vor dem Bus die Straße entlang. Helles Licht scheint weiter vorne. Ich passiere einen Krankenwagen, der in einem Film aus den Fünfzigerjahren mitgespielt haben könnte. Der Krankenwagen steht offen. Ich schaue hinein. Ein interessanter Anblick bietet sich mir. Die Notfallausrüstung scheint nie eingebaut worden zu sein. Bei diesem Krankenwagen handelt es sich eher um eine Art Liegetaxi mit Schmerztablette drin. Ich gehe weiter und sehe, was los ist. Auf der schnurgeraden Strecke sind zwei Lastwagen frontal zusammengestoßen und haben sich ineinander verkeilt. Passanten versuchen, das Führerhaus des goldfarbenen Tata Lastwagens aufzubrechen. Die Windschutzscheibe bricht heraus und zersplittert auf dem Boden vor dem Laster. Der Fahrer sitzt noch hinterm Steuer. Er schreit! Er schreit wie ein Weib und rudert auf Zurufe von außen hilflos mit den Armen. Er ist eingeklemmt. Die Helfer kommen nicht an ihn heran. Von dem anderen Fahrer sieht man nichts, sein Führerhaus hat sich tief in das des Tata Lastwagens eingegraben. Der Laster, der im Tata steckt, ist weiß. Das Führerhaus sieht aus wie zerknittertes Papier. Dann sehe ich zwischen den immer mehr werdenden Passanten auch zwei Polizisten stehen. Von der Besatzung des »Rettungswagens« fehlt jede Spur. Etwas abseits entdecke ich einen Verletzten auf dem Boden am Straßenrand. Das muss der Beifahrer aus dem weißen Laster sein, da keiner ins Führerhaus des goldenen Tata gelangt und der Fahrer samt Fahrerseite des weißen Lasters ganz im Tata steckt. Ich sehe mir den Verletzten an. Er hat viele Schnittwunden und ist bei Bewusstsein. Ich frage Dharmendra, meinen indischen Reisebegleiter, der inzwischen auch draußen unterwegs ist und mir in diesem Moment begegnet. Er meint, der Mann sei wohl nicht schwer verletzt, wie er gehört habe. Ich frage, wo die Leute aus dem Krankenwagen sind und warum sie ihn nicht abtransportieren und ins Krankenhaus bringen. Dharmendra antwortet mir, der Krankenwagen sei für den schwerverletzten Fahrer reserviert. Der hier müsse aushalten.

Das ganze Szenario wirkt unglaublich unprofessionell auf mich und vom ersten Augenblick arbeitet es in mir.

»Es muss etwas unternommen werden! Ihr könnt doch nicht so planlos herumstehen und an der Türklinke rütteln. Das bringt doch nichts!«

Ich versuche Dharmendra dazu zu bringen, einzugreifen und die Polizisten aufzufordern, etwas zu unternehmen. Er sieht das ganz anders, ich soll die Leute machen lassen, sie seien ja schon dabei.

»Warum ist die Feuerwehr nicht da?«, will ich wissen. Das ist doch

Sache der Feuerwehr, den Fahrer da herauszuholen. Da Dharmendra nicht reagiert, gehe ich zu einem der Polizisten, der wie abgestellt und vergessen in einem Abstand von etwa vier Metern zu dem weißen Laster steht und den rüttelnden Leuten Licht gibt. Ich spreche ihn auf Englisch an und dränge auf Professionalität. Ich frage, wo die Feuerwehr bleibt. Die muss die Wagen voneinander trennen und die Tür zum Führerhaus aufschneiden. Immer, wenn die Passanten am weißen Laster rütteln, dringen aus dem anderen Führerhaus die schrecklichen Schmerzensschreie des eingeklemmten Fahrers heraus. Ich stehe keine fünf Meter vor ihm und erwidere seinen verzweifelt hilflosen Blick mit meinem ratlosen. Der Polizist steht unbeteiligt da und gibt Licht. Ich zerre nochmals an seiner beigefarbenen Uniform und spreche ihn diesmal mit mehr Nachdruck an.

»Call! Help! Now! Ruf die Feuerwehr, du Pfeife!«, kommt auf Deutsch hinterher. Dann blickt er mich an und sagt nur:

»Okay, okay.«

Er unterstreicht seine Worte mit einer vielsagenden Handbewegung. Vielleicht ist es so etwas wie Gedankenübertragung. In diesem Moment verstehe ich, was sein unterspanntes »Okay, okay« bedeutet. Es heißt, er hat schon davon gehört, was die Feuerwehr im Land des weißen Mannes alles kann. Aber das hier ist Indien. Ich realisiere in diesem Augenblick, dass er vermutlich jedes meiner aufgeregten Worte verstanden hat, auch dass ich pampig zu ihm geworden bin und dass er genau Bescheid weiß, auf welche Weise im Land des weißen Mannes Leben gerettet werden. Aber das hier ist Indien.

Ich blicke auf das Szenario und werde ruhig. Für einen Moment läuft alles langsamer. Ich entspanne mich. Sehe dabei in die Augen des eingeklemmten Fahrers und stelle fest, dass alles, was geschieht und geschehen ist, seine Ordnung hat. Das Szenario sieht für westliche Augen furchtbar chaotisch aus, aber es gibt nur Ordnung an diesem Ort. So wie es auf der ganzen Welt nichts als Ordnung gibt, auch wenn wir Menschen nicht verstehen, sondern glauben, wir müssten lenken, was bereits gelenkt wird. Was soll die indische Feuerwehr auch an diesem Ort? Es brennt ja nicht. Mir fallen die rot lackierten Eimer ein, die an den Bahnhöfen Indiens wie verkehrt herum aufgehängte Glockenspiele an wuchtigen Gestellen hängen und vermeintlich die Ankunft der verspäteten Züge einläuten. Nein! Das ist die verkackte Feuerwehr in Indien. Eine Eimerkette bestehend aus sechs roten Blecheimern ohne Personal. Also wer, wenn nicht wir?

Darauf beginne ich damit, mich nützlich zu machen und packe mit an, wo ich kann. Es scheint unmöglich, die Wagen voneinander zu trennen. Wir rütteln und zerren an den verunglückten Lastwagen. Ein Mann kommt und bringt ein mehrere Meter langes, dickes Seil herbei, das der Fahrer eines hinter dem verunglückten Laster stehenden unbeteiligten Lastwagen geholt hat. Die Männer binden das Seil mit dem einen Ende an der Anhängerkupplung des verunglückten weißen Lasters an und das andere vorne an dem dahinter stehenden. Dann lässt der Fahrer den Motor an, legt den Rückwärtsgang ein und fährt ganz langsam an. Als das Seil auf Zug gespannt ist, steigt eine Staubwolke über die gesamte Länge des Seils auf, die im Scheinwerferlicht und im schwachen nächtlichen Wind für einen Moment wie Wesen aus dem Jenseits aussieht, die sogleich im Wind vergehen. Dann gibt er mehr Gas. Man sieht deutlich, was das Seil zu leisten hat. Vorne an den Führerhäusern knarzt und ächzt das Blech. Der Fahrer schreit herzzerreißend. Eigentlich ist das alles ganz furchtbar, aber ich entspanne mich weiter. Der Fahrer drückt das Gaspedal noch weiter durch, pechschwarze Rauchschwaden aus dem Auspuff hüllen uns ein und verdunkeln das Licht der Scheinwerfer und der Handlampen der Polizisten. Dann folgt ein lautes Knacken und Quietschen am sich verformenden Metall. Mit einem Ruck löst sich der weiße Laster aus dem Führerhaus des goldenen Tatas und rollt nach hinten. Als er zum Stehen kommt, gleiten meine Blicke zum Führerhaus. Es gibt den Fahrer des weißen Lasters frei, den ich jetzt über sein Lenkrad und aus dem zerknautschten Führerhaus heraushängen sehen kann. Von seinem entstellten Gesicht tropft Blut herab. Die Tropfen fallen lautlos, auf das zerknitterte Weiß der Front, wo sie abperlen und als schmales Rinnsal eine schwache Spur des entweichenden Lebens abbilden. Regungslos hängt er über seinem Lenkrad, sein linker Arm hängt vorn heraus. Außer mir scheint er niemandes Aufmerksamkeit zu erregen. Der Tod ist geduldig. Die anderen sind längst wieder mit dem anderen Lastwagen beschäftigt. Einer der Männer bringt eine zwei Meter lange Eisenstange an den Unfallort. Ein anderer kommt mit dem Seil.

»Ihr werdet doch nicht …«

Doch genau das werden sie! Sie binden das Seil um die Stange und stecken diese in einen Spalt vorne am Führerhaus des Tata. Dann kommt wieder der hinten stehende Laster zum Einsatz. Die Ewigkeit ist mit einem Schlag zu Ende, und ich bin zurück im Jetzt und schreie laut in die Menge:

»Go away! Go away!«

Dann das Unvermeidbare an diesem Versuch. Aus der Stange wird von einem Augenblick zum anderen ein gefährliches Geschoss, das rotierend durch die Menge jagt und einige Meter weiter funkenschlagend auf den Asphalt der Straße aufprallt. Alle sind rechtzeitig zur Seite gegangen. Ruhe kehrt erneut in mich ein. Alles ist in Ordnung. In Indien hat man nichts anderes zum Retten als eine rostige Stange und ein Seil. Man weiß, dass sie gefährlich werden kann, aber was bleibt zur Wahl?

Ich stehe vor dem Führerhaus und sehe mir den toten Fahrer an. Ich bin nicht sensationslustig. Ich stehe vor ihm, und in Gedanken bin ich bei ihm und stehe ihm bei auf seinem Weg hinter den unsichtbaren Schleier. Ein Mann, den ich nie lebend gesehen habe. Er tut mir nicht leid, wie ich ihn tot über sein Lenkrad aus dem Führerhaus hängend über mir sehe. Ich denke daran, was in unserem Sprachgebrauch passen würde. Je nachdem, wie bewertet wird.

»Das hat er wirklich nicht verdient!«, oder »Das hat er nun davon!«

Es gibt hier nichts zu bewerten. Ja, das hat er nun von seinem Fahrstil. Aber es ist zugleich auch ganz anders. Hätte er einen Fußgänger unter seinen abgefahrenen Reifen zermalmt, hätte dies hier draußen vermutlich keine Folgen für ihn gehabt. Hier zählt allein das Recht des Stärkeren. Wer nicht aufpasst, hat verloren.

»Manchmal gewinnen wir und manchmal lernen wir«, ist vielleicht die wichtigste Erkenntnis, die ich aus dem wohl andersartigsten Land der Welt mitnehmen werde. Was in mir vorgeht, kann man weder mit Schadenfreude noch Mitleid, sondern am ehesten mit mitfühlender tiefer Einsicht beschreiben.

Jetzt gelingt es den Männern, das Führerhaus des Tatas zu öffnen. Einige der Männer klettern hinein. Der Fahrer ist inzwischen bewusstlos geworden. Die Männer reißen mithilfe von Brechstangen die Innenverkleidung, soweit vorhanden, auseinander, um die eingeklemmten Beine zu befreien. Als sie den Fahrer freihaben, hieven sie ihn heraus. Sein rechter Fuß hängt nur noch zur Hälfte an seinem Körper, der Rest bleibt im Tata zurück. In der stark blutenden Wunde sieht man deutlich Knochen und Sehnen. Dieser Anblick müsste mich schockieren. Aber er macht mir überhaupt nichts aus. Ich könnte Erdbeeren dazu essen. Das ist doch jetzt nicht normal! Wenn man so etwas sieht, muss man doch kotzen oder irgendeine andere körperliche Reaktion zeigen! Aber in mir ist nichts als Friede und Einsicht. Neben dem zerstörten Lastwagen legen sie den Verletzten ab und lassen ihn liegen. Dann geht es an den Laster mit dem toten Fahrer. Die Tür wird aufgebrochen und der leblose Körper ins Freie gehievt. Nun suchen sie in den Führerhäusern die Papiere der Fahrer und übergeben diese den Polizisten. Dann geht auf einmal alles ganz schnell. Die Motoren werden angelassen und die ersten Autos kurven um die lebenden und toten Hindernisse herum, ihren Weg zurück auf die freie Straße suchend und fahren davon, als hätte man eben einen heruntergefallenen Sack Teeblätter beiseitegeräumt.

Dharmendra hat mir in einem unserer Gespräche gesagt, dass man in Indien keineswegs davon ausgehe, dass jeder, der ein Mensch war, in seinem kommenden Leben auch Mensch wird. Jetzt kann ich seine Worte gut nachvollziehen. Vor einer guten Stunde trafen zwei Raubtiere in Menschengestalt aufeinander, um sich gegenseitig auf eine neue Bewusstseinsebene zu verhelfen.

Leid ist des Menschen liebster Lehrer.

Ich kehre zum Bus zurück und wir setzen unsere Reise fort. Zwischen das, was hier geschehen ist, passt keinen Spaltbreit der Zufall. Alles hat seine Richtigkeit und Gerechtigkeit und Bestimmung. Zu fällt, was fällig ist. Heute Nacht hätte nichts anderes passieren können.

Zug nach Agra

Die Geschichte beginnt viele Stunden zuvor, nämlich in Agra selbst. Am frühen Morgen dieses Tages bin ich mit John auf dem Weg zum Bahnhof von Agra. John ist derjenige aus meiner Agra-Clique, mit dem ich die ganzen Tage am wenigsten zu tun hatte. Ausgerechnet er teilt meinen Weg. Wir wollen mit dem ersten Zug nach Jaipur fahren, um vor der großen Hitze anzukommen. Wir sind am Bahnhof und kaufen unsere Fahrkarten. Es ist 6:30 Uhr und ich sehe zum ersten Mal, seit ich in Indien bin, eine leere Schalterhalle und einen Schalter ohne Menschenschlange. Dann warten wir auf unseren Zug. So früh am Morgen gibt es nur zwei Züge. Unser Zug hat Verspätung. Natürlich! Auf der elektronischen Anzeigetafel steht abwechselnd in Hindi und Englisch, dass unser Zug am Gleis 1 ankommt und eine halbe Stunde später als planmäßig in Agra ankommen wird. Als es so weit ist, haben wir uns mit Wasser und Keksen eingedeckt, um die vier Stunden Fahrt gut zu überstehen. Wir steigen ein und suchen uns Plätze. Dann fährt der Zug ab. Als wir den Bahnhof verlassen haben, geht es kurze Zeit später über eine Brücke und ich sehe aus einiger Entfernung ein letztes Mal das Taj Mahal, wie es sich weiß und majestätisch hinter dem Fluss aus dem morgendlichen Dunst reckt. Ein toller Anblick! Aber warum überqueren wir eigentlich den Fluss? Unten am Ufer erstreckt sich ein Slum, auf den ich von der Brücke aus hinabsehen kann. Sieht aus, als seien da unten Köhleröfen. Danach fahren wir an einem kleinen Wald und Feldern vorbei. Es ist jetzt 7:15 Uhr und der Zug klackert mit etwa 30 Kilometern in der Stunde über die Schienen. Ich habe einen Fensterplatz und schaue über die Felder hinweg auf die einfachen Bauernhäuser, die rund 200 Meter von den Gleisen stehen.

»Ach, da hockt ein Mann ... Und kackt! Hey, John, da kackt einer!«

John schläft schon, seit wir in den Zug eingestiegen sind. Er hat sich eine der Liegen über den Sitzen ergattert. Er kriegt nichts davon mit. Da hockt direkt vor meinem Fenster, keine 10 Meter vom Bahndamm, ein Mann und kackt! Ich sehe zwangsläufig, was da rauskommt. Er dreht den Kopf mit einem Gesichtsausdruck von Scham und gleichzeitigem Gleichmut vom Zug weg und verschwindet auch schon wieder aus meiner Sicht.

Ich wundere mich ja über nichts mehr. Eigentlich. Aber es wundert mich doch. Muss ein Einzelfall gewesen sein. Nein, kein Einzelfall. Da hockt auf einmal das ganze Feld voll mit kackenden Leuten. Auch Frauen. Einer hockt so dicht vor meinem Fenster, dass ich neben ihm ein Einmachglas mit einem bisschen Wasser darin sehen kann. Okay! Ich hab's kapiert. Morgentoilette in Indien. Auf einer Länge von etwa zwei Kilometern sehe ich Leuten beim Verrichten ihres Geschäfts zu und esse dabei meine Kekse. Ja, Indien ist anders! Es sind mindestens 20 Leute, die da ihr Geschäft, mehr oder weniger unbeeindruckt vom vorbeifahrenden Zug, verrichten. Manche ganz nah an den Gleisen, andere weiter weg, sodass man nur ahnen kann, was sie machen. Auf einem Feldweg, der auf die Gleise zuführt, gehen zwei Frauen den Gleisen entgegen. Keine zehn Meter neben dem Weg hockt wieder einer. Die Frauen scheinen das ganz normal zu finden und sehen nicht mal hin. Nicht dass ich Fäkalien toll finde, aber was für ein Morgen! Ab jetzt verläuft die Zugfahrt gewöhnlich.

Der Zug hält noch einmal an und weitere Passagiere steigen zu. Zeit, auf die Liege über mir zu klettern, solange sie noch frei ist. Da oben befindet sich auch unser Gepäck. Ich will es keinem anderen überlassen. Ich fahre inzwischen fast immer mit »General-Ticket« im Schlafwagen. Die Kontrolleure nehmen Touristen diesen Verstoß nicht übel. Selbst rauchen kann man. Wenn man erwischt wird, muss man einen lächerlichen Betrag bezahlen und darf im Gegenzug die ganze Fahrt über weiterrauchen. Als ich irgendwann wieder aufwache, sehe ich auf die Uhr, um nicht den Bahnhof von Jaipur zu verpassen. Ich beuge mich nach unten und frage einen Mann, der unten sitzt, wo wir gerade sind. Er sagt mir irgendwas. Ich nehme an, er meint, dass wir bald ankommen. Ich schätze, dass wir noch eine Stunde fahren, und döse weiter. Der Zug wird schließlich langsamer und ein Strom von Menschen beginnt sich durch den zugestellten Gang in Richtung Ausgang zu schieben. Ich strecke den Kopf hinunter und frage den Herrn noch einmal, wo wir jetzt sind. Er antwortet »Anhua« oder »Hanmur« oder so ähnlich. Wieder ein Name, der mir nichts sagt. Aber die Zeit müsste stimmen, wir sind jetzt etwas über vier Stunden gefahren. Ich klettere vorsichtshalber runter, um nachzusehen, ob der

Bahnhof ein Schild hat, auf dem man den Namen der Stadt lesen kann. Keine Seltenheit an indischen Bahnhöfen, aber verlassen sollte man sich darauf auch nicht.

Dann erscheint tatsächlich ein Schild mit abgeblätterter Aufschrift. »Kan ur« entziffere ich.
»Kanpur?«, rufe ich erschrocken.
»Kanpur«, wiederholt der Mann und nickt. Kanpur ist auf halber Strecke nach Varanasi! Eilig rufe ich John. Der kriegt noch nicht viel mit.
»Get up! Get up!«, schreie ich zu ihm hinauf. Wir sind vier Stunden in die entgegengesetzte Richtung gefahren. Der Mann hat alles mitbekommen und rät mir, hier auszusteigen. Es führe ein Zug nach Jaipur und würde gleich kommen. Der Zug ist bereits zum Stillstand gekommen, eilig suchen wir unsere Sachen zusammen und drängeln uns auf den Gang hinaus. Doch dort ist kein durchkommen. Ich bedanke mich noch flüchtig bei dem Mann, dann steigen wir durchs offene Fenster. Er ist eingetreten – der Fall, gegen den ich mich bisher immer peinlichst geschützt habe. Bisher habe ich immer mindestens zwanzig Leute an den Bahnsteigen und in den Zügen mit meinen Fragen genervt, um mich zu vergewissern, dass ich richtig bin. Nur heute nicht. Als wir draußen sind, muss ich schon wieder lachen. John findet es nicht so lustig. Wir erkundigen uns nach dem Zug und erfahren, dass wir noch drei Stunden Zeit haben. Was macht man in Kanpur, wenn man drei Stunden Zeit hat? Am besten nicht viel. Drei Stunden ist eine Menge Zeit, in der viel schiefgehen kann. Es gibt zum Glück auch nicht viel in dieser Stadt, was zu sehen sich lohnen würde. Bevor wir den Bahnhof verlassen, studiere ich noch einmal die Anzeigetafeln. Der Zug, mit dem wir gekommen sind, fährt von Jaipur nach einem Vorort von Kalkutta, dessen Namen ich nie gehört habe. Da Start- und Zielort angeschrieben stehen, haben wir angenommen, den Zug nach Jaipur genommen zu haben.

Das Passwort und der Professor

Er gibt einfach nicht auf. »Old Market? New Market? Spice Market? Supermarket?« Lachend gebe ich nach. Ich steige auf seine rostige Fahrradriksha auf und ein Ausdruck von Zufriedenheit legt sich über sein von der Sonne gegerbtes Gesicht. Eigentlich sollte er schon längst im Ruhestand sein, aber die Not zwingt ihn weiterzufahren. Wenn es nur ein klein wenig bergauf geht, kommt er aus der Puste. Seinen Widerstand ignorierend, steige ich ebenfalls ab und helfe die Fahrradriksha schieben. Jaipur ist fast eben, aber durch ihn bemerke ich die langanhaltenden Steigungen, die ich als Fußgänger nicht bemerkt habe. Als wir fast beim Hotel sind, entdecke ich ein Restaurant. Draußen steht ein Schild, das für freies Wi-Fi wirbt. Ich lasse mich davor absetzen, bezahle ihm sein Geld und gebe ihm ein ordentliches Trinkgeld.

Gegen Ende meiner Reise verhalte ich mich immer öfter, als müsse ich mein restliches Geld loswerden. Wie viel ich noch brauche bis nach Hause, ist überschaubar geworden. Knapp ist es trotzdem. Zu unterscheiden, wer mich nur abzocken will und wer wirklich Not leidet, hatte ich früh gelernt. Aber in Indien ist die Not mancher besonders groß. Ich kaufe Dinge, die ich nicht brauche, oder lasse mich fahren, wohin ich eigentlich zu Fuß gehen würde.

Ich verabschiede mich und gehe in das Restaurant. Zunächst muss ich geduldig sein. Kein Kellner weit und breit. Ich mache mich auf die Suche und werde bald fündig. Ich bestelle und setze mich. Außer mir sitzt nur ein indisches Ehepaar mittleren Alters im Restaurant. Dann fällt mir das Schild von draußen ein, und ich will das Passwort fürs Wi-Fi wissen, um mir die Zeit zu vertreiben. Wieder kein Kellner weit und breit. Vorne gibt es einen kleinen Raum in einem Anbau, der zur Straße hin offen ist. Dort sitzt ein Mann und verkauft Eis und Getränke. Ich gehe hin und frage ihn. Er gehöre gar nicht zum Restaurant und Hotel. Ich müsse einen Kellner fragen. Als ich zum Tisch zurückkehre, serviert ein junger Kellner meine Bestellung und ein älterer steht neben ihm. Ich bedanke mich beim jüngeren und spreche den älteren Kellner an. Er scheint der Chef zu sein. Ich frage ihn, ob er mir das Passwort fürs Wi-Fi geben kann. Er scheint nicht zu verstehen, was ich von ihm will. Ich frage noch mal höflich nach dem Passwort. Das geht eine Weile so weiter, bis er mich ziemlich pikiert fragt, was ich eigentlich von ihm will.

»Na, das Passwort fürs Internet«, antworte ich zum vierten Mal. Er wirkt zunehmend gereizt und sieht sich nach dem Kellner um, der inzwischen wieder verschwunden ist. Dann frage ich ihn, ohne an die Notwendigkeit meiner Frage zu glauben, ob er denn nicht hier arbeite? Seine Antwort, unmissverständlich und patzig:

»Nein!«

Eigentlich ein peinlicher Augenblick. Aber ich muss nur darüber lachen. Er ist der Mann, der mit seiner Frau eben noch im Restaurant gesessen hatte. Jetzt fällt mir auch seine Frau auf, die nicht weit von ihm steht. Ich habe ihn einfach mit dem Oberkellner, bei dem ich auch bestellt habe, verwechselt. Er hat leider genau dieselbe Kleidung an wie die Kellner. Weißes Hemd und schwarze Bundfaltenhose. Dann steht er auch noch so herrschend da, wie eben ein ranghoher Inder so dasteht, wenn er seine Arbeit tut. Also unnütz, aber ausgesprochen selbstbewusst und dabei zusehend, wie seine Untergebenen arbeiten. Zutiefst beleidigt und ohne einen Funken Humor wendet er sich ab und geht hinaus. Am Ausgang sagt er mit verärgertem Gesicht noch etwas auf Hindi zu dem jungen Kellner, der inzwischen wieder erschienen ist. Dann ist er weg.

Darauf kommt der Kellner zu mir und sagt mir in ehrfürchtigem Ton, der Mann sei der Herr Universitätsprofessor. Wieder muss ich über die Situation lachen, ohne mich selbst dabei blamiert zu fühlen. Also wenn der Mann Professor an der Universität ist, warum kann er dann meinen Gedankengang nicht nachvollziehen und löst das Missverständnis seinerseits einfach nach der ersten falsch adressierten Anfrage auf? Was muss das für eine Universität sein und was für ein Professor? Ich genieße die Situation. Nach bald zwei Jahren in Asien kann ich mir allerdings durchaus einen Reim darauf machen. In ganz Asien ist Status extrem wichtig für die Menschen, für Indien mag das ganz besonders gelten. Denn fast nirgends werden die menschlichen Unzulänglichkeiten, die oft direkt mit dem Anspruch auf Wahrung des eigenen Status verbunden sind, deutlicher.

Air Astana

Es wird Zeit, sich Europa anzunähern. Ein Visum für Pakistan ist nur von deutschem Boden aus zu bekommen. Ich wäre gerne den restlichen Weg gereist, ohne zu fliegen. Pakistan überfliegen und vom Iran aus weitermachen geht. Ein Visum für den Iran zu bekommen, ist umständlich und dauert zu lange. Ich buche einen Flug über Almaty in Kasachstan nach Istanbul. Die Fluggesellschaft, mit der ich fliegen werde, nennt sich Air Astana. So lerne ich den Namen der Hauptstadt Kasachstans kennen. Ich hatte bisher nie einen Gedanken daran verloren, dieses Land einmal zu betreten.

Ich suche meinen Sitzplatz auf, verstaue mein bisschen Bordgepäck und nehme Platz. Ich sehe mir die nachfolgenden Passagiere und die Kabine im Flugzeug an. Es ist nagelneu. Alles ganz modern. Und das bei einer Fluggesellschaft aus Kasachstan, von der ich vor meiner Buchung noch nie gehört habe. Mal wieder einer dieser Momente, in denen man sich selbst in Frage stellen muss. Was man doch für unbegründete Vorstellungen von fremden Ländern hat. Mit Kasachstan hätte ich eher eine schrottreife Propellermaschine in Verbindung gebracht. Der erste Flug nach Almaty verläuft ganz gewöhnlich. Ich bin lediglich überrascht, wie viele indisch aussehende Passagiere mit an Bord sind. Außer mir ist nur ein weiterer Passagier an Bord, der europäisch aussieht. Ich sehe fast die ganze Zeit aus dem Fenster. Wir überfliegen den Kashmir, ein Stück Chinas und Kirgisistan. Fast der gesamte Flug geht über Hochgebirge. In Almaty gelandet, verlassen wir das Flugzeug über eine herangeschobene Gangway. Wir stehen mitten auf dem Flugfeld, etwa 200 Meter vor uns das Flughafengebäude. Hinter der Start- und Landebahn in großer Entfernung die riesige Bergkette, über die wir in diese Steppe geflogen sind. Es stehen mehrere Uniformierte mit lustigen Hüten herum. Im Flughafengebäude dasselbe. Lustige Hüte aus der Sowjet-Ära. Nach zwei Stunden geht der Anschlussflug. Auch dieses Flugzeug ist nagelneu, aber größer als das letzte. Jetzt befinden sich fast ausschließlich Kasachen und Russen in der Maschine. Kurz nach dem Start beginnt die Bewirtung. Neben mir Russen. Sie scheinen bereits betrunken zu sein. Jedenfalls trinken sie Whisky und Wodka.

Nach einer Weile scheint das ganze Flugzeug zu saufen, außer mir. Meine Sitznachbarn beginnen ein Gespräch mit mir. Diese Leute sind Arbeiter von Gazprom und anderen Petro-Unternehmen. Die Männer in meiner Reihe arbeiten auf Gasminen im Irak, wohin sie gerade unterwegs sind. Ein Leben so ähnlich wie das auf Bohrinseln. Sie sind für mehrere Monate am Stück im Irak und haben dann einen Monat am Stück frei. Ich soll doch auch was bestellen. Ich bedanke mich freundlich, aber ich will nicht. Sie lassen nicht locker. Sie bieten mir von ihrem Zeug an. Ich winke erneut ab. So geht es den ganzen Flug, bis ich irgendwann doch ein Glas in der Hand habe, an dem ich unwillig herumnuckele. Sie lachen über mich. Als es Essen gibt, werde ich endlich meinen Wodkabecher los. Das Essen schmeckt sehr gut. Der Alkohol kostet, wie das Essen nichts extra. Muss subventioniert sein. Sonst machen die doch Miese, bei den Flugpreisen. Das ganze Flugzeug säuft Wodka. Hoffentlich tun sie es nicht auch im Cockpit. Es geht gut. Wir landen sicher in Istanbul.

Back to Reality

In Istanbul spüre ich deutlich, dass es nicht mehr weit bis nach Hause ist. Alles ist modern und teuer. Die Autos fahren auf Straßen mit Fahrbahnmarkierung. Es gibt überall Gehwege für Fußgänger und die Straßenbahnen sind nagelneu und leise. In dem Hostel, für das ich mich entschieden habe, geht das Licht in den Waschräumen berührungslos an. Es gibt sogar Toiletten, die sich automatisch desinfizieren können. Mir ist das unheimlich. So viel Sauberkeit verträgt doch mein Körper gar nicht mehr. Ich drücke lieber nicht auf den Knopf für Desinfektion. Wenigstens die Kebabverkäufer in den Straßen greifen mit bloßer Hand ins Gemüse.

Im Dormitory, in dem ich übernachte, bin ich der einzige, der aussieht wie der Yeti in bunten Lumpen. Alle anderen sind ganz modisch angezogen und haben Kurzhaarschnitt. Richtig adrett, diese Backpacker! Ihre Koffer und Rucksäcke haben keine Kratzer oder Ölflecken. Die Verschlüsse sind nur bei meinem Rucksack kaputt. Die haben sogar Ladekabel, die zu ihren

Smartphones gehören, und die Stecker passen in die Steckdose. Bei mir ist alles viel bunter. Vom Beginn meiner Reise habe ich inzwischen nichts mehr außer meinem Pass und den Rucksack.

Hier lerne ich zum ersten Mal geflüchtete Syrer kennen. Sie wohnen ebenfalls in Hostels, sofern sie niemanden als Anlaufstelle in Istanbul haben. Einer meiner Zimmernachbarn ist Abed. Er ist aus Damaskus und in die Türkei geflohen, als ihn Assads Armee zum Kampf gegen Rebellen einziehen wollte. Er ist fahnenflüchtig. Er macht einen verzweifelten Eindruck auf mich, den er ungeschickt zu überspielen versucht. Er lebt von Erspartem und von dem, was ihm seine Familie aus Syrien schicken kann. Zurück kann er nicht, solange Assad an der Macht ist. Er wünscht sich, die Türkei zu verlassen, wo er zwar geduldet wird, aber nicht arbeiten darf. Sein Ziel ist Deutschland, wo er sein Studium wieder aufnehmen will.

Ausgang ungewiss!

In den folgenden Wochen reise ich über die »Balkanroute«, die es zu diesem Zeitpunkt so noch nicht gibt, in Richtung Deutschland weiter.

Nach einer Woche Akklimatisation in Istanbul stehe ich am Busbahnhof und warte auf meinen Bus nach Sofia.

Endlich passiert etwas, womit ich umgehen kann. Ein uniformierter Gepäckhelfer erregt sich über mein Gepäck, das ihm im Weg liegt. Dabei liegt mein Gepäck gar nicht im Weg. Hier am Bussteig ist es nun einmal voll. Links neben mir ist genug Platz, da kann er doch vorbei. Mit einer Armbewegung zeige ich ihm meinen Umleitungsvorschlag an. Doch das lässt er nicht gelten und versucht einen Streit vom Zaun zu brechen. In den vergangenen zwei Jahren habe ich völlig verlernt, wie man auf Probleme reagiert, die keine sind. Stoisch bleibe ich stehen und sehe ihm dabei zu, wie er wütend wird. Dann rammt er mit seinem Gepäckwagen meinen Rucksack. Mein Rucksack und ich sind ein hartgesottenes Gespann. Wir haben schon einiges zusammen erlebt. Nachdem er meinen Rucksack mit dem Gepäckwagen um ein paar Zentimeter auf dem Asphalt herumgeschoben hat, liegt der tatsächlich in einer ungünstigen Position, um noch darum herumzulenken. Angefressen nimmt er die ungeheuerliche Zumutung auf sich und begibt sich auf den Umweg. Da biegt der Bus ein und hupt den Gepäckfritzen weg, da der ihm beim Einscheren in die Parkbucht im Weg ist.

Auf der Busfahrt von Istanbul nach Bulgarien fährt eine richtige Stewardess mit. Sie versorgt uns Fahrgäste unablässig mit Kaffee und was man sonst noch wünscht.

Mit jeder Etappe dringe ich weiter in eine Welt ein, die ich vor zwei Jahren verlassen habe, und komme immer wieder ins Staunen darüber, wie gut hier alles funktioniert. Es gibt Fahrpläne, die Gültigkeit haben. Und wenn doch einmal »Already finished« vorliegt, bekommt man das bereits bezahlte Geld ohne Umstände zurück.

Ich besuche noch Sofia, Belgrad und Zagreb. Alle drei Städte haben ein tolles Flair und gefallen mir ausgesprochen gut, sodass ich überall länger bleibe. Slowenien und Österreich sehe ich nur durch das Busfenster. Dann erreiche ich München, wo ich Freunde besuche, bevor ich die letzte Etappe nach Hause nehme.

Was ist inzwischen mit mir geschehen?

Die ersten Tage nach meiner Heimkehr sind vergangen. Wie schön es ist, auf der eigenen Couch zu sitzen mit einem schönen Pott frisch aufgebrühtem Kaffee in der Hand. Und dann dieses eigene Bett! Ich bin mir ganz sicher, ich habe die beste Matratze der Welt. Alles ist so kuschelig und heimelig. Fühlt sich echt super an.

Ich komme aus der Dusche und trockne mich mit dem großen, flauschigen Handtuch ab. Dabei fahre ich mit dem Frottee über die harten Stellen an meinem Hintern.

»Das glaubt mir eh keiner, wenn ich es erzähle. Vielleicht sollte ich ein Foto davon machen? – Ach, scheiß' drauf!«

Es gibt vieles, was mir kaum einer glauben wird. Und die meisten unglaublichen Geschichten werde ich auch nicht durch »Hoserunterlassen« beweisen können. Ja, ich hab vom Hartsitzen Hornhaut am Arsch!

Ich werde auch längst nicht alle unglaublichen Geschichten teilen. Einige werde ich vielleicht einfach für mich behalten.

Das Telefon klingelt. Eilig wickle ich mir das Handtuch um und gehe ran. Anna ist am Apparat und will wissen, wie ich mich eingelebt habe.

»Noch gar nicht«, gebe ich ihr zur Antwort.

»Ich staune jeden Tag über diese mir so fremde Kultur, aus der ich stamme.«

Sie lacht am anderen Ende der Leitung.

»Anna, du weißt ja gar nicht, wie langweilig der Straßenverkehr hier ist. Gestern bin ich fast nicht aus meiner Straße herausgekommen, weil vor mir einer wartete, bis der gesamte Durchgangsverkehr vorbei war. Dabei war das erste Auto noch gut zehn Meter von der Kreuzung entfernt. Und wie langsam die hier fahren im Ort! Dabei behaupten immer alle, sie hätten keine Zeit. Kaum zu glauben, dass in Deutschland so viele Waren gehandelt werden können. Hier geht ja überhaupt nichts vorwärts!«

»Timo, mach doch einen Diaabend im Garten und zeig uns deine Reisebilder!«

»Ja gerne. Morgen Abend?«

»Morgen geht leider nicht. Da sind wir mit Paula auf dem Ponyhof.«

»Okay. Wann dann?«

»Vielleicht so in drei Monaten?«

Gut, das ist jetzt leicht übertrieben. Aber eben nur leicht! Zwischendurch habe ich das Gefühl, ich werde bereits auf meiner nächsten großen Reise sein, bis wir endlich einen Termin für den Diaabend gefunden haben, an dem alle können.

Mit jedem Tag, der vergeht, kommt mir das Leben in Deutschland wie ein Traum vor. Es ist alles so unwirklich hier. Wie in einem mittelmäßigen Film, dem man die Illusion der erzählten Geschichte nicht richtig glauben mag und dessen Ende man nicht gesehen haben muss, um es zu kennen.

Der Gedanke, auch bald das Leben eines Bürgers zu führen, fühlt sich völlig fremd an. Aber ich habe es ja so gewollt!

Viele Menschen, die ein Leben führen, das nicht in die gewohnten Bahnen passt, wünschen sich manchmal, ein ganz normales Leben zu führen. Genauso wie viele Menschen, die ein völlig normales Leben führen, manchmal davon träumen, einmal etwas ganz Verrücktes zu tun.

Mit meiner Lehramtsausbildung habe ich mir die Eintrittskarte in ein ganz normales Leben erwirkt. Doch nach dem Abenteuer ist vor dem Abenteuer.

Die Post-Reise-Depression lässt nicht lange auf sich warten. Der Diaabend mit Freunden ist längst vorbei, meine wichtigsten Abenteuer erzählt. Das Leben ist gut. Ich habe von allem reichlich und brauche wenig. Aber eines habe ich nicht. Jemanden, mit dem ich mich austauschen kann.

»Wieso hast du niemanden, mit dem du dich austauschen kannst? Du hast doch uns«, sagt Anna.

»Ich weiß. Aber etwas fehlt.«

»Was hast du während deiner Reise gelernt?«, ist eine Frage, die ich ab und zu von Interessierten höre. Zufriedenstellend beantworten kann ich sie leider nicht. Die Antworten, die ich habe, passen einfach nicht mehr zu den Fragen.

Die allgemeine Erwartungshaltung sieht Erkenntnisse vor, wie:

Ich habe gelernt, wie gut es uns hier in Deutschland geht. Wie dankbar man sein muss, hier geboren und aufgewachsen zu sein. Wir haben die beste medizinische Versorgung, die es gibt. Unsere Schulen kosten kein Geld, und wir können Sprachen lernen und sogar reisen. Außerdem sind wir überwältigt, wie freundlich und hilfsbereit die Menschen in armen Ländern sind. Und so weiter.

Das stimmt auch alles. Aber für all diese Erkenntnisse muss man nicht unbedingt die Komfortzone verlassen und sich unter Menschen begeben, die so völlig anders ticken als wir.

Tatsächlich empfinde ich noch viel Weitreichenderes.

Ich glaube, dass die Menschen in den entwickelten Ländern der Erde einen sehr hoch entwickelten Grad an Bewusstheit im Leben erreicht haben. Rücksicht, Voraussicht, Einsicht und so weiter gehören für viele Menschen zum alltäglichen Zusammenleben dazu. In den wenig entwickelten Ländern herrscht Rücksichtslosigkeit, Kurzsicht und von Einsicht ist oft auch wenig zu spüren. Insgesamt ist das Klima menschlichen Zusammenlebens aus unserer Perspektive oft rau.

Ich glaube aber auch, dass sich dieser hoch entwickelte Grad an Bewusstheit ganz linear entwickelt hat. Linear entwickelt hat sich der Grad an Bewusstheit auch in wenig entwickelten Ländern. Nur in eine völlig andere Richtung. Verbinde ich nun beide Richtungen, entsteht Platz für Neues. Neues, das sich weder mit dem einen noch dem anderen allein erklären lässt.

Verlässt du deine Komfortzone, die Welt, in der du dich bestens auskennst, verlässt du auch eine Welt des Mangels. Je besser du dich an einem Ort auskennst, umso weniger fällt dir auf, wie dieser Ort tatsächlich ist und was dir eigentlich fehlt. Also kaufst du dir Alufelgen für dein Auto. Natürlich kannst du dir diesen Ort bis ins kleinste erklären. Aber du erklärst ihn dir linear. Weit außerhalb unserer Komfortzone lernen wir das Gefühl des Mangels zu verlernen. Wir lernen nicht, die auftretenden Probleme genau zu beschreiben, sie zu beherrschen und zu lösen, sondern mit ihnen umzugehen. Und zwar in einer Weise, wie sie uns und anderen am wenigsten Schaden zufügen.

Eine lange Reise kann uns reinigen. Unbewusste Anteile unserer Persönlichkeit, die zuvor im Schatten lagen, kommen zum Vorschein. Andere Menschen spiegeln uns unsere im Schatten liegenden Anteile, während wir ihnen ihre spiegeln. Vieles davon begegnet uns schon seit Jahren, ohne dass wir es bemerken, da wir den Spiegel immer wieder von denselben Menschen und in denselben Situationen vorgehalten bekommen. Weit außerhalb unserer Komfortzone – wo wir diese im Schatten liegenden Anteile so geschickt wegzuerklären wissen, da wir uns besonders gut auskennen – gelingt uns das nicht. Wir scheitern immer wieder an uns selbst. So lange, bis wir damit beginnen, Licht in den Schatten zu lassen und uns das darin Verborgene ansehen.

Nicht selten finden Atheisten einen Glauben. Für manche wird das, was sie glauben, zu zauberhafter, nicht beweisbarer Gewissheit. So zauberhaft, dass nichts mehr bewiesen werden muss. Die eigenen Sinne zu schärfen und sich anzusehen, was einen umgibt, genügt, um alles zu verstehen. Und was auch immer hinter dem großen Schleier liegen mag, muss nicht begriffen werden. Wo bliebe da der Zauber? Wer einen Vorhang aufhängt, verhängt ja auch nicht aus Versehen, was dahinter liegt. Spannend bleibt die Frage aller Fragen nur, solange wir nicht dahintersehen können.

Ich glaube sogar, dass die Welt in totaler Harmonie ist und schon immer war. Ganz gleich, was auch passiert. Die Welt war nie besser und nie schlechter trotz aller Ungleichheit und allem Unrecht. Das bedeutet aber keineswegs, dass man sich zurücklehnen soll in der vermeintlichen Gewissheit, doch nichts ändern zu können, oder im Glauben daran, passiv zu bleiben, es sich ja verdient zu haben, wenn es einem gut geht, was auch immer »es« ist. Unsere Möglichkeiten sollten vielmehr als eine Aufforderung verstanden werden, so viel man kann zum Guten beizutragen und das Schlechte anzuerkennen. Anzuerkennen als notwendigen Gegenpol zu allem, was wir wünschen. All die Ungleichheit oder geschehenes Unrecht bedeutet nur aus der linearen Sichtweise Mangel.

Ich könnte den Inhalt dieses Buch in einem einzigen Satz ausdrücken. In Indien sagt man:

»Manchmal gewinnen wir, manchmal lernen wir.«

Dank

Mein ganz besonderer Dank gilt all den wunderbaren Menschen, die mir auf meiner Reise begegnet sind. All den Menschen, die mir geholfen haben, meine Pläne vereitelt haben, oder meiner Reise unerwartete Richtungen gegeben haben. Die freiwillig oder unfreiwillig zu den Akteuren meiner Geschichten wurden. Denn sie alle sind dieses Buch.

Ebenso danke ich von Herzen all jenen, die mir bei der Entstehung dieses Buches zur Seite standen.

Bianca Weirauch für Lektorat und Korrektorat. Für die guten Ratschläge während der Entstehung danke ich Karin Schwind. Mein besonderer Dank gilt Thomas Ochs für das Cover-Layout und seinen wertvollen Rat beim Entstehen der Illustrationen. Meiner Mutter danke ich, für ihre aufbauenden Worte. Ebenso danke ich Ingo für die Gestaltung meiner Internetseite und meinen Testlesern, Josy, Kristina und besonders Anna.